KB260080

# 러시아 극동을 주목하라

박 정 민·A. 스타리치코프 지음

국립중앙도서관 출판시도서목록(CIP)

러시아 극동을 주목하라 / 박정민 ; A. 스타리치코프 [공]지음.
-- 파주 : 한울, 2005
    p. ;    cm

권말부록으로 '러시아 극동에 가려면' 등 수록
ISBN   89-460-3404-1  03340

309.117-KDC4
957-DDC21                                        CIP2005001201

동북아 주요 국가들간의 자원 확보 경쟁이 뜨겁게 달아오르고 있다. 이러한 현상은 러시아의 극동 및 시베리아로 관심을 집중시키게 만든다. 지리학적 의미에서 러시아의 극동과 시베리아는 항공·해운·육로수송 등에서, 한국·중국·일본 등을 비롯한 동북아 국가들을 유럽·중앙/서남아시아·지중해 연안 국가들과 연결시키는 교량역할을 하게 된다.

러시아의 시베리아 및 극동지역에 엄청난 량의 천연가스가 매장된 것으로 알려지고 있다. 이르쿠츠크, 사하(야쿠티아), 사할린 연안의 광구가 개발되고 있다. 러시아 극동지역은 석탄·원유·천연가스 등 에너지 자원 외에도, 금·다이아몬드·철광석 등 풍부한 광물자원과 방대한 삼림 및 해양자원을 보유하고 있다.

시베리아 및 극동지역의 에너지 자원을 탐내고 있는 동북아의 주요 에너지 소비국들이 있다. 일본과 중국, 그리고 한국이 이에 포함된다. 특히 일본은 오랜 기간에 걸쳐 극동지역에 관심을 가져왔으며, 에너지 사업 프로젝트에 적극적으로 참여하고 있다. 중국 역시 시베리아와 극동지역에 산재하고 있는 에너지 자원에 눈독을 들이고 있다. 이에 비해서 한국은 시베리아 및 극동지역의 개발 과정에 후발주자로 참가하였고, 일본과 중국의 극동 진출에 비해서 상대적으로 뒤처져 있다.

시베리아횡단철도(TSR)와 한반도종단철도(TKR)를 연결하는 사업은 대륙간 경제협력을 가능하게 한다. 아시아와 유럽을 직접 연결하는 교통수단인 TSR은 북한·중국·몽골·중앙아시아와 유럽 철도 전체를 연결하고 있다. 러시아는 철도연결 사업과 극동지역 개발사업의 일환으로, 자신의 극동지역에 위치한 항구들인 블라디보스톡·나호트카·보스토치나 항들에 대한 개보수 작업을 시작했다.

한국과 러시아 사이에는 통신·항공·해운 및 물류·환경보호에 이르기까지 다양한 분야에서 교류와 협력사업이 준비되고 있으며, 또한 새로운 협력사업이 개발되고 있다. 양국간 경제협력 관계는 매우 다양한 분야에서 폭넓게 전개되고 있다. 보다 구체화되고 있는 사업은 철도협력 사업과 극동/시베리아 지역의 가스전 개발사업이다. 그러나 현재까지 눈에 띄는 성과는 내지 못하고 있다.

북한은 러시아의 극동을 정치적으로 이용하고 있다. 한반도를 비롯한 동북아지역에서 추락하고 있는 러시아의 국제적 지위를 교묘히 활용하고 있다. 에너지난 및 식량난을 비롯한 자신의 정치경제적 문제를, 러시아 극동에 대한 정치적 접근으로 해결하려 한다. 러시아가 적극적으로 추진하고 있는 철도연결 사업을, 자신의 산업시설 복구에 필요한 각종 지원과 노후화된 철도의 개보수 작업과 연결시키고 있다.

한반도 2개의 정부와 러시아가 참여하는 3각 경제협력을 구체화할 필요가 있다. 그 중심무대는 러시아 극동이 된다. 극동에서 한반도 2개의 정부가 만날 수 있게 되는 것이다. 3자 상호간의 경제구조는 서로가 서로를 필요로 하는 위치에 있다. 극동 공간이 갖는 정치 및 경제(자원 등)적 의미, 한국의 자본과 기술, 북한의 노동력이 결합되는 3각 경제협력은 모두에게 이익이 되는 윈윈 게임(Win-Win Game)이 된다.


이 책은 러시아 극동에 대한 안내서 형식으로 준비되었다. 각각의 분야에 해당되는 다양한 자료를 활용했다. 한국의 러시아 극동/시베리아 전문가들이 작업한 각종 논문 및 보고서를 활용했다. 특히, 철도 및 에너지 관련 문제는 관련 전문가들의 주장을 보다 많이 활용했다. 공창두(한국토지공사), 권원순(한국외국어대학교), 김명남(한국가스공사), 안병민(교통개발연구원), 정기철(한국가스공사), 정여천(대외경제정책연구원), 한종만(배재대학교), 홍성원(영산대학교) 교수 등의 글을 참조하여 정리했다. 에너지경제연구원, 교통개발연구원, 대외경제정책연구원, KOTRA, 한국수출입은행, 해양수산부 등이 제공하는 각종 자료를 활용했다. 또한 국내 일간지인 조선, 동아, 중앙일보, 한겨레신문 등을 활용했다. 상기 자료에 대한 1차 정리는 이영형 박사가 맡아주었다.

러시아 극동국립대학교에서 수학하면서, 현지의 삶과 정치/경제를 몸소 체험했다. 현지에서 체험한 다양한 경험과 극동지역 현지에서 출간된 각종 자료/보고서의 내용을 접목시켰다. 그리고 러시아 중앙정부 및 극동지역 내 개별 주체들이 제공하고 있는 공식 홈페이지 내용을 참고했다. 러시아 극동에 관심을 갖고 있는 많은 한국 사람들에게, 무한한 자원과 투자 열기로 달아오르고 있는 극동의 생생한 모습을 보여주고 싶었다. 이러한 생각에 뜻을 같이하는 현지인들이 있었다. 특히 이 책의 공동저자인 극동국립대학교 한국학대학 학장인 알렉세이 스타리치코프(A. Starichkov) 교수는, 본 안내서가 출간될 수 있도록 각고의 노력을 아끼지 않았다.

러시아 극동에 대한 전문적인 내용은 아니지만, 세부 내용을 구체적으로 분석하지는 못했지만, 움직이고 있는 극동지역 전체를 한눈에 볼 수 있도록 준비하려 하였다. 부족한 부분이 많다는 것을 인정하면서, 극동지역을 이해하는 데 도움이 되었으면 한다.

끝으로, 국동의 현지 자료를 보내주시고 또한 이 책의 출간에 대한 축하의 글까지 보내주신 러시아 극동연방지구 대통령 전권대표인 콘스탄틴 풀리코프스키 대표에게 감사드린다.

2005년 6월

박정민

# 존경하는 한국의 독자 여러분들께

러시아 극동지역에 대한 전반적인 내용을 소개하는 『러시아 극동을 주목하라』라는 이 책을 여러분들께 소개하게 되어 무척 기쁘게 생각한다.

러시아와 한국은 약 150년이란 오랜 기간 동안 선린 우호관계를 지속하고 있다. 우리는 잊을 수 없는 역사의 페이지들을 공유하고 있다. 2004년에 러시아 한인들이 극동 이주 140주년을 맞이하여, 다양한 기념행사를 성대하게 거행했다.

양국간의 역사에서 서로가 격리된 유감스런 시기도 있었다. 현재 이러한 시기는 모두 역사의 뒤안길로 사라졌다. 14년 전 양국간 외교관계가 수립된 이후, 양국은 정치관계에서뿐만 아니라, 경제·교육·과학·문화 등 다방면에 걸쳐서 교류협력 관계를 활발하게 발전시키고 있다.

양국이 이룩한 그 동안의 성과에도 불구하고, 전체적인 면에서 볼 때, 양국간의 협력이 만족할 만한 수준은 아니라고 생각된다. 한국과 러시아 간의 경제·무역관계는 양국이 보유하고 있는 거대한 성장 잠재력에 비해 아직까지 부족한 점이 많이 있다.

이러한 상황을 본인의 시각에서 보면, 우리는 아직까지 서로를 충분히 알지 못하기 때문이며, 우리들의 역량에 대한 실질적인 인식의 결여라고 생각된다. 바로 이런 결점을 극복하기 위하여, 러시아의 극동지역을 소개하는 본서가 준비된 것으로 알고 있다.

이 책이 양국간의 전반적인 협력 및 발전을 전망할 수 있는 러·한 연구의 합작품이 되길 바란다.

특별히 언급하고 싶은 내용이 있다. 2005년 1월에 러시아 극동지역 대통령 전권대표부와 극동 국립대학교 간에 러·한 협력센터를 설립하였다는 것이다. 센터의 주요 과제는, 러시아 극동지역과 한국 간 상호 이익이 되는 유익한 관계를 발전시키기 위한 노력의 일환으로, 러시아와 한국 측의 기업인들 및 교육·과학·문화 종사자들에게 다각적인 협력과 질적인 서비스를 제공하는 것이다.

이 책의 출판이 양국간에 보다 긴밀한 관계를 구축하고, 경제관계를 비롯한 선린우호 관계를 공고히 하는 계기가 되길 진심으로 바란다.

러시아 극동연방지구 대통령 전권대표

K.Б. 풀리코프스키

# 차례

첫째,

# 러시아 극동이 중요한 이유는?

## 지정학적 위치 때문에

### 시베리아/극동지역: 개발에서 소외까지

러시아는 1580년대 초반 우랄산맥을 넘어 동진하면서, 시베리아 정복에 나섰다. 1640년에는 태평양 연안까지 진출하게 되었다. 러시아가 영토확장 정책을 급속도로 이룩한 주요한 원동력은 점령지역을 관리하고, 변경지역의 안전을 확보하며, 경비를 강화하는 등 기지의 전략적 활용에 있었다. 러시아는 하천 유역의 주요 지역에 성채를 쌓고 경비를 강화함으로써 또 다른 지역으로 진출하기 위한 교두보로 삼았다. 이러한 거점 지역의 선택은 시베리아의 3대 하천인 오비, 예니세이, 레나 강 등과 같은 하천과 바다를 통해 교통로를 확보함으로써, 신속한 물자수송과 식량보급을 가능하게 하면서 추진되었다 (심헌용|군사편찬연구소).

동부로의 진출은 우랄지역에 있는 오비 강 유역의 토볼스크를 점령하여 요새화시키고, 이를 토대로 남부지역으로의 팽창이 이루어졌다. 그리고 시베리아 동부의 예니세이 강 유역에 있는 예니세이스크와 톰스크를 각각 1600년

극동진출 팽창거점 전략도

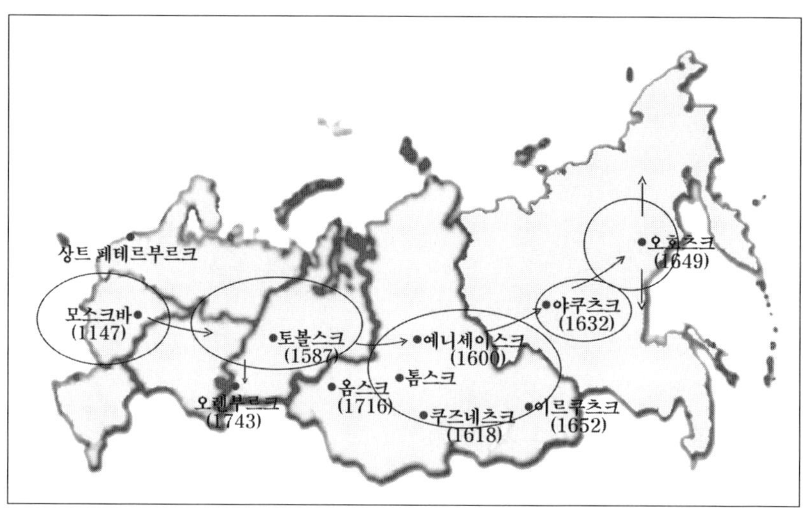


과 1604년에 정복하면서, 이를 거점으로 하여 남부로의 진출[쿠즈네츠크(1618),
크라스노야르스크(1628), 키텐스크(1631), 이르쿠츠크(1632), 옴스크(1716)]이 이루어
진다. 특히, 키텐스크는 시베리아 개척사업에서 중요한 기지 역할을 하였다.

이러한 방식으로 레나 강 유역의 야쿠츠크(1632)와 극동의 오호츠크(1649)를
전략 거점으로 하여, 상하[캄차트카(1740), 사할린(1853), 블라디보스톡(1860)]로
팽창전략을 추진하게 된다. 이러한 거점구축 전략과 근대식 무기인 화기(火器)
를 사용하면서, 미개한 지역 원주민들을 보다 쉽게 굴복시키면서, 우랄 산맥을
넘어 극동지역에까지 다다르게 된다. 이러한 개척 과정은 60여 년에 불과했다
(심헌용|군사편찬연구소).

러시아는 시베리아 공간을 획득한 이후에 하트랜드(Heartland), 다시 말해
대륙의 '중심지'라는 지정학적 위치를 확보하게 되었다. 지정학자인 맥킨더
(H.J. Mackinder, 1861-1947)는 러시아의 광활한 공간을 '역사의 지리적 축'으로
보았다. 지정학 차원에서 중요한 의미를 지니고 있는 시베리아 지역은, 미·소
중심의 양극적 국제질서 속에서 개발되고 못한 채 소외당하고 있었다.

시베리아/극동지역 공간은, 미·소 중심의 양극적 국제질서가 붕괴되는 시기까지, 국제관계에서 그다지 큰 의미를 부여받지 못했다. 이 공간은 오랫동안 유럽 러시아의 정치범 및 잡범 등을 격리 유배시키는 소외된 땅으로, 소련의 유럽지역에 필요한 자원수탈의 식민지 공간으로 활용되어왔다.

냉전체제가 해체되는 시기까지의 국제관계는 유럽에 무게 중심이 있었으며, 소련의 주요 외교적 관심도 유럽에 있었다. 따라서 아시아 지역으로 전개되고 있는 시베리아/극동 공간에 대한 중요성은 상대적으로 낮게 인식되어 왔다.

지난 70년 동안, 시베리아 및 극동지역이 갖는 의미는 다음에 있었다. 중앙정부의 경제난이 악화되면 될수록, 시베리아 및 극동지역에 대한 관심도가 높아진다. 경제문제가 어느 정도 해결되면, 시베리아와 극동지역은 또 다시 '버림받은' 땅으로 전락한다. 다시금 유럽으로 되돌아간다는 의미이다. 이는 시베리아 및 극동지역에 산재해 있는 각종 자원에 기초해서, 소련의 경제난을 극복하고자 하는 중앙정부의 전략적 욕구였다.

고르바쵸프는 '소련'이라는 집을 재건축(페레스트로이카)하기 시작했다. 시베리아 및 극동지역에 대한 관심이 높아지기 시작했다. 극동지역의 중요성은 지정학의 정치 및 경제적 요소에서 파생된다. 푸틴의 보다 적극적인 개발 노력과 함께 시베리아 및 극동지역은 국제화되고 있다.


## 시베리아/극동지역: 국제정치적 행위변수에 연결되고 있다

탈냉전의 국제질서는 동북아 국가 상호간 제한 없이 정치적·경제적 협력관계를 가능하게 만들었다. 미국의 외교적 관심은 아시아 지역에 보다 많은 비중을 두게 되었다. 이러한 과정에서 시베리아/극동 공간에 대한 지정학적 의미가 중요하게 부각되고 있다. 이는 소련의 해체에 따르는 공간관리의

신사고 속에서, 시베리아/극동 공간이 지닌 정치 및 경제적 요소가 새롭게
평가되고 있음을 의미한다.

1995년을 전후한 시기까지, 러시아 대외정책은 유럽지역을 우선시하는
경향을 보여주었다. 러시아 외교의 주요 목적은 유럽연합과의 흔들림 없는
평등하고 확고한 파트너 관계를 구축하는 데 있었다. 그러나 2000년을 전후한
시기부터, 미국을 중심으로 하는 국제관계의 무게중심이 아시아에 상당 부분
위치하고 있기 때문에, 유라시아 국가인 러시아의 지정학적 국제관계는 시베
리아 및 극동지역에 관심을 갖지 않을 수 없게 만들었다.

푸틴은 미국과의 대결적인 입장을 최소화하면서, 아시아로의 진출의지를
드러내고 있으며, 대내적으로도 극동지역의 개발 필요성을 지적해왔다. 푸틴
정부의 시베리아 및 극동지역 개발전략은 지정학 차원에서 추진되고 있다.
이는 유라시아 대륙에 위치한 러시아의 지정학적 현실에 대한 새로운 각성과
함께 시작된다.

### 극동과 시베리아란?

일반적으로 극동(Far East)이라 함은 동양의 가장 동쪽지역을 의미한다. 즉 극동이라
함은 아시아 대륙의 동부와 그 주변의 섬들을 지칭한다.

역사적으로 유럽의 관점에서 아시아 대륙을 3등분했다. 자신들과 가까운 지역으로부터
근동·중동·극동으로 구분한 것이다. 범위는 명확하지 않으나, 극동의 지역범위는 우랄
산맥 동쪽에서부터 북태평양지역까지를 지칭하기도 한다. 현재 이야기 되고 있는 '시베리
아'와 '극동'을 총칭하는 지역 개념이다.

푸틴의 러시아는 자신의 아시아 영토를 광역권으로 묶어 '시베리아 연방지구'와 '극동
연방지구'로 분리시키고 있다. 유럽에서 이야기하고 있는 '극동'을 러시아의 내부공간에
적용하면, '시베리아 연방지구' 중동부 레나 지역(Lenaland, 중앙시베리아 대지/고원)의
동쪽지역 전체를 의미하게 된다.

따라서 본 안내서에서 다루게 될 '러시아 극동'이란 푸틴이 분류한 '극동 연방지구'(10개의
지방자치단체가 포함됨) 전체를 의미한다.

　푸틴의 국가전략은, 미국을 중심으로 하는 'NATO의 세력범위 확대,' 그리고 '러시아 동부전선 압박'이라는 난제를 풀어야 하는 과제를 안고 출발하게 된다. 러시아는 동북아지역에서 미국의 정치/안보적 독점을 막고자 한다. 따라서 러시아는 중국과 동반자 관계를 구축하면서, 미국의 독주를 견제하려 한다. 그리고 북한문제에 적극적으로 개입하면서, 한반도 문제에 대한 미국의 독점적 지위를 악화시키려 한다. 푸틴의 국가전략은 유라시아성에 기인하고 있으며, 또한 유라시아성에서 그 해답을 모색하려 한다.

　푸틴의 국가전략은 중국의 성장 잠재력을 계산하고 있다. 미국 일부에서 중국위협론(China threat theory)이 대두되고 있으며, 중국은 미국의 이러한 논의를 중국 봉쇄론(China containment theory)이라고 보고 있다. 러시아 극동지역에서 러시아가 우려하는 것은 다음에 있다. 러시아 극동으로의 중국인 유입이 지속적으로 증대되면서, 극동지역이 '중국화'되는 과정에 대한 우려인 것이다.

　결국, 미국에 대한 지정학적 관리, 그리고 중국의 성장 잠재력에 대한 견제는 러시아로 하여금 시베리아/극동을 전략적으로 개발하도록 자극하고 있다. 국제정치의 무게 중심이 아시아로 상당 부분 이동하고 있는 현실과 함께하면서, 시베리아/극동지구는 과거의 '버림받은 땅'이 아니라, '국가전략의 중심축'으로 성장하고 있는 것이다.

　국제정치/경제적 차원에서, 세계의 중심은 더 이상 유럽에 한정될 수 없었다. 중국과 일본을 비롯한 적극적 게임 참가자들이 동북아 지역에 포진하고 있으며, 미국의 지정전략에서 동북아지역의 중요성이 크게 증대되고 있다. 따라서 러시아 역시 유럽 중심적인 사고에서 아·태지역(특히 동북아지역)으로 관심을 전환시키고 있는 것이다. 그리고 푸틴은 러시아의 극동지역을 동북아지역 국가들과 연결시키려 노력하고 있다.

# ▶ 지경학적 의미 때문에

## 자원문제와 지경학 그리고 극동지역의 경제적 분석단위

자원은 지표면에 균등하게 분포되어 있지 않으며, 유한성을 지니고 있다. 따라서 자원문제에 대한 지정학적 해석의 출발점은, 어떠한 종류의 자원이 어느 지역에 어느 정도 분포되어 있으며, 자원조달 방법은 어떠한 형태를 지니고 있는가를 분석하면서 시작된다. 자원문제에 대한 중심적인 연구과제는 자원의 보유와 획득을 위해, 혹은 대체자원 입수를 위해 어떠한 정치행위가 필요할 것인가를 밝히는 것이다. 원료나 식료 등의 출산원이 되는 자원을 필요로 하는 국가의 경우, 자원 소재지 점거나 그에 접근할 수 있는 통로를 확보하거나, 또는 자원을 쉽게 공급받을 수 있는 방법을 모색하는 국제관계(자원 획득 협조, 경쟁, 최악의 경우 전쟁)를 보다 적극적으로 개발하게 된다. 특히 철과 철광, 그리고 에너지 등과 같이 산업화에 필수적인 자원을 필요로 하는 국가는 보다 경쟁적으로 자원에의 접근로를 모색하게 된다.

자신이 필요로 하는 모든 자원을 만족스러운 상태로 소유하고 있는 국가는 없다. 따라서 대체자원이 개발되지 않은 에너지를 비롯한 각종 필요자원을 효율적으로 관리할 수 있는 능력은 자신의 국력을 증강시킬 수 있는 중요한 수단이 되기도 한다. 특히, 산업능력에 직접적으로 영향력을 미치는 천연자원 등은 국가의 경제력을 의미하기도 한다. 중요한 것은 석탄·석유 및 우라늄과 같은 에너지 자원과 철광석을 비롯한 금속류로서, 이들은 국가의 공업력에서 중추적 역할을 담당하고 있다.

자원문제에 대한 지정학적 분석단위는 전략적 광물(strategic minerals) 및 그것들에 대한 접근로 확보, 자원의 유통 주도권 장악 등을 둘러싼 국제관계의 관리일 것이다. 뿐만 아니라, 국가의 경제적 생명선이라 할 수 있는 시장이나 필요한 자원에 접근할 수 있는 해로의 확보 역시 중요한 의미를 지닌다.

러시아 전 영토의 36%를 차지하고 있는 극동지역에는 금·철·다이아몬드 등을 비롯한 다양한 지하자원(철광석·구리·니켈·코발트·몰리브텐 등)이 풍부하게 매장되어 있다. 석탄·석유·가스 등을 비롯한 에너지 자원이 풍부하다. 그리고 산림 및 수산자원이 풍부하다.

지정학의 경제적 요소인 주요 자원은 국제관계 행위를 자극하게 되며, 자연스럽게 지정학의 분석 단위가 된다. 극동지역 내 개별 주체가 다량으로 보유하고 있는 주요 광물자원은 지역 공간의 지정학적 의미를 진단할 수 있는 하나의 토대로 활용된다.

각종 자원의 소유 여부에 따라 공간의 의미와 가치가 변화된다. 보다 풍부한 자원을 보유하고 있는 시베리아/극동 공간은 러시아의 위치를 격상시킬 수 있는 중요한 지정학적 자원이 된다. 특히, 가스 및 석유를 비롯한 에너지

---

### 러시아는 자원공급처 확보를 위해 시베리아/극동지역으로 진출했다

러시아의 시베리아/극동 진출은, 자원공급처로 활용 가능한 식민지 개척사업의 일환으로 시작된다. 모스크바 중심의 국가경제 구조를 활성화시키기 위해 시베리아 및 극동지역의 인적 및 물적 자원을 착취하면서, 내부 식민지화 전략의 일환으로 추진된 것으로 인식된다. 러시아의 시베리아 개척은 식민지적 수탈을 전제로 한 식민지 경영의 전형적인 모습을 보여준다(심헌용|군사편찬연구소).

시베리아 원정과 식민지 개척시기 초기에는 주로 모피나 수산물 등 1차 산물에 집중되어 있었다. 그러나 소금금비철금속 매장지역에 대한 개발이 이루어지면서 시베리아 지역은 자원 공급지로서의 성격이 뚜렷해졌으며, 농산물과 공산물 가공지로도 발전해갔다. 18세기 초·중엽부터 우랄산맥 일대에 철강과 군수공업시설이 들어서기 시작했다. 러시아의 산업화를 위해서는 시베리아의 철·석탄·목재 등을 비롯한 풍부한 자원이 필요하게 되었다. 이러한 과정에서 (준비되고 있던) 시베리아 철도는 동아시아 정책의 생명선이기도 했다.

자원이 중요한 지정학적 의미를 지니게 된다. 물론 시베리아/극동지역의 에너지 자원에 대한 지정학적 의미가, 제2의 중동지역으로 간주되는 카스피 해의 에너지 자원을 둘러싼 국제관계에 따라 변화되기는 하지만, 시베리아/극동 공간 자체만으로도 충분한 지정학적 위치를 확보하게 된다.

시베리아 및 극동지역의 지정학적 분석단위인 자원의 국제관계는 '동북아 에너지안보'라는 큰 테두리 내에서 추진된다. '에너지 관리'라는 분석단위는 시베리아와 사할린의 유전/가스전 개발을 향한 지정학적 행위변수로부터 자유롭지 못하다. 미·일·중 등은 '석유/가스'라는 지정학적 자원의 효율적 관리 문제에 깊이 개입되고 있다. 한국 역시 시베리아/극동지역의 '석유 및 가스'로부터 자유롭지 못하다.

## 다양한 에너지 개발 프로젝트가 유혹하고 있다

시베리아 및 극동지역은 풍부한 천연자원과 경제발전의 잠재력을 갖고 있지만, 인구밀도가 매우 낮아 심각한 불균형 상태에 빠져 있다. 이 지역이 소유하고 있는 각종 자원의 개발에 소요되는 대규모 자본을 자체 조달하는 것은 사실상 불가능하며, 적극적인 외자유치가 필요한 실정이다. 특히 에너지 자원을 개발하는 작업은 막대한 양의 자본을 필요로 한다.

### 유코스(YUKOS)의 설립

유코스(YUKOS)란 회사의 이름은 소련시절에 활동하고 있던 2개 회사의 머리글자를 합성한 것에서 유래한다. 서시베리아의 튜멘(Tyumen)지역에 있는 러시아 최대 오일 생산회사의 하나인 유간스크네프트가스(Yuganskneftegas)와 불가강변의 사마라(Samara)시에 있는 정유 및 석유화학제품 관련 회사인 쿠비세프네프테오르그신테즈(Kuibyshevnefteorgsintez) 의 머리글자를 합성한 것이다.

러시아는 1996년부터 동시베리아 송유관 건설에 관련된 구체적인 논의를 시작하고 있었다. 논의의 시작은 러시아 석유회사인 유코스(YUKOS)와 중국 국영석유회사(China National Petroleum Company, CNPC) 간 앙가르스크-대경 송유관 건설 계획에서부터 출발한다. 부존자원 개발을 위한 주요 프로젝트는 이르쿠츠크 프로젝트·사하 프로젝트·사할린 프로젝트가 대표적이다.

지분의 30%를 확보한 영-미의 석유 메이저인 브리티시 페트롤리움(British Petroleum, BP) 사를 중심으로 활발하게 탐색작업이 진행 중인 '이르쿠츠크 가스전 개발 프로젝트'가 가장 먼저 가시화되었다. '이르쿠츠크 프로젝트'는 이르쿠츠크 시 북방 약 450㎞에 위치한 코빅틴스크(Kovyktinsk) 가스전을 개발하여, 배관을 통해 한국 및 중국에 천연가스를 공급하고자 계획되어 있다. 그러나 이 가스전의 동단 끝을 어디로 할 것인가를 놓고, 중국·일본 등이 치열한 경쟁을 벌이기도 했다.

사하 프로젝트는 사하공화국 내에 있는 26개의 가스전을 개발하여, 중국 및 북한을 경유하여 한국에 공급하려는 프로젝트였다. 투자비용이 총 170-250억 달러에 이르는 대규모 프로젝트였다. 한국과 러시아는 타당성 조사를

---

**시베리아 지역의 유전과 가스전 개발**

시베리아 지역 내 가스전 개발에 대한 관심이 고조되고 있다. 7조 6,000억㎥의 추정 매장량을 갖고 있는 야쿠츠크 인근의 빌류시 가스전과 21조 5,000억㎥의 매장량으로 추정되는 서시베리아 지역의 튜멘 가스전이 있다. 그리고 천연가스 1조 5,000억㎥와 응축가스(gas condensate) 8,000만 톤이 매장되어 있는 것으로 추정되고 있는 코빅틴스크(Kovyktinsk) 가스전에 대한 관심이 중요하게 대두되고 있다.

러시아는 동시베리아의 앙가르스크 유전과 이르쿠츠크 주의 코빅틴스크 가스전 개발 프로젝트를 국제정치화시키면서, 지역 국가들의 참여를 유도하고 있다. 특히 '앙가르스크-나홋카 송유관 계획'은 부랴트 공화국-이르쿠츠크 주-치타 주-아무르 주-하바로프스크 지방 및 연해주 등을 가로지르는 길이 약 3,765㎞의 송유관 건설 계획이다.

에너지 개발 프로젝트 비교

| 항목 | 이르쿠츠크 | 사하 | 사할린 |
|---|---|---|---|
| 위치 | ·동시베리아 | ·극동 | ·극동(사할린 섬 북부) |
| 가스 매장량 | ·8,700억CM | ·2조 2,000억CM | ·9,440억CM |
| 개발 여건 | ·기후 양호<br>·하부구조 발달<br>·추가탐사 필요 (확인 매장량 적음) | ·영구동토지역<br>·하부구조 열악<br>·매장량 풍부 | ·대륙붕지역<br>·매장량 풍부<br>·남사할린까지 파이프라인 건설 필요(LNG) |
| 한국과 거리 | ·4,115-4,252㎞ | ·5,500㎞ | ·3,000㎞ 내외 |

김원배·박영철·김경석·이성수 외 | 국토연구원

실시하였고, 그 결과 사업성이 낮은 것으로 판단되어, 사업이 진척되지 않고 있다.

사할린 프로젝트는 사할린의 관할지역(대륙붕 포함)에 있는 가스전을 개발하려는 프로젝트를 총칭한다. 총 9개의 프로젝트가 진행 중이며, 이 중 5개 프로젝트는 현재 석유 및 가스를 생산하는 단계이거나 생산 준비 중에 있고, 이미 사업 참여자가 결정된 상태이다. 사할린 프로젝트의 총 투자 예상 금액은 521억 달러로 추산된다. 사할린 프로젝트는 일본과 직접 연관된 프로젝트로, 한국의 참여는 아직 가시화되지 않고 있다.

러시아 에너지 정책의 미래 청사진인, 2003년 8월 28일 정부 승인에 의한 「에너지전략 2020」 보고서는 동시베리아와 극동지역의 에너지 자원 개발에 관한 계획을 담고 있다. 이 보고서는 미개발 상태인 동시베리아와 극동지역의 에너지 수송 간선망을 확충해 기존 시설이 편중된 서시베리아 에너지 수송 간선노선과 연결시키는 문제와, 그동안의 유럽시장 편향을 탈피해 동북아

지역에 대한 수출을 늘려 나가는 것을 뼈대로 하고 있다. 이 보고서에 따르면, 2020년까지 동북아 지역 석유 수입의 3분의 1, 천연가스 수요의 6분의 1을 공급할 것을 목표로 하고 있으며, 서태평양지역까지 대규모 송유관과 가스 파이프라인 건설을 추진하겠다는 것이다.

　푸틴은 산업생산의 중심지를 동부로 이전시키려 노력하고 있다. 푸틴은 극동지역 경제개발을 위해서, 한반도 안보환경 조성을 위해 노력하면서, 미국·일본·한국의 보다 적극적인 참여를 희망하고 있다. 러시아의 극동지역에는, 이 지역의 개발을 위해 자본과 노동력이 절대적으로 필요하지만, 중국에 대한 경계심이 팽배해 있다. 러시아 중앙정부 및 극동지역 정부는, 이 지역의 개발 과정에 일본·미국·한국의 적극적 참여를 바라고 있다. 이는 중국의 지위를 약화시켜줄 것을 바라는 또 다른 속셈이 깔려 있을 것이다.

## ■▶ 사회문화적 가치 때문에

### 민족간 교류? 민족 갈등?

러시아의 다른 지역과 마찬가지로 극동지역의 민족 구성은 주체에 따라 차이는 있지만 보통 60-80개의 다민족으로 구성되어 있다. 극동연방지구에 소속되는 각각의 개별 주체에서, 슬라브계 민족이 다수를 차지하고는 있지만, 민족 구성도는 변화되고 있다. 10개 연방 주체의 평균 75%가 슬라브계 주민이었지만, 슬라브계 주민들이 극동지역을 점차적으로 빠져 나가고 있다.

1992년-1998년간 슬라브계 주민의 상당수인 2만 7,632명이 연해주를 떠났다. 반면에, 스탈린에 의하여 강제이주 되었던 고려인들은 연해주를 비롯한 극동지역으로 되돌아오고 있다. 물론, 러시아 내국민들을 대상으로 볼 때, 유입에 비해서 유출의 정도가 더 크다.

연해주 지역에서 인구유출에 따른 노동인력의 감소를 보충하기 위해, 1992년 이후 외국인 노동자의 유입이 허용되었다. 1998년 연해주에 거주하는 외국인 노동자는 1만 명을 넘어섰다. 이들은 대부분 건설현장, 농촌, 상업현장, 산업현장에서 활동하고 있다. 이들 외국인 노동자의 다수는 중국인이며, 북한 노동자의 수가 그 다음을 달린다. 북한의 개방 및 개발 그리고 국경무역 및 합작사업이 증가될 경우, 연해주를 비롯한 러시아 극동지역으로 보다 많은 북한 노동자들이 진출하게 될 것이다. 서울 사람과 평양 사람, 그리고 중국인의 교류가 더욱 복잡하게 전개될 것이다.

중국인과 북한인 노동자 수의 증가는 기존의 슬라브계 주민을 우위로 하던 연해주 주민의 민족구성에 변화를 초래하게 된다. 이들 외국 노동자들은 공유하는 언어-문화-종교를 바탕으로, 민족별로 집단을 형성하여 거주하고 있다. 이들을 중심으로 각기 민족문화 공동체가 형성되고 있으며, 언어-문화-종교를 바탕으로 경제적 상부상조가 보다 자유롭게 이루어지고 있다.

민족간 갈등이 분출될 수 있는 상황이 만들어지고 있다. 각종 자원을 둘러싼 민족간 경쟁이 심화될 수 있으며, 이는 민족간 갈등으로 확산될 것이다. 더 나아가 무력충돌이 발생할 수도 있다. 연해주 지역은 구소련 지역의 어떤 지역보다, 심각한 민족문제가 분출될 수 있는 잠재적 가능성을 축적해가고 있다.

2000년 7월에, 푸틴은 동부 변경도시인 블라고벳센스크에서 러시아 극동지방의 개발계획을 점검하고 있었다. 이때, 다음과 같이 언급하고 있다.

"우리가 극동지방의 발전을 위해 진정으로 노력하지 않는다면, 이곳의 토착 러시아 주민조차도 몇십 년 뒤에는 일본과 중국, 그리고 한국의 언어를 상용하게 될 것이다."

푸틴의 이러한 지적은 예상되는 민족간 갈등을 사전에 차단할 수 있는 방법을 모색하라는 메시지로 들린다.

러시아 극동의 연해주 지방은 남북철도가 연결되는 핫산역과 시베리아 철도의 출발역인 블라디보스톡이 있다. 따라서, 시베리아횡단철도(TSR)와 한반도종단철도(TKR)가 연결되면, 러시아 극동지역을 중심으로 경제협력이 더욱 증대될 것이다. 뿐만 아니라, 관광객의 수 역시 급증할 것이다. 극동지역의 남부지역은 다양한 문화가 만나는 '문화적 공간'으로 발전하게 될 것이다.

결국 극동지역의 개발 과정은 이 지역에 거주하고 있는 기존의 다민족에 더해서, 유입되는 외국 노동자들이 합류되면서 새로운 민족문제를 만들어낼 수밖에 없을 것이다. 중국민족과 한민족이 민족문제의 중심에 서게 될 것이다.

## 서울사람+평양사람+조선족+고려인=?

한소 수교와 동시에, '보따리 장사꾼'들은 수시로 극동지역을 넘나들었다. 한국의 중고제품(자동차, 전자제품 등)들이 극동의 가정집에 안주했고, 길거리를 질주하고 있었다. 한국의 중소기업 및 대기업들도, 실패가 있기는 했지만, 극동 시장을 개척하고 있었다.

극동지역의 개별 주체(특히 연해주)에 거주하는 한국인은 상사 주재원과 공관원, 그리고 선교 활동에 종사하는 사람 등 다양하다. 한국인 기업인들은 무역업과 수산업을 중심으로 다양한 직종에 종사하고 있다. 현지에 진출한, 기업인/선교사들을 비롯하여, 다수의 서울 사람들은 평양 사람을 만날 기회가 종종 있게 된다.

연해주의 북한 노동자는, 조선족을 포함한 중국인 노동자 다음으로 높은 비중을 차지하고 있다. 상당수의 북한 노동자들이 벌목과 농장, 그리고 건설 현장에서 활동하고 있다. 국가안전기획부의 자료(『러시아 현황』, 1997년)에 따르면, 북한에서는 달러벌이를 위해 오래 전부터 연해주나 시베리아 지역으로 벌목공들을 진출시켜 왔다. 그리고 근래에 와서는 벌목공뿐만 아니라, 농장과 공사장 또는 개인 장사를 통해 돈벌이를 하고 있다(문명식|서경대학교). 북한 노동자들은 북한과 러시아 연해주 정부 간의 공식적인 계약에 따라, 연해주 및 블라디보스톡 등을 비롯한 시베리아 및 극동지역에서 달러벌이로 활동하고 있는 것으로 알려지고 있다.

소련 붕괴 이후, 독립국가연합(CIS)에 참여하고 있는 중앙아시아 지역 국가(카자흐스탄, 우즈베키스탄 등)의 일부 고려인들이 '고향 찾아 3만 리' 행군을 시작했다. 이들 국가에서 러시아어 대신에 자민족 고유 언어를 국어로 사용하기 시작하면서 러시아어만을 학습했던 고려인들은 언어 장벽에 부딪힐 수밖에 없었다. 언어 사용 문제뿐만 아니라, 여러 가지 불편한 환경이 만들어지면서, 차라리 고향으로 돌아가려는 분위기가 싹트기 시작한 것이다.

따라서 러시아의 극동지역으로 이주하는 고려인의 수가 늘어나고 있다. 기존에 거주하던 고려인들과 귀환하는 상당수 고려인들이 합쳐진다면, 보다 큰 민족 공동체가 만들어질 것이다. 연해주에서 재건되고 있는 '한인촌'은 한민족 공동체를 만들어 갈 수 있는 하나의 토대가 될 수 있을 것이다.

중국인들은 러시아 극동지역(특히 연해주 일대)의 주민들이 필요로 하는 경공업 제품·의복·곡식·과일·야채 등을 공급하면서, 지역시장을 장악하고 있다. 조선족들이 중국인 거주자 인구의 상당수를 차지한다. 이들 조선족들은 중국 동북3성의 길림성-흑룡강성 출신들이다. 한국으로의 진출이 어렵게 되면서 연해주로 진출했다. 이들에게 우리와 같은 피가 흐르고 있지 않을까?

많은 수의 연변 조선족이 장사와 농사를 목적으로 연해주를 빈번히 출입하고 있다. 러시아 극동(특히 연해주)으로 유입되는 중국인의 70-80%가 조선족으로 추정되고 있으며, 블라디보스톡 및 우수리스크 등을 비롯한 재래식 중국시장에서 장사하는 상인 가운데 70-80%가 조선족인 것으로 알려지고 있다(문명식|서경대학교).

극동지역에는 서울사람·평양사람·고려인·조선족들이 거주하고 있다. 이들 사이에 다양한 관계가 이루어진다. 고려인들과 조선족들은 서로 같은 시장에서 상품을 팔고 사는 관계에 있다. 뿐만 아니라, 고려인들과 조선족들은 같은 농장에서 농업 노동자로 일하면서, 과일 및 야채를 재배하여 시장에 내다 팔기도 한다. 이들은 주로 한국인 출신 목사나 선교사가 운영하는 교회에서 서로 친교를 맺기도 한다. 고려인과 서울사람의 교류는 현지에 진출한 한국 기업의 고용인과 피고용인으로 만나게 된다. 서울 사람과 평양 사람의 만남은, 양자간에 자유롭게 만날 수는 없지만, 조선족이나 고려인들을 통해서 자연스럽게 만날 수 있다.

그러나 위에서 언급된 한민족 제(諸)집단들은 서로 다른 문화를 가지면서, 상호간 불신이 존재하기도 한다. 불신의 주된 원인은 각 집단이 성장 과정에서 익숙해진 문화적 차이에서 유래한다. 사회주의와 자본주의, 그리고 사회주의 내부에서의 상이성 등에서 나타난다. 이들 제집단간에, 서로 다른 문화 속에서 살아왔기 때문에, 문화적 이질감이 존재한다.

극동지역에 거주하고 있는 한민족 제집단 상호간의 교류가 보다 활발하게 증진된다면 러시아 '극동지역'이라는 공간은 문화적 이질감을 극복할 수 있는, 문화적/언어적 동질성 회복을 가능하게 만들어줄 수 있는 역할을 충분히 할 수 있게 될 것이다. 농업을 비롯한 다양한 합작사업을 통해 문화적 이질감을 극복할 수 있을 것이다.

## ▶ 푸틴 대통령은 '연방지구'를 결성했다

### 광역권 '연방지구'를 결성한 이유는 무엇인가?

러시아는 유럽에서 아시아의 동쪽 끝까지 이르는 광활한 영토를 가지고 있다. 민족 구성 역시 100개가 넘는 다민족으로 되어 있다. 연방제 국가이다. 현재 러시아에서 활용되고 있는 연방제는 다양한 민족과의 지역적 이해 조정을 위해서 가동되고 있다.

러시아는 89개의 연방주체로 구성되어 있다. 2개의 연방시인 모스크바와 샹트 페테르부르그 특별시, 21개의 공화국, 6개의 크라이, 49개의 주, 1개의

**크라이란?**

러시아 행정구역 단위인 '크라이'란 1924-1938년 사이에 비러시아인들이 주로 거주하고 있던 접경지역에 전략적으로 설치한 개척지구이다. 여기에는 역내에 소수민족으로 구성된 특수 독립 행정구역을 포함한다.

행정구역 단위인 '크라이'를 한국에서는 '변강' 또는 '변강주'로, 일본에서는 '변구'로, 중국에서는 '변강구'로, 북한에서는 '변강'으로 번역되어 사용되고 있다.

극동연방지구에는 2개의 '크라이'가 있다. '연해 크라이'와 '하바로프스크 크라이'가 그것이다. 한국에서는 이들을 '연해주' 및 '하바로프스크 주'로 부르고 있다.

자치주 및 10개의 자치구 등으로 구성되어 있다.

　러시아연방이 출범한 초기에 중앙정부는 새로운 국가의 틀을 짜는데, 연방을 구성하는 지방정부의 협력을 필요로 했다. 따라서 더 많은 권한을 지방에 양보했었다. 그러나 러시아연방을 구성하고 있는 89개의 개별 주체들은 중앙의 통치구조에 반발하는 모습을 보여주고 있었다. 중앙정부는 21개의 공화국에 한해서 자치헌법을 인정하고 있으나, 기타 주체에서도 중앙의 헌법과 상치되는 개별 주체의 헌법/헌장이 만들어지고 있다. 중앙의 통치 효율성에 문제점이 노출되고 있었다.

　1996년 이후, 옐친이 다시 연방정부의 권한을 강화시키려 하였다. 지방정부의 반발이 강했다. 중앙정부의 권한 강화정책은 푸틴이 등장하면서 완성되었다. 푸틴 대통령은 지방정부의 이탈을 최소화시킬 수 있는 중앙집권적 연방체제 강화작업을 준비하여 왔다. 푸틴 대통령은 중앙집권화 개혁과 중앙 권위확립을 목적으로 광활한 러시아의 공간을 새롭게 구획하고 있었다. 2000년 5월, 푸틴 대통령은 89개 연방주체로 구성되어 있던 전국을 7개의 연방지구로 통폐합시켰다.

## 7개의 연방지구에 대통령 전권대표를 파견하고 있다

　중앙정부 차원에서 보다 효과적으로 국가전략을 현실화시킬 수 있는 하나의 방법으로, 89개 연방주체로 구성되어 있던 러시아의 행정구역을 7개의 광역권으로 통폐합시킨 것이다. 7개의 연방지구는 모스크바를 중심으로 하는 중앙, 샹트-페테르부르그 중심의 북서, 남부, 볼가, 우랄, 시베리아, 극동연방지구 등이다.

　중앙의 통치권력이 지방에까지 효율적으로 미치게 하기 위해서, 자신이 구획한 7개 연방지구에 자신의 권한을 대행할 수 있는 대통령 전권대표를 파견하고 있다. 통폐합된 7개 연방지구 및 각각의 연방지구에 파견된 대통령 전권대표는 아래의 표와 같다.

통폐합된 7개의 광역권으로 파견되고 있는 대통령 전권대표는 개별 담당지역 내에서 중앙정부의 정치적 의사를 관철시키는 역할을 하게 된다. 그리고 지역에서 안고 있는 제반의 특징 및 문제점을 중앙정부에 보고하는 역할을 맡게 된다. 이는 중앙정부의 지방정부에 대한 영향력 확보전략의 일환으로 준비되었다.

| 연방지구 | 전권대표 |
| --- | --- |
| 중앙연방지구<br>(모스크바) | 게오르기 폴타프첸코<br>(Полтавченко Георгий Сергеевич) |
| 북서연방지구<br>(샹트-페테르부르크) | 빅토르 체르케소프<br>(Черкесов Виктор Васильевич) |
| 볼가연방지구<br>(니즈니 노브고로드) | 세르게이 키리엔코<br>(Кириенко Сергей Владиленович) |
| 남부 연방지구<br>(로스토프 나 도누) | 빅토르 카잔체프<br>(Казанцев Виктор Германович) |
| 우랄연방지구<br>(예카데린부르그) | 표트르 라티셰프<br>(Латышев Петр Михайлович) |
| 시베리아연방지구<br>(노보시비르스크) | 레오니드 드라체프스키<br>(Драчевский Леонид Вадимович) |
| 극동연방지구<br>(하바로프스크) | 콘스탄틴 풀리코프스키<br>(Пуликовский Константин Борисович) |

* 연방지구에 있는 ( )안의 지명은 각 연방지구의 중심지임.

# ▶ '극동연방지구'를 이해하자

## 극동연방지구의 구성 주체는 누구인가?

극동연방지구는 10개의 주체들로 구성되어 있다. 사하공화국, 연해주 및 하바로프스크(유대인 자치주 포함) 크라이, 아무르 주, 캄차트카 주, 마가단 주(축치 민족자치구 포함), 사할린 주 등으로 구성되어 있다. 극동연방지구는 6백 20만㎢가 넘는 영토와 700만이 넘는 인구를 가지고 있다.

지난 냉전기간 동안 러시아의 극동지역은 한반도와 인접해 있으면서도, 너무나 멀리 있었다. 그러나 지금의 시간과 가까워질수록, 러시아 극동지역은

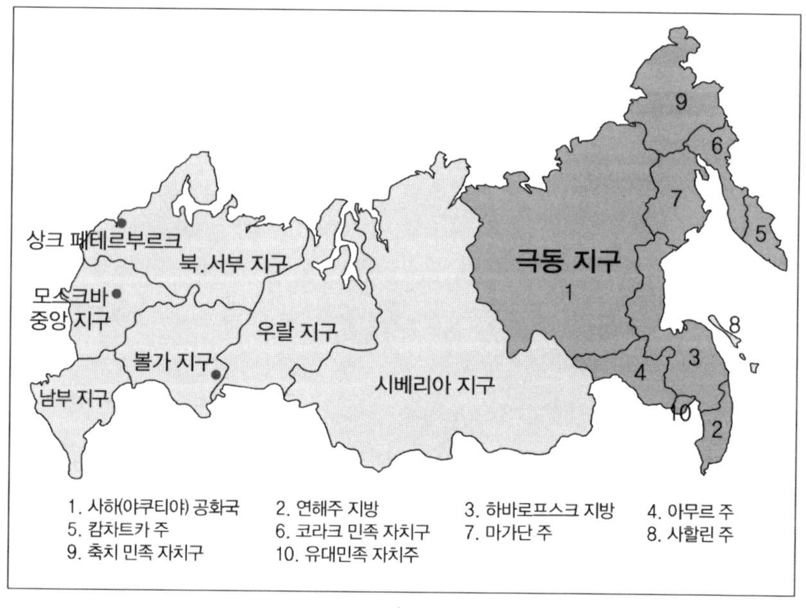

한반도와 국경을 접하는 가까운 지역으로 인식되고 있다. 북한과 국경을 접하고 있는 러시아 극동연방지구의 주요 특징은 다음과 같다.

극동연방지구의 주요 특징

| 중심지 | ·하바로프스크 시 |
|---|---|
| 영토 | ·면적: 6,215,900㎢ (러시아연방 전체의 36.4%) |
| 인구 | ·전체 인구수: 7,169,400명 (러시아연방 전체의 4.9% / 2000년)<br>·인구밀도: 1.2명/㎢ |
| 주요<br>도시 | ·블라디보스톡(Владивосток)<br>·하바로프스크(Хабаровск)<br>·콤소몰스크-나-아무레(Комсомольск-на-Амуре)<br>·블라고베셴스크(Благовещенск)<br>·페트로파블로프스크-캄차트카(Петропавловск-Камчатский)<br>·야쿠츠크(Якутск)<br>·유즈노-사할린스크(Южно-Сахалинск)<br>·나호트카(Находка)<br>·우스리스크(Уссурийск)<br>·마가단(Магадан) |

극동연방지구에 소속되는 10개 주체들은 각기 자신의 정치적 지위에 걸맞는 상징물을 가지고 있다. 각각의 주체들은 문장(紋章)과 기(旗)[공화국은 국기(國旗); 주(州)단위는 주기(州旗)]를 가지고 있다. 그리고 공화국은 수도를, 개별 주(州)는 주도(州都)를 가지고 있다.

10개의 구성주체들 중에서, 보다 높은 관심을 가질 필요가 있는 몇몇 주체들이 있다. 사하공화국에 대한 관심에서 시작되어, 동쪽으로 이동되는 몇몇 지역들이다. 야쿠츠크 시를 수도로 하고 있는 사하공화국은 310만㎢ 정도의 광대한 영토를 지니고 있다. 이는 러시아 총 국토면적의 1/7에 달한다. 한반도 면적의 14배 정도 되는 크기이다. 비록 그 면적의 절반 정도가 북극권에

극동연방지구 구성 주체 개황

| 연방주체 | 주체의 중심지 | 영토($km^2$) | 인구<br>(2000년) |
|---|---|---|---|
| 아무르 주<br>(Амурская область) | 블라가베센스크<br>(Благовещенск) | 363,700 | 1,005,900 |
| 유대인 자치주<br>(Еврейская автономная область) | 비로비잔<br>(Биробиджан) | 36,000 | 199,100 |
| 캄차트카 주<br>(Камчатская область) | 페트로파블로프스크-캄차트카<br>(Петропавловск-Камчатский) | 170,800 | 363,900 |
| 코랴크 자치구<br>(Корякский автономный округ) | 팔라나<br>(Палана) | 301,500 | 29,300 |
| 마가단 주<br>(Магаданская область) | 마가단<br>(Магадан) | 461,400 | 232,800 |
| 연해주<br>(Приморский край) | 블라디보스톡<br>(Владивосток) | 165,900 | 2,174,400 |
| 사하공화국<br>[Республика Саха (Якутия)] | 야쿠츠크<br>(Якутск) | 3,103,200 | 976,400 |
| 사할린주<br>(Сахалинская область) | 유즈노-사할린스크<br>(Южно-Сахалинск) | 87,100 | 598,000 |
| 하바로프스크주<br>(Хабаровский край) | 하바로프스크<br>(Хабаровск) | 788,600 | 1,517,400 |
| 축치민족 자치구<br>(Чукотский автономный округ) | 아나디르<br>(Анадырь) | 737,700 | 72,200 |

속해 있고 대부분이 영구 동토지대이기 때문에 인간이 거주하기에는 힘든 땅이지만, 러시아에서 광물자원이 가장 풍부한 지역 중 하나이다. 그리고 천연자원의 보고로 그 가치가 증대되고 있다.

하바로프스크주는 우수리 강과 아무르 강이 합류하는 지점의 동쪽에 위치
해 있다. 하바로프스크 주의 행정중심 도시인 하바로프스크 시는 러시아
극동지방의 최대도시이다. 한국에서 2,000㎞ 정도 북방에 위치하고 있는 하바
로프스크는 러시아 극동지방의 교육·문화·산업의 중심지이다. 그리고 교통
의 요충지로서 시베리아 횡단철도가 정차하며, 아무르 강의 중심을 이루는
하항(河港)이 있다.

캄차트카 주는 페트로파블로프스크-캄차트카 시를 주도로 하고 있고, 유일
하게 도시의 기능을 갖추고 있다. 러시아 해군의 기지로서 건설되었기 때문에,
도시에 주민 편의를 위한 사회 인프라는 거의 전무한 상태이다. 태평양 연어의
산란지여서, 연어가 이곳의 주요 수산물이다.

사할린 주는 유즈노-사할린스크 시를 주도로 하고 있다. 사할린 섬은 60%가
숲으로 구성되어 있다. 따라서 목재가공과 펄프 제조가 주요 공업이며, 수산업
역시 활발하다. 특히 사할린 주의 석유와 석탄은, 러시아 중앙정부뿐만 아니
라, 지역 경제에 중요한 위치를 차지하고 있다.

연해주의 주도이자 한국에서 가장 가까운 러시아의 도시인 블라디보스톡
시에 대한 관심이 요청된다. 군사기지로 건설된 블라디보스톡은 러시아의
항구 및 해군기지로 중요한 역할을 맡아왔다. 항구도시인 블라디보스톡은
러시아 극동지역의 중요한 공업·교통·문화 중심지로 성장하고 있다. 블라디
보스톡은 군항·산업항·어항으로서 뿐만 아니라, 조선이나 수산산업 등 공업
중심지로서 중요한 위치를 차지하고 있다.

## 개별주체의 행정부 수반은 누구인가

극동연방지구에 소속되는 10개 행정주체에 대한 수반 선거는 지역 주민들의 직접선거에 의하여 실시된다. 그리고 임기는 주체마다 차이를 보이고 있지만, 대체적으로 4-5년으로 규정되어 있다.

극동연방지구 내 주체 행정부 수반(선거 결과)

(2003년 1월 23일 현재)

| 주체명 | 선거일 | 임기 | 권한 만기 | 행정수반 | 득표율 (%) |
|---|---|---|---|---|---|
| 사하 공화국 | 2002. 01.13 | 5 | 2007. 01.13 | 쉬트로프 B.A. (ШТЫРОВ Вячеслав Анатольевич) | 59.25 |
| 연해주 | 2001. 06.17 | 4 | 2005. 06.17 | 다리킨 C.M. (ДАРЬКИН Сергей Михайлович) | 40.17 |
| 하바로프스크 주 | 2000. 12.10 | 4 | 2004. 12.15 | 이사예프 В.И. (ИШАЕВ Виктор Иванович) | 87.84 |
| 아무르 주 | 2001. 04.08 | 4 | 2005. 04.21 | 코로트코프 Л.В. (КОРОТКОВ Леонид Викторович) | 49.42 |
| 캄차트카 주 | 2000. 12.17 | 4 | 2004. 12.28 | 마쉬코프체프 М.Б. (МАШКОВЦЕВ Михаил Борисович) | 45.83 |
| 마가단 주 | 2000. 11.05 | 4 | 2004. 11.24 | 츠베트코프 В.И. (ЦВЕТКОВ Валентин Иванович) | 62.76 |
| | 2003. | 5 | | 두도프 니콜라이 니콜라예비치 | |
| 사할린 주 | 2000. 10.22 | 4 | 2004. 10.22 | 파르후트지노프 И.П. (ФАРХУТДИНОВ Игорь Павлович) | 56.29 |
| | 2003.12 | 4 | | 말라호프(Иван Павлович Малахов) | |
| 유대인 자치주 | 2000. 03.26 | 5 | 2005. 03.26 | 볼코프 Н.М. (ВОЛКОВ Николай Михайлович) | 56.76 |
| 코랴크 자치구 | 2000. 12.03 | 4 | 2004. 12.03 | 로기노프 В.A. (ЛОГИНОВ Владимир Александрович) | 50.68 |
| 추코트카 자치구 | 2000. 12.24 | 5 | 2006. 01.17 | 아브라모비치 Р.A. (АБРАМОВИЧ Роман Аркадиевич) | 90.61 |

## 개별 주체의 의회 형태는 동일한가?

러시아연방의 89개 개별 주체들이 갖는 의회구조는 다양하다. 이들 중에서 극동지역에 포함되는 10개 주체의 입법기관인 의회 형태는 다음과 같다.

극동연방지구 내 주체의 의회 형태

| 주체명 | 의회 형태 | 의회 이름 | 의원 수 | 임기 |
|---|---|---|---|---|
| 사하 공화국 | 양원제 | 공화국 의회(상원) | 35 | 4 |
| | | 대표의회(하원) | 25 | 4 |
| 연해주 | 단원제 | 지방두마 | 39 | 4 |
| 하바로프스크주 | 단원제 | 입법 두마 | 25 | 4 |
| 아무르 주 | 단원제 | 인민대표 평의회 | 30 | 4 |
| 캄차트카 주 | 단원제 | 인민대표 평의회 | 49 | 4 |
| 마가단 주 | 단원제 | 주 두마 | 17 | 4 |
| 사할린 주 | 단원제 | 주 두마 | 27 | 4 |
| 유대인 자치주 | 단원제 | 입법회의 | 15 | 4 |
| 코랴크 자치구 | 단원제 | - | 12 | 4 |
| 추코트카 자치구 | 단원제 | 두마 | 13 | 4 |

# ▶ 누가 '극동연방지구'를 노크하고 있는가?

## 교역 대상국은?

극동지역의 주요 교역상대국은 아시아·태평양 연안국가(한국, 중국, 일본, 싱가포르, 미국 등)들이다. 극동지역 전체 수출의 90%를 이들 국가가 차지하고 있다. 주요 수출품은 연료·광물자원·금속 등이다. 특히 석유제품의 수출 비중이 1994년 6.0%에서 2000년 27.1%로 급속히 증가하였다. 주요 수입품은 식품(육류, 곡류, 야채 등)·선박·가구·섬유·잡화 등이다. 극동연방지구의 구성 주체별로 보면, 하바로프스크 주·연해주·사하공화국이 전체 교역액의 86%를 차지하고 있다.

현재 극동지역의 수출 상황을 보면, 특정 상품/특정 국가에 지나치게 편중되어 있음을 알 수 있다. 2000년 현재 극동무역에서 기계 수출의 절반 가량(주로 무기류)을 중국이 수입하고 있다. 어패류는 일본이, 석유류는 한국이 많이 수입하고 있다. 그리고 극동의 주요 수입품목인 기계설비·소비재·식료품 수입 역시 특정 국가에 한정되어 있다. 기계는 주로 일본, 소비재는 한국, 식료품은 중국으로부터 수입되고 있다. 극동지역은 대부분의 공산품을 수입에 의존하고 있고, 자원 위주의 수출산품 구조를 지니고 있다. 따라서 제조부문 발전의 한계를 지니고 있다.

특히, 주목할 사항은 독일과 미국의 진출이다. 독일과 미국을 비롯한 서방 기업들이, 러시아의 유럽지역뿐만 아니라, 극동지역의 시장 변화에 신속하게 대응하면서 진출했다. 미국 기업의 진취적인 대(對)러 진출방식이 유효하게 작용했다. 이러한 극동진출 전략에 일본은 다소 소극적으로 대응했다. 일본 기업이 새로운 러시아 시장에서, 자본과 제품 등의 유리한 위치에 있음에도 불구하고, 상대적으로 많은 기회를 상실하게 되었다.

극동지역의 대외교역은 2000년과 2001년에 각각 전년 대비 41.6%, 30.9% 증가하는 등 빠른 성장세를 보이고 있다. 2000년을 기준으로 국가별 교역 규모를 보면, 중국·일본·싱가포르·미국·한국 등의 순으로 나타났다. 이들 5개국과의 교역액이 전체의 82%를 차지하였다.


## 누가 투자하고 있는가?


극동지역 내 사할린 주는 최근 원유/가스전 개발과 관련하여 외국 기업들의 주요 관심 대상지가 되고 있다. 원유/가스 개발이 본격화되면서 사할린 주에 대한 대규모 투자가 이루어지고 있다. 사할린 주의 경우, 1999년에 10억 3,000만 달러를 유지하는 등 매년 3억 달러 내외의 꾸준한 외국인 투자 유치 실적을 보이고 있다.


극동지역 내 주체별 외국인 투자 현황

(단위: 백만 달러)

| | 1997 | 1998 | 1999 | 2000 | 2001 | 2002 |
|---|---|---|---|---|---|---|
| 극동연방지구 | 271 | 554.5 | 1,257.6 | 577.2 | 766.8 | 1,141.5 |
| 사하공화국 | 14 | 196.6 | 85.6 | 159.6 | 144.5 | 291.2 |
| 연해주 | 94 | 84.6 | 54.0 | 78.1 | 108.6 | 57.2 |
| 하바로프스크 주 | 12 | 40.1 | 33.2 | 27.2 | 19.9 | 33.3 |
| 아무르 주 | 1 | 0,4 | 2 | 4 | 0,2 | - |
| 캄차트카 주 | 34 | 43 | 26 | 29 | 78 | - |
| 마가단 주 | 63 | 54 | 30 | 28 | 26 | - |
| 사할린 주 | 53 | 136.1 | 1,026.5 | 250.6 | 388.9 | 706.7 |
| 유대인 자치주 | 0,4 | - | 0,0 | 0,0 | 0,0 | - |
| 추코트카 자치구 | - | - | - | - | - | - |

1998년 러시아가 금융위기를 겪으면서, 1999년에는 외국인 투자가 감소하였다. 그러나 사할린 석유/가스 개발 관련 투자가 집중적으로 이루어졌기 때문에, 투자액이 오히려 크게 증가하였다. 극동지역 내의 개별 주체별로 보면, 사할린 주가 1999년 극동지역 투자액의 82%를 점유하는 등 전체적으로 극동지역 투자액의 절반 이상을 차지하고 있다.

2001년 현재, 극동지역에 대한 외국인 투자는 7억 6,700만 달러로 러시아 전체의 5.4%를 차지한다. 지역별로는 사할린 주·사하공화국·연해주에 각각 51%·19%·14%가 집중되었다. 사할린에 대한 투자는 대부분 유전과 가스전 개발에 관련된 것이다. 외국인 직접투자는 사할린-1, 2 프로젝트에 직접적으로 영향을 받아, 사할린 주에 편중되고 있었다.

극동지역 전체에 걸쳐 나타나는 특징은 외국 투자기업의 '중국화'가 진행되고 있다는 점이다. 물론, 중국이 투자하는 금액은 미미한 수준이지만, 소규모 자금을 지닌 기업들이 대대적으로 진출되고 있다는 것이다. 국가별 투자금액을 중심으로 보면, 일본·미국·한국·중국 등 4개국이 주요 투자국이다. 이들 4개국을 중심으로 극동지역에 대한 투자 추이를 보면 다음과 같다.

극동지역에 대한 외국인 투자 현황

(단위: 백만 달러, %)

| | 2001 | | 2002 | |
|---|---|---|---|---|
| | 금액 | 비율 | 금액 | 비율 |
| 일본 | 204.1 | 34.3 | 262.5 | 31.2 |
| 미국 | 44.3 | 7.4 | 26.7 | 3.2 |
| 한국 | 33.2 | 5.6 | 33.3 | 4.0 |
| 중국 | 0.6 | 0.1 | 15.1 | 1.8 |
| 기타 | 313.6 | 52.6 | 502.5 | 59.8 |
| 합계 | 595.8 | 100.0 | 840.1 | 100.0 |

일본무역진흥회, 2003. 8; 한국수출입은행 해외경제연구소, 2004. 9. 9.

산업별로는 광공업이 전체의 80% 이상을 차지한다. 투자의 대부분이 자원 개발 등에 이루어지고 있음을 알 수 있다.

극동지역 주요 산업별 외국인 투자 추이

(단위: 백만 달러, %)

|  | 2001 | | 2002 | |
|---|---|---|---|---|
|  | 금액 | 비율 | 금액 | 비율 |
| 광공업 | 627.3 | 81.7 | 921.0 | 80.7 |
| 농업 | - | - | - | - |
| 통신 | 8.3 | 1.1 | 2.8 | 0.2 |
| 건설 | 50.5 | 6.6 | - | - |
| 상업 | 5.3 | 0.7 | 1.3 | 0.1 |

출처: 한국 수출입은행 해외경제연구소, 2003. 7. 2.

동북아 지역 국가들을 중심으로, 극동지역에 투자하는 국가들의 특징을 보면 다음과 같다. 에너지 관련 대규모 투자는 일본이 절대적인 우위를 차지하고 있으며, 한국은 중소기업들의 서비스업·소규모 농업투자·임업/수산자원 개발 투자에, 중국은 소규모 기업을 중심으로 하는 지역 시장 잠식으로 나타나고 있다.

극동지역 투자에 대한 성격을 중심으로, 정부 차원과 민간 차원으로 나누어 볼 수 있다. 일본의 경우, 정부 차원보다는 민간 차원에서 대규모 투자가 이루어지는 경향을 보인다. 물론, 에너지 산업을 비롯한 국가기간산업에 관련된 분야는 국가가 적극적으로 투자 기회를 모색하고 있다. 한국은 정부 차원에서는 소극적이며, 민간 차원에서 중소규모로 추진된다. 반면에, 중국은 민간 차원에서 적극적으로 추진되면서, 필요한 분야에 대해서는 정부 차원에서 적극적으로 대응하는 모습을 보인다.

# 둘째,

# 무엇이 우리를 손짓하는가?

- 사할린주가 우리를 부른다
- 연해주는?
- TSR은 달리고 싶다

하바로프스크 주는 뒤에서 만나기로 한다.
〈다섯째. 한국은 후발주자로 만족할 것인가?〉의 3번째 항인
3. 하바로프스크 주에서 무엇을 하고 있는가? 에서 만나게 될 것이다.

## ▶ 사할린 프로젝트에 동참하라

**사할린 주의 발전 잠재력은 에너지 자원에서 찾을 수 있다**

사할린의 발전 잠재력은 에너지 자원개발에 상당 부분 의존되고 있다. 사할린 주는 석유와 가스가 생산되는 대표적인 지역이다. 석유/가스 공업은 사할린 주의 북부에 주로 치중되어 있다. 사할린 주에는 약 58개의 석유/가스 산지가 있다. 사할린 주 정부는 경제성이 큰 유전 및 가스전의 발견에 따라, 에너지 자원 및 관련 산업에 외국자본의 유치를 적극적으로 유도하고 있다.

에너지 산업을 위한 각종 프로젝트가 진행되고 있다. 사할린의 석유 및 가스전 개발 프로젝트는, 사할린 인근 대륙붕에 매장되어 있는 석유 및 천연가스를 개발하여 파이프라인을 통해 사할린 최남단에 위치한 프리고로드노예 액화천연가스(LNG) 생산기지로 수송한 다음, 기화시켜 LNG 형태로 일본·한국·중국 등 인근 소비지에 공급하려는 프로젝트이다.

액화천연가스(LNG: Liquefied Natural Gas)는 다량수송과 저장을 위해 천연가스를 영하 162도로 냉각시켜 부피를 1/600로 압축시킨 무색투명한 액체이다.

사할린 프로젝트에는 현재 활발하게 개발이 진행되고 있는 1, 2, 3 프로젝트를 비롯하여, 탐사 및 시추작업을 실시하고 있는 사할린-4, 5, 6 프로젝트, 조만간(2005년 이후) 탐사권 입찰 예정인 7, 8, 9 프로젝트 등이 있다. 모든 광구의 석유/천연가스 자원 잠재력은 풍부한 것으로 추정되고 있으나, 사할린-1, 2를 제외한 광구의 수심이 100-250m로 알려져 있기 때문에, 탐사/개발비용이 높은 것이 문제점으로 제기되고 있다. 사할린에서 적극적으로 추진되고 있는 에너지 개발 프로젝트들은 극동지역의 발전 잠재력을 더 한층 높여주는 역할을 하게 될 것이다.

동시베리아 및 극동지역의 송유관 건설계획이 차질 없이 진행될 경우, 2010년부터는 이 지역의 에너지 자원을 동북아 지역 국가에 공급할 수 있을 것으로 예상된다. 특히 사할린은 외국 기업들의 참여 및 개발노력이 활발한 지역이기 때문에, 동북아 지역의 중요한 석유 공급원이 될 가능성이 높다. 사할린 천연가스/석유자원 개발은, 푸틴 정부가 추진하고 있는 에너지 자원의 국가 통제 움직임에 비추어볼 때, 동북아 국가와의 전략적 관계구축을 위한 지정학적 수단으로 활용될 가능성이 농후하다.

극동연방지구에서 사할린 주는 지하자원 매장량이 가장 많은 주체들 중의 하나이다. 사할린 주는 지리적으로나 지정학적으로 경제성장을 위한 유리한 위치를 점하고 있다. 이러한 지정학적 위치는 대외경제관계에 그대로 연결되고 있다. 실질적으로, 사할린 주와 관계를 갖지 않는 러시아연방의 기타 주체나 외국은 거의 없을 정도이다.

사할린 주와 경제협력 관계를 유지하고 있는 국제정치 주체는 다양하지만, 대표적인 국가로 미국·일본·중국·한국·북한·인도·싱가포르 등을 꼽을 수 있다. 현재 이들과의 대규모 합작기업이 300건을 넘어서고 있다. 사할린 주는 이들 국가들과의 협력관계에 기초해서, 보다 많은 국가들을 사할린으로 유인하고 있다.

## 사할린 프로젝트는 계속되고 있다

- 사할린-1 프로젝트란?

사할린-1 프로젝트는 사할린 북동부 해상에 위치한 오돕투(Odoptu), 차이보(Chaivo), 아르쿠툰-다긴스코예(Arkutun-Daginskoye) 광구의 석유 및 가스를 개발하는 프로젝트이다. 이들 유전 및 가스전은 사할린의 북동해안을 따라 해안에서 20㎞정도 떨어진 수심 50m 이내의 얕은 곳에 위치하고 있다. 이들 광구의 총 확인 매장량은 가스 4,850억㎥, 석유 3억 2,400만 톤 정도이며, 이들의 개발비용으로 총 120-150억 달러가 소요될 것으로 예상되고 있다.

이 프로젝트는 미국의 엑손모빌(ExxonMobil) 사를 주력 기업으로 하면서, 다국적 컨소시엄으로 개발되고 있다. 이 프로젝트에 참여하고 있는 주요 기업의 지분율은 다음과 같다. 미국의 엑손모빌 30%, 일본의 소데코(Sakhalin Oil and Gas Development Corporation, SODECO) 30%, 인도의 석유천연가스공사(Oil and Natural Gas Corporation, ONGC) 20%, 러시아의 사할린 모르네프티 가스(Sakhalin Mornefte Gas, SMNG) 및 로스네프트(Rosneft)가 각각 11.5%, 8.5%의 지분을 보유하고 있다.

사할린-1 프로젝트는 2005년 중순-2006년 초에 원유생산(연간 1250만 톤)이 시작될 예정이며, 천연가스 생산은 2008년에 게시될 예정이다. 마크 해크니 엑손네프테가스 부사장은, 원유는 하바로프스크 주의 데카스트리로 수송된 뒤 유조선을 통해 국제원유시장으로 판매될 계획이며, 가스는 잠재적 구매자들과 계속 협상 중이라고 했다. 그리고 중국과 일본시장의 잠재력을 높이 평가하고 있다.

사할린-1 프로젝트에 의해 생산될 천연가스는 사할린 동해안의 해저를 통과하는 파이프라인에 의해 일본으로 수출될 계획이며, 2008년에는 우선 북해도로 수송될 계획이다. 뿐만 아니라, 러시아 본토와의 파이프라인 연결을 통해, 하바로프스크·연해주·중국 동북3성·한국(북한 통과) 등에 가스를 공급하는 방안이 검토되기도 한다.

- 사할린-2 프로젝트란?

영국의 석유회사 셸(Shell) 사를 중심으로 개발되고 있는 사할린-2 프로젝트란 사할린 북동부 해상에 위치한 런스코예(Lunskoye) 광구와 필툰-아스토흐스코예(Piltun-Astokhskoye) 광구의 석유 및 가스를 개발하여, LNG 형태로 가스를 공급하려는 프로젝트이다. 이 지역의 확인 매장량은 가스 4,940억㎥, 석유 1.4억 톤으로 추정되고 있으며, 총 개발비용으로 약 100억 달러가 소요될 것으로 예상된다.

사할린에서 추진되고 있는 총 9개의 개발 프로젝트들 중에서, '사할린-2 프로젝트'가 가장 빠른 속도로 개발되고 있다. '사할린-2 프로젝트'는 영국의 로열 더치 셸(55%), 일본의 미쓰이(25%), 미쓰비시(20%)를 중심으로 컨소시엄을 구성하여 투자한 사할린 에너지투자회사(Sakhalin Energy Investment Company, SEIC)가 개발사업을 주도적으로 추진하고 있다.

사할린-1 프로젝트가 파이프라인으로 천연가스를 수송하는 방식을 채택하고 있지만, 사할린-2 프로젝트는 천연가스를 액화천연가스(LNG)로 만든 뒤, 사할린 남부 유즈노사할린스크 지방의 항구에서 배를 통해 한국/일본 등에 공급하는 기존의 항만이용 방식을 수용하고 있다.

사할린-2 프로젝트는 1999년 7월부터 원유 생산을 시작했으며, 현재 하루 9만 배럴을 일본·중국·한국·미국 등에 수출하고 있다. 2001년 6월 중순부터 일본에 원유 65만 배럴이 수출되었다. 2001년의 원유 채취량은 1,240만 배럴이었으며, 2006년부터는 천연가스의 생산을 개시할 예정이다. 생산품 분리에 관한 협정서에 따라, 가스의 일부분은 채무 상환으로 수출된다.

특히 2003년 5월 도쿄가스 등 4개 일본 회사와 연간 320만 톤의 LNG 공급계약을 맺었고, 멕시코를 거쳐 미국 캘리포니아에도 LNG를 판매하는 작업이 진행 중이다. 그리고 연간 960만 톤이나 되는 LNG 생산량에 비해 계약을 맺은 것은 절반 정도에 불과하기 때문에, 추가 계약처를 모색하고 있다.

연간 200억 입방피트의 러시아 분 가스는 송유관을 통해 국내시장에 반입될 것이다. 하바로프스크 주와 연해주로의 가스 수송을 위해, 사할린 주의 오하 지역에서 하바로프스크 주의 '콤소몰스크-나-아무레' 지역으로 이어지는 기존 송유관이 이용될 가능성이 크다.

- 사할린 프로젝트는 계속되고 있다

현재 사할린-1과 2는 생산단계에 있다. 총 개발비용이 250억 달러로 추산되고 있는 사할린-1, 2 프로젝트 개발이 완료되면, 현재 연생산 약 160만 톤인 사할린 주의 원유생산량은 3,000만 톤으로, 약 16억㎥인 천연가스 생산량은 280억㎥로 증대할 것으로 전망된다.

사할린-1과 2에 더해서, 사할린-3 프로젝트도 최근 시작되었다. 사할린-3 프로젝트는 미국의 엑손모빌과 셰브론텍사코(ChevronTexaco)가 각각 1/3씩의 지분을 보유하고 있으며, 러시아의 로스네프트와 사할린 모르네프티 가스가 각각 나머지 1/3의 지분을 함께 소유하고 있다. 사할린-3 프로젝트에 소속되는 키린스쿠(Kirinsky), 오돕투(E.Odoptu), 아야시스쿠(Ayashsky), 베닌스쿠(Veninsky) 광구 등에서 확인된 매장량은 천연가스 1,235bcm(9억3천만 톤) 및 석유 9억1천7백만 톤으로 알려지고 있다.

사할린 프로젝트는 계속되고 있다. 영·미의 석유메이저인 브리티시 페트롤리움 사 등에 의한 4단계 및 5단계 개발 계획도 착수 준비를 서두르고 있다. 브리티시 페트롤리움과 로스네프트, 그 자회사인 사할린 모르네프티 가스 등이 사할린 북부 해상의 광구에 대한 지질학적 탐사를 진행하는 등, 현재 사할린-3~9 프로젝트가 본격적인 개발을 앞두고 있다. 사할린-3~6 프로젝트

사할린 프로젝트 현황

| 프로젝트명 | 지분구조 | 주요 광구 | 매장량 |
|---|---|---|---|
| 사할린-1 | · SODECO(30%)<br>· ExxonMobil(30%)<br>· SMNG(11.5%)<br>· Rosneft(8.5%)<br>· ONGC Videsh(20%) | · Odoptu<br>· Chaivo<br>· Arkutun-Daginskoye | · 천연가스: 485bcm<br>　(360백만 톤)<br>· 석유: 324백만 톤 |
| 사할린-2 | · Shell(55%)<br>· Mitsubishi(20%)<br>· Mitsui(25%) | · Lunskoye<br>· Piltun-Astokhskoye | · 천연가스: 494bcm<br>· 석유: 147백만 톤 |
| 사할린-3 | · ExxonMobil(33.3%)<br>· ShevronTexaco(33.3%)<br>· Rosneft(33.3%) | · Kirinsky | · 천연가스: 1,235bcm<br>　(930백만 톤)<br>· 석유: 917백만 톤 |
| | · ExxonMobil(66.6%)<br>· Rosneft(33.3%) | · E.Odoptu<br>· Ayashsky<br>· Veninsky | |
| 사할린-4 | · Rosneft(51%)<br>· BP(49%) | · Astrakhannovskaya<br>· Shmidtovsky | · 천연가스: 530bcm<br>　(400백만 톤)<br>· 석유: 120백만 톤 |
| 사할린-5 | · Rosneft(51%)<br>· BP(49%) | · Kaigansko- Vasyukansky<br>· E.Shmidtovsky | · 천연가스: 880bcm<br>　(660백만 톤)<br>· 석유: 889백만 톤 |
| 사할린-6 | · Petrosakh(95%)<br>· 사할린주정부(5%) | · Central Pogranichiny | · 천연가스: 190bcm<br>　(104백만 톤)<br>· 석유: 60백만 톤 |

자료: 이준범 | 석유공사

에 참여하고 있는 브리티시 페트롤리움, 로스네프트, 알파그룹, 페트로사하 등이 탐사 또는 타당성 조사를 진행 중이다. 2~3년 뒤 탐사가 마무리되면 개발 방식이 결정될 것이다.

2004년 1월 러시아 정부는 엑손모빌과 셰브론텍사코가 투자 약속을 지키지 않았다며, 두 회사가 입찰에서 획득했던 사할린-3의 개발권을 취소시켰다. 또 최근 러시아 정부가 가스포롬과 로스네프트를 합병시켜 거대 국영 에너지

기업을 출범시키는 등 자원에 대한 국가통제를 강화하고 있다.

자원에 대한 국가통제 강화에 더해서, 에너지 개발 방식을 수정하고 있다. 사할린 주정부의 파블로바 국장은, "생산물 분배법은 더 이상 적용하지 않고, 러시아의 일반 세법을 적용하여 개발할 것"이라고 했다. 결국, 이전처럼 생산물 분배법(PSA)을 통해 개발권을 외국기업에 준 뒤 개발비용을 뺀 수익을 나누는 방식은 더 이상 적용되지 않는다는 것이다. 개발권을 가진 기업들이 개발비용을 과다하게 부풀려 러시아에 별 이익이 되지 않는다는 불만이 커졌기 때문이다.

브리티시 페트롤리움 사가 로스네프트와 함께 사업을 추진하고 있는 사할린-4와 사할린-5에서, 로스네프트가 러시아 정부와의 관계나 법적인 문제를 해결하는 데 중요한 역할을 담당하고 있다. 러시아 정부가 에너지 산업에 대한 영향력을 강화하는 현실에서, 러시아 국영기업의 역할이 중요해지고 있음을 기억해야 할 것이다.

2005년 현재, 사할린 프로젝트는 국제화되고 있다. 일본은 이미 사할린-1과 2에 활발하게 참여하고 있고, 중국도 사할린 주정부와 적극 접촉하고 있다. 특히 중국석유화학공사(China Petroleum & Chemical Corp., SINOPEC)와 중국국영석유회사(China National Petroleum Company, CNPC)는 최근 프로젝트 참여 의사를 밝히고, 주정부 및 사할린 모르네프트 가스 관계자들과도 만나 여러 사안에 대해 협의를 벌이고 있다. CNPC는 사할린-1에서 생산될 가스를 도입하는 문제를 논의하고 있다. 중국은 가스 수요 급증에 대비해 남부지역에 액화천연가스 도입과 북부 동북3성 지역에 파이프라인 가스 공급을 희망하고 있다.

사할린에서 한국의 위상은? 가스와 석유를 구입하고 돈을 지불할 잠재적 구매자에 머물고 있다. 물론 2004년 1월, 이반 말라호프 사할린 주지사는 "한국의 가스공사가 사할린-2에 참여하는 것을 환영한다"고 지적하면서, 다른 프로젝트들에도 참여할 수 있음을 언급하고 있다. 한국은 사할린-2 지분에의 참여를 제안받고 있으나, 뒤늦게 참가하는 것에 대한 손익 계산서를 보다 정확히 작성하고, 참가 여부를 결정해야 할 것이다.

사할린에서 추진되고 있는 총 9개의 개발 프로젝트를 면밀히 분석하여, 보다 정확하고 많은 수익성이 보장되는 쪽을 선택해야 할 것이다. 활발하게 개발이 진행되고 있는 프로젝트에 참가할 것인가, 아니면 준비 중인 다른 프로젝트에 참가할 것인가를 먼저 결정해야 할 것이다.

# ▶ 연해주 자유경제지대(Free Economic Zone, FEZ)를 접수하라

연해주는 1938년 10월 20일 러시아연방의 행정단위로 편입되었다. 연해주는 블라디보스톡 시를 주도(州都)로 하면서, 12개의 시와 27개의 구로 구성되어 있다. 러시아의 동남쪽에 위치하고 있는 연해주는 러시아 총면적의 1%에 해당하는 16만 5,900㎢로, 남북한 면적보다 약간 작다. 연해주는 북쪽으로 하바로프스크 주와 경계를 접하고 있으며, 동쪽은 바다로 이어진다. 그리고 서쪽은 중국 흑룡강성 및 연변 조선족자치주와 국경을 접하고, 남쪽으로는 북한과 접하고 있다. 시차는 그리니치 표준시(Greenwich Mean Time, GMT) 보다 10시간 빠르고, 한국보다 1시간 빠르며(섬머타임 기간에는 2시간 빠름), 모스크바 보다 7시간이 빠르다.

## 연해주는 러시아 극동지역 산업의 중심지이다

러시아 극동지역 산업의 중심이 되는 주체가 연해주이다. 연해주의 공업은 연료채취 산업이 주종을 이루고 있으며, 광산부문 역시 높은 비중을 차지한다. 연해주의 주요 산업부문은 어업·비철금속업·임업·목재가공업·조선수리산업·기계제작·금속가공업·광산화학공업·에너지산업·경공업·식료품산업 등이다.

연해주에 산재하고 있는 각종 자원은 지역 경제 활성화에 크나큰 역할을

연해주를 '프리모르스크 크라이' 또는 '연해 크라이'라 부르기도 하지만, 한국에서 사용되고 있는 '연해주'로 명명하기로 한다.

담당하고 있다. 연해주에는 100개 정도의 석탄 매장지가 있으며, 그 매장량은 24억 톤에 달한다. 그러나 석탄 및 갈탄의 매장지들은 지표에서 아주 깊은 곳에 있기 때문에, 채굴 비용이 많이 든다는 단점이 있다. 이 외에도 30개의 주석 매장지가 있다. 또한 15개의 복합 금속광이 분포되어 있다. 이곳에는 납과 아연뿐만 아니라, 적은 양이지만 구리·은·비스무트를 포함하여 다른 희귀한 금속들이 다량으로 매장되어 있다. 이 외에도 텅스텐 매장지·은 매장지·50개의 금 매장지·인회석 매장지·붕소 매장지·형석 매장지를 비롯하여, 100개가 넘는 건축자재와 원료 매장지가 있다.

연해주 행정부는 농촌경제 발전에 많은 관심을 보이고 있다. 특히, 벼·귀리·콩·밀·감자·야채재배·모피·녹용채취·낙농업·모피동물 사육·사슴 사육·양봉 등이 대표적이다. 연해주의 토양은 농업경제를 위한 중요한 자원이 되고 있다. 연해주의 토지 중 농경지로 사용되는 것은 163만 7,500ha이며, 거주지 52만 2,700ha, 기타 산업 및 도로로 이용되는 면적은 43만 1,900ha이다. 농경지의 비중이 상대적으로 높음을 알 수 있다. 특히, 나호트카 자유경제지대의 주변에는 다양한 농작물의 경작·야채·과일·가축용 사료 재배가 가능하다.

삼림자원으로 침엽수의 양은 1,300만㎥이며, 짙은 활엽수의 양은 200만㎥로 추정되고 있다. 연해주의 면적은 많은 부분이 숲으로 덮여 있다. 숲의 주종은 활엽수로, 삼나무·전나무·낙엽송·참나무·노란자작나무 등이 있다. 이들 모든 나무들은 가치 있는 목재로서 지방재정에 기여하고 있다. 특히 삼나무는 그 가치를 인정받아, 현재 벌목을 금지하고 있다.

연해주의 수산자원 역시 그 중요성이 부각되고 있다. 전문가에 의하면, 어로의 양은 년간 105톤에 이르는 것으로 조사되고 있다. 이 지방의 강과 호수에는 잉어·붕어·꼬치고기류의 담수어·메기 등이 풍부하다. 그리고 주요 수자원으로서 생선류(연어, 대구, 넙치 등)와 갑각류(게, 새우 등), 그리고 연체동물 및 해초류가 풍부하다.

각종 자원에 기초된 연해주의 생산/발전 잠재력은 3개의 공업지역에서 시작된다. 연해주의 남부지역이 그 첫째이다. 이 지역에는 2개의 항구도시인 블라디보스톡과 나호트카가 있는 지역이다. 그리고 TSR 주변 공업지역이 두 번째이다. 이 지역에서는 식료가공·목재가공·건설자재산업이 발전되어 있다. 그리고 마지막으로는 광산업이 주종을 이루는 카발레보-달네고르스크 공업지역이다.

## 연해주의 대외경제관계는?

연해주의 대외교역 규모는 증대되고 있다. 1997년 대외교역의 경우, 20억 달러를 넘어 모스크바 주·상트페테르부르크 주·크라스노야르스크 주에 이어 러시아 내 4위에 올랐다. 연해주의 주요 교역 대상국은 미국을 비롯하여 중국·일본·한국 등 동북아의 주요 국가들이다. 수출품은 수산물·목재·석탄· 파철(철조각) 등 1차 산품이 주종을 이루었다.

1998-1999년, 러시아의 경제위기와 함께 연해주의 대외경제관계가 다소 약화되는 경향을 보이기도 했다. 대외경제관계가 회복세를 보이기 시작하는 2000년 현재 연해주의 수출입 구조를 보면 다음과 같다. 수출의 경우, 식료품· 목재·원료 및 가공품·연료·광물자원·철(비철금속) 순이다. 그리고 주요 수입 품목으로, 소비물자·식료품·기계(기계설비)·수송기구 등의 순으로 나타났다.

연해주의 투자환경은 비교적 양호한 편이지만, 제도적 환경의 미비로 인해 외국인 직접투자가 커다란 진전을 보이고 있지 못하다. 그러나 연해주 지방정 부 차원에서 외자유치를 위해 적극적으로 노력하고 있다. 연해주에 대한 외국인 투자(직접투자, 포트폴리오, 신용공여 등 포함) 추이를 보면 다음과 같다.

대부분의 투자가 단기에 이윤을 올릴 수 있는 식품가공 및 교통/통신부문에 집중되었다. 동시에 가공 정도가 낮은 목재나 비철금속 등에 투자가 편재되어 있다. 국가별 투자현황을 보면, 2001년 누계기준으로 한국(42.1%), 일본(18.2%)

연해주에 대한 외국인 투자 추이

(단위: 백만 달러)

| 년도 | 1995 | 1996 | 1997 | 1998 | 1999 | 2000 | 2001 | 2002 |
|---|---|---|---|---|---|---|---|---|
| 외국인 투자 | 53.4 | 96.6 | 94.7 | 56.3 | 54.0 | 78.1 | 108.6 | 57.3 |

Petrovna | Primorskiy krai Administration; 김원배·박영철·김경석·이성수 외|국토연구원

연해주에 대한 국가별 외국인 투자 추이

(단위: 백만 달러)

| | 1995 | 1996 | 1997 | 1998 | 1999 | 2000 | 2001 | 2002 |
|---|---|---|---|---|---|---|---|---|
| 한국 | 5.8 | 41.4 | 34.8 | 23.3 | 20.6 | 43.4 | 30.6 | 21.3 |
| 일본 | 0.3 | 0.3 | 18.3 | 13.1 | 15.9 | 11.8 | 29.7 | 19.8 |
| 미국 | 13.7 | 9.3 | 16.1 | 3.4 | 4.4 | 12.0 | 38.9 | 8.0 |
| 영국 | 21.4 | 14.0 | 0.0 | 1.1 | 10.0 | 2.0 | 0.1 | 1.4 |
| 중국 | 0.7 | 0.1 | 0.5 | 0.1 | 0.7 | 1.9 | 0.5 | 0.6 |

Petrovna | Primorskiy krai Administration; 김원배·박영철·김경석·이성수 외|국토연구원

및 미국(12.6%) 등 3개국이 절대다수를 차지하고 있다.

연해주가 중국의 인해전술에서 예외적일 수 없다. 투자면에서는 높은 비중을 차지하고 있지 못하지만, 운영 중인 외국인 투자기업 수에서는 중국이 압도적(총 518개 중 중국은 196개이며, 한국은 74개임) 다수를 차지하고 있다. 중국의 기업 및 개인 투자가 주로 소규모 무역업이나 소매상, 그리고 식당 등에 집중되고 있기 때문이다.

연해주는 투자환경 측면에서 러시아의 89개 연방주체 중에서 22위(2002년)로 비교적 양호한 편이지만, 기반시설과 생산요소를 개선시켜야 외국인 투자를 보다 유리한 방향으로 유도할 수 있을 것이다. 러시아 극동지역 무역 중심지인 블라디보스톡 시에 있는 다수의 기업가들은 자신의 사업계획을 해외의 사업가들과 함께(대규모 사업계획들에 외자 참여를 통해서) 실현시키려 노력하고 있다. 그리고 최근 수년간 비즈니스를 위한 인프라 구축 활동이

활발하게 추진되고 있다.

연해주 주정부의 지원에 힘입어, '나호트카 자유경제지대'가 실질적으로 자신의 기능을 발휘하고 있다. 1993년 현재 이 자유경제지대에서 러시아·중국 합작기업의 수가 전체의 37%에 해당되는 절대다수를 차지하고 있었다. 그리고 이 지역에는 1만 5,000여 명의 노동자를 필요로 할 것으로 예상되는 한국·러시아 공업단지가 준비되고 있다.

자유경제지대인 연해주의 나호트카 지역에 대한 자세한 내용은 다음을 참조하기 바란다.

다섯째. 한국은 후발주자로 만족할 것인가?
2. 연해주의 나호트카(Находка)에 한·러 공단이 준비되고 있는가?

연해주에 한국기업이 보다 적극적으로 진출하고 있다. 그것은 지리적으로 근접해 있다는 것도 주요 요인이 되겠지만, 한국의 재외교포가 많아 인적자원의 토대가 되고 있기 때문이다. 이러한 환경은 연해주와 한국의 경제협력에서 중요한 역할을 하고 있다. 연해주에 대한 한국의 대표적인 투자는 현대의 연해주지방 스베틀라냐 삼림개발, 현대의 블라디보스톡 시 소재 현대호텔의 비즈니스 센터 운영 등이 지적된다.

## 나호트카 시는 자유경제지대이다

연해주에서 두 번째로 큰 도시인 나호트카 시는 나호트카 항을 가지고 있는 항만도시이다. 나호트카 시는 자유경제지대(Free Economic Zone, FEZ)로 설정되어 있다. 나호트카 자유경제지대는 1990년 10월 24일 러시아연방 최고회의 결정과 동년 11월 23일 러시아연방 각료회의의 결정에 의해 채택되었다. 그리고 소련의 해체와 함께, 1992년 6월 4일 러시아연방 대통령 포고령으로 공고화되었다.

나호트카 자유경제지대는 연해주의 주도인 블라디보스톡 시 남동쪽에 위치하고 있다. 나호트카는 동해를 끼고 있다. 나호트카는 태평양지역의 주요 국가/항과 비교적 가까운 거리에 있다. 나호트카와 아·태지역 간의 해상교통은 1~20일 정도가 소요되며, 항공수송은 1~2시간 정도면 가능하다. 나호트카 자유경제지대는 4개의 항구를 갖고 있다. 그러나 선적량의 규모는 그다지 크지 못하다. 나호트카 자유경제지대는 TSR과 직접 연결되어 있기 때문에, 유럽과 아·태국가 간의 통과지로서 중요한 위치를 담당하고 있다. 따라서 나호트카 자유경제지대의 발전 잠재력은, 아·태지역 국가의 경제성장과 함께 하면서, 개발될 것이다.

나호트카 항과 태평양 주요 도시/항과의 거리

| 주요도시/항 | 거리(km) | 마일 | 주요도시/항 | 거리(km) | 마일 |
|---|---|---|---|---|---|
| 청진 | 284 | 176 | 고베 | 1470 | 910 |
| 호코다테 | 420 | 260 | 상하이 | 1890 | 1170 |
| 서울 | 750 | 465 | 타이베이 | 2100 | 1300 |
| 부산 | 943 | 585 | 방콕 | 5600 | 3470 |
| 도쿄 | 1000 | 620 | 샌프란시스코 | 8300 | 5145 |

한종만 | 배재대학교

자유경제지대인 나호트카 시의 경제발전은 미미한 수준에 있다. 이러한 원인에 대해서는 다양하게 해석된다. 대표적인 원인으로는, 적극적인 투자유치전략에도 불구하고, 투자유치를 위한 법적·제도적 장치가 아직 미약하다는 측면에서 외국자본의 투자가 미미했다는 점이 지적되고 있다.

구체적으로 다음과 같은 요인들이 주요 원인으로 제기된다. 지방정부에서 결정된 각종 법규가 중앙정부의 법률과 상치되는 경우가 발생하기도 했다. 이와 함께, 이 지역의 미약한 사회간접자본 시설이 투자를 위축시키는 결과로 작용하기도 했다. 보다 중요한 것은, 겨울철의 나호트카는 빈번하게 전력 공급이 중단되는 열악한 환경에 방치되어 있다. 이러한 현상은 근로 의욕을 저하시키는 결과로 작용하고 있다.

나호트카 시의 자유경제지대는 유럽과 아·태국가들을 연결할 수 있는 위치에 있다. 그러나 현재 자신의 역할을 충분히 수행하지 못하고 있는 것이 사실이다. 개발되지 못했다고 해서, 사회간접자본이 빈약하다는 이유로, 방치해둘 것인가? 누군가가 개발해놓게 되면, 그때 돈을 들고 찾아갈 것인가? 선택은 자유다.

## ▶ TSR이 불편한가?

### TSR이란?

시베리아철도(Trans Siberian Railroad, TSR)란 모스크바에서 극동의 블라디보스톡까지를 연결하는 대륙횡단철도를 일컫는다. TSR은 시베리아 개발과 극동의 군사력 강화를 목적으로, 1887년에 조사를 시작하여 1891년에 착공하였다. 1897년에 부분적으로 첼랴빈스크-이르쿠츠크 구간이 개통되었으며, 1916년에 모스크바-블라디보스톡 전구간이 개통되었다. 그리고 1939년에 아무르강 철교부분을 제외한 전구간의 복선화 공사가 종료되었다.

시베리아철도(TSR)는 모스크바에서 출발하여 예카테린부르그, 노보시비리스크, 이르쿠츠크, 치타, 하바로프스크를 지나 블라디보스톡을 연결하는 세계에서 가장 긴 철도노선이다. TSR의 아시아 지역에 해당되는 극동철도는 5개의 연방주체(연해주·하바로프스크 주·아무르 주·유대인 자치주·사하공화국)의 영토를 지나며, 그 영향권 내에 마가단 주·사할린 주·캄차트카 주를 포함하고 있다.

TSR은 러시아 화물수송, 여객수송의 많은 부분을 담당하는 주요 운송수단이다. TSR은 철도를 통해 각종 지하, 천연자원을 원활히 수송함으로써, 산업화 기능을 확대해주는 중요 역할을 담당하고 있다. TSR은, 유럽에서부터 극동 아시아에 걸쳐 있는 광대한 러시아 영토를 하나로 묶는 상징적인 역할을 해왔을 뿐만 아니라, 러시아 경제 흐름의 대동맥 역할을 해왔다.

TSR은 1970년대부터 일본-유럽 간 컨테이너 통과화물의 수송로로 이용되기 시작했다. TSR은 동서양을 잇는 국제철도노선으로 위상이 공고해졌다. 그러나 1980년대 중반 이후부터 국제 해운항로가 경쟁적으로 발전하면서, TSR을 이용하는 물동량이 점차 감소하기 시작했다. 특히 1990년대에 들어와서는, 구소련의 해체와 이에 따르는 혼란으로 인해 TSR을 이용하는 물동량이 1980년대 중반에 비해 대폭 감소하게 되었다.

푸틴은 TSR을 경제적으로 활용하기 위해 노력하고 있다. 2001년 철도산업 구조조정 계획안이 발표되었다. 방만하게 운영되고 있는 철도산업을 재조정하고, 국가 정책에 유익한 방향으로 철도정책을 재정립하려는 목적에서, 철도산업 구조조정 작업을 시작하게 되는 것이다.

TSR의 월드 레코드 이모저모

① TSR은 모스크바에서 블라디보스톡까지 유라시아 대륙을 횡단하는 철도로서, 지구상 가장 긴 노선으로 연장 9,288.2㎞이다.

② TSR은 2개의 대륙을 횡단한다. 유럽 대륙의 1,777㎞(전체 길이의 19.1%)와 아시아 대륙의 7,512㎞(전체 길이의 80.9%)의 노선이며, 동서양을 이어주고 있다. 우랄 산맥의 중심부에 위치한 뻬르보우랄스크 시 근처에 동서양의 경계비가 서 있다.

③ TSR은 14개의 주와 3개의 지방, 2개의 공화국, 1개의 자치주 및 1개의 자치구를 통과한다.

④ TSR은 87개의 도시를 지난다. 이들 중 인구가 100만이 넘는 도시가 5개이고, 인구가 30만에서 100만 사이인 도시가 9개이며, 30만 이하 도시가 73개 도시이다. 이 중 46개 도시와 3개의 마을은 인터넷상에서 검색이 가능하다.

⑤ TSR은 16개의 큰 강을 통과하고 있다. 볼가, 뱌트카, 카마, 토볼, 이르디시, 오비, 톰, 출름, 에니세이, 오까, 셀렌가, 제야, 부레야, 아르르, 호르, 우수리 강을 통과하며, 이들 강폭은 약 2㎞이고, 대개가 연장 1,000㎞를 넘는 강들이다.

⑥ 세계에서 가장 큰 담수호인 바이칼의 207㎞를 끼고서 TSR은 달린다.


## TSR의 전구간이 전철화되었다

나희승 | 남북철도사업단

2002년 12월, TSR 전구간 복선 및 전철화가 완료되었다. 이 철도구간의 전철화 사업은 오래 전부터 시작되었다. 1929년에 모스크바 역에서 빠싸쥐르스카야 역까지의 구간에서 시작되었으며, 당시 뮈티쉬 역까지의 18㎞ 구간에 1,500V의 직류 전철화가 이루어졌다. 극동철도 전철화는 시베리아 횡단철도의 종점인 블라디보스톡에서 시작되었으며, 1962년 12월 31일에 최초 작업이 종결되어 전기기관차가 48㎞ 구간을 운행하였다. 1963년에는 우수리스크-나데쥬딘스카야 간의 34㎞ 전철화 구간이 완공됨으로써 우수리스크-블라디보스톡 구간의 화물운송이 전기기관차로 이루어지게 된 것이다.

1967년에 우글로바야-나호트카 구간의 전철화가 완성되어 나호트카 항까지 전기기관차로 화물을 운송할 수 있게 되었다. 처음에는 극동철도 전철화를

3,000V 직류 전원으로 하도록 계획하였다. 그러나 계획 승인과정에서 당시의 철도부 장관 B.P.베셰프가 "교류로만 하도록……" 결정했다. 그것은 극동철도 선로의 배치상태와 프로필이 복잡하고 외부 전력공급 시스템이 복잡한 상황에서 교류로의 전기화가 유리하다는 점이 주목받았기 때문이다.

1977년에 극동철도 하바로프스크 지구에서는 비라-하바로프스크 구간의 전철화 준비작업이 시작되었다. 1977년 1월 19일에 니콜라예프카 역에서 지지주 설치 지점을 마련하는 작업이 시작되었고, 1977년 5월 15일에는 볼로차예프카-1역에 첫 번째 지지주가 설치되었다. 이후 작업은 급속도로 이루어졌다. 1978년 3월 30일 이쿠라-비로비잔 구간의 전력 접속망 설치가 이루어졌고, 4월 26일에는 데쥬뇨프카-니콜라예프카, 6월 6일에는 아우르-올, 6월 9일에는 니콜라예프카-프리아무르스카야, 8월 25일에는 올-인 구간에 각각 전력 접속망 설치가 완료되었다. 이 가운데 가장 복잡한 구간은 아무르-하바로프스크-1이었으며, 수십 개의 공중 전력선이 케이블 선로로 대체되었다.

1979년에 접속망 조정, 전력 서브스테이션과 분배 포스트 조정작업이 시작되었다. 1977년부터 1979년까지 키르가-하바로프스크-II 구간에는 1만 개 이상의 철근 콘크리트 지지주가 설치되었고, 702㎞의 전력선과 지지선, 137개의 분리 접합부, 153개의 공중 전철기가 보수되었으며, 1,101개의 가름대, 7,305개의 분리형 콘솔, 333개의 구분애자, 363개의 단로기들이 설치되었다.

1979년 12월 29일에서 30일 사이의 밤에 첫 번째 전철화 구간, 즉 하바로프스크-1-비로비잔 구간에 대한 전력공급이 시작되었다. 4년 동안에 453㎞의 주선로들, 정거장들의 모든 진입·출발 선로들과 기지선로들이 전철화되었다. 토사 퇴적물과 인공 시설물들이 많으며 6개의 터널이 있고, 깊은 절개지들이 있는 아르하라-비라 구간의 복잡한 지역에서는 철도군인들이 작업하였다. 암반 지역에 장비를 사용할 수 없고, 영하 30도 이하의 혹심한 겨울에는 철도군인들이 지지주 설치 일일 규정을 완수하는 데 많은 노력을 기울였다. 모든 어려움에도 불구하고, 1981년 12월 30일에 최초로 전기기관차가 아르하라에서 비라까지의 구간을 운행하였다.

하바로프스크-아르하라 구간 개통 후, 러시아의 경제적 어려움으로 전철화 작업은 오랫동안 지연되었다. 1990년에야 재개되었으나, 재정 부족으로 천천히 진행되었다. 1993년 말에 이르러서야 하바로프스크-크루글리코보 구간 42㎞에 대해 전력공급이 이루어졌으며, 1994년부터 지속적으로 사용하게 되었다. 1996년 12월 30일에 하바로프스크-뱌젬스카야 구간의 전기기관차 시험운행이 이루어졌으며, 1997년에 하바로프스크-코티코보 구간이 개통되었다. 어려운 재정·경제사정에도 불구하고, 코티코보-비킨 구간 81㎞에 대한 전철화 재원이 마련되었고, 이 구간이 개통됨에 따라서 운행에 대한 수송비용이 절감되고, 이로 인해 준비된 재원의 일부는 다시 전철화 작업에 투입되었다. 하바로프스크-비킨 간의 220㎞ 전 구간의 전철화가 1998년 12월 말에 완료되었으며, 그로써 수송 원가를 23%나 절감할 수 있게 되었다.

하바로프스크-비킨 구간의 전철화 공사가 러시아의 페레스트로이카 시기에 이루어졌으며, 이때는 경제가 특히 어려운 시기였다는 점은 주목할 만하다. 설비와 자재들의 가격이 폭등했으며, 임금과 설비, 자재에 대한 비용은 상계방식이나 바터제 방식으로 지불되었다. 러시아 철도부에서는 여러 번 건설작업 동결문제가 제기되기도 하였다. 비킨-우수리스크 구간은 전력을 강화시키며 차폐시키는 전선을 사용하는 새로운 전기공급 시스템을 도입했다는 특징이 있는데, 이로 인해서 서브스테이션 구역간의 거리를 100㎞까지 늘릴 수 있었다. 이러한 신기술 도입으로 외부 전력공급의 복잡한 문제들을 해결할 수 있었고, 투입되는 자본을 많이 줄일 수 있었다. 전기화를 통해서 경제적 효율을 극대화하려는 목적에서 철도부는 비킨-우수리스크 간에 다음과 같은 순서로 전철화를 시행하기로 결정했다; 시비르쩨보-우수리스크 68㎞, 비킨-구베로보 83㎞, 스비야기노-시비르쩨보 95㎞, 루쥐노-스비야기노 83㎞, 구베로보-루쥐노 92㎞.

1999년에 시비르쩨보-우수리스크 구간이 전철화되었고, 2000년에는 비킨-

구베로보 구간이 전철화 되었다. 그해 12월에 스비야기노-시비르쩨보 간의 95㎞ 구간을 개통시켰다. 이후 재정지원이 보다 안정적으로 이루어졌으며, 그에 따라서 건설업체의 수준도 높아졌고 설비와 물자 공급도 적기에 이루어지게 되었다. 그리고 그 결과 공사속도도 빨라졌다. 2002년 7월에 극동철도의 상황을 알게 된 러시아 철도부 장관 G.M. 파제예프는 TSR 마지막 전철화 구간인 구베로보-스비야기노 간의 175㎞ 구간에 대한 공사를 그해 안에 완료하도록 결정했다. 발틱 건설회사 '보스톡'의 수천 명의 직원들, 철도 운송 시설물 건설 감리단, 극동 철도의 해당 부서들, 설계사인 달기프로트란스의 적극적인 노력으로 2002년 12월에 TSR의 전구간 전철화가 완성되었다.

TSR의 전구간 전철화와 극동철도의 전철화는 무엇을 의미하는가? 화물수송에서 열차의 총 중량이 60만 톤까지 증가될 수 있으며, 이러한 수송능력은 내연기관차로는 실현할 수 없는 것이다. 또한 열차의 속도가 시속 120㎞까지 증가되며, 공해물질을 배출하지 않기 때문에 친 환경적이다. 과거 전구간이 전철화되어 있지 않아 전기기관차로 전구간을 운행하지 못하고, 이로 인해 운행이 지체되어 많은 손실이 유발되었다. 또한 내연기관차로 교체하면서 열차의 총 하중을 줄여야 했기 때문에 화물수송력이 떨어지는 현상까지 발생하였다. 전구간 전철화가 되었다는 것은 철도수송에서 운행과 업무에 전혀 다른 시스템이 도입되는 것이며, 그만큼 운행의 수준도 대폭 향상되는 것을 의미한다. 전철화와 더불어 현존하는 신호, 집중제어 설비, 통신설비 시스템에 대한 현대화가 이루어졌으며, 정거장 선로들과 선로 분기기들이 재편성되었다. 전철화는 철도 운영 전반의 종합적인 구조개혁인 것이다.

TSR 전철화 완성은 향후의 극동 경제 발전을 지향하는 러시아 정부의 정책 실현을 위한 하나의 수단이 되는 것이다. 기관차 운영을 보강하고, 기관차, 차량들에 대한 작업 기술을 변화시켜 나가는 한편, 극동 철도인들은 향후 TKR과 TSR의 연결을 대비하고, 유라시아 철도 네트워크를 이용한 동북아 물류수송망을 준비해 나가고 있는 것이다.

# ⏩ TSR이 변하고 있다

## 러시아철도의 현대화 작업은 시작되었다

권원순 | 한국외국어대학교

러시아 철도부는 TSR 활성화와 철도부문의 구조개혁을 최우선 과제로 설정하고 있다. 옐친 시기에 시작되고 있었던 철도산업 구조조정 프로그램은, 2000년 푸틴 대통령에 의해 새롭게 확정되었다. 철도 관련 구조개혁 프로그램에는 철도산업의 공공부문과 경제적인 부문을 분리하는 것을 기본으로, 현금 흐름의 유동성 확보·비수익 기업 퇴출(즉, 구조조정에서 제외)·투자유치·통신 라인을 포함한 철도 시스템의 현대화 등이 포함된다.

러시아 철도 구조조정 프로그램의 필요성을 간략하게 살펴보면 다음과 같다. 첫째, 노선에 투입되는 객차 및 기관차가 노후화되어 있기 때문에 시급한 보수가 요구(러시아 철도 시스템의 약 55%가 노후화됨)되었다. 둘째, 화물 운송량 감소(지난 10년 동안 50% 감소, 1999~2000년 기간에는 약 33% 전년동기 대비 증가)·철도산업의 독점현상(철도 관련용품 제조업체가 러시아 내 2개사)으로 주요 철도 이용자들의 지불능력 상실(예를 들어, 2000년 러시아 석탄산업의 철도에 대한 부채는 약 40억 루블)·투자 부족(1998년 150억 루블, 1999년 380억 루블, 2000년 200억 루블이 투자됨) 등에 따르는 문제를 해결해야만 한다. 러시아 철도산업에 전체 약 7,850억 루블의 투자가 이루어져야 한다는 전문가들의 견해가 있었다.

2001년 4월 27일 러시아 철도부 악쇼넨코 장관이 철도산업 구조조정 3단계 계획안을 발표하였다. 러시아 철도 구조조정 프로그램의 주요 내용은 다음과 같다. 1단계(2001~2002)에서는 50개 항목에 달하는 관련 법률조항의 재검토, 철도산업의 국가관리 기능과 경제성(수익성)부문 분리, '러시아 철도공사'의 설립을 준비하게 된다. 2단계(2003~2005)에서는 철도산업의 기능별 분리, '러시아 철도공사'의 설립 완료를 주목적으로 준비되었다. 3단계(2006~2010)에서는 경쟁체제의 도입, 단거리 화물운송부문, 건설 및 보수부문을 포함한 5개 부문만이 '러시아 철도공사'의 주식을 보유하는 것으로 준비되었다.

러시아는 철도관련 중장기 전략을 준비해놓고 있다. '극동 자바이칼 지역 경제-사회발전 특별 프로그램'과 '러시아 운송시스템 근대화 계획'이 그것이다. 러시아는 2002년 3월에 2010년까지를 계획기간으로 하는 '극동 자바이칼 지역 경제-사회발전 특별 프로그램'을 수립했다. 이 계획의 주요 과제 및 중점 사항은 다음의 내용을 담고 있는 것으로 알려지고 있다. 국제운송시스템에서 러시아의 역할을 강화하기 위해, 운송시스템을 정비한다. 천연가스-석유 채굴의 확대 및 간선 파이프라인을 정비한다. 그리고 TSR과 아시아·태평양지역 허브항만의 연계수송망을 확보한다.

'러시아 운송시스템 근대화 계획'은 2단계로 구분된다. 제1단계인 2005년까지는 운송망의 기술적, 경제적 기반을 갖추어 운송시스템의 안전성을 확보한다. 이와 동시에 국제경쟁력을 제고한다. 제2단계인 2010년까지는 아시아·태평양지역 경제로의 통합을 위해, TSR의 개량·국경통과 시설의 개선·국경 터미널의 정비 등에 초점이 맞추어져 있는 것으로 알려지고 있다.

구조조정 1단계 시기인 2002년 12월, 구간별로 부분적으로 전철화 작업이 완성되면서, TSR 전구간의 전철화가 완료되었다. TSR 전구간의 전철화는 화물수송에서 견인할 수 있는 컨테이너 수를 50% 이상 늘릴 수 있다. 그리고 열차의 속도가 시속 120㎞까지 증가될 수 있게 되었다. 전철화와 더불어, 현존하는 신호·집중제어 설비·통신설비 시스템에 대한 현대화가 이루어졌다. 전철화는 철도 운영 전반의 종합적인 구조개혁으로 이어졌다. 시베리아 횡단철도 전철화 완성은 극동지역 경제발전을 지향하는 러시아 중앙정부의 각종 정책을 실현할 수 있는 중요한 역할을 담당할 수 있게 되었다.

제2단계 철도구조조정 계획이 시작되던 2003년 9월 18일 러시아연방정부

결의 585호에 의해 러시아 철도부는 '(주)러시아철도'가 되었다. (주)러시아철
도는 1조 5,357만 루블을 자본금으로 하여, 주당 1,000루블의 주식 15억 3,570
만 주를 발행하여 100% 국가소유 기업으로 설립되었다. 지방철도청 조직은
동사의 지사가 되었으며, 산하 연구기관이나 교육기관, 기타 산하기관은 자회
사가 되었다. 이에 따라 철도부의 업무는 당분간 국영철도회사와 분담하고,
이후에는 러시아 교통부와 통폐합되거나 두 부서를 통합하여 새로운 행정조
직으로 재편될 것으로 전망된다. 그리고 자회사나 출자기관은 향후 사유화될
것으로 전망된다.


## TSR의 문제점이 보완되고 있다

소련체제가 와해되는 시기를 전후하면서, TSR을 이용하는 물동량이 현저
하게 감소되고 있었다. 1990년대 유럽행 TSR 이용 격감은 해상운송 대비
경쟁력 저하에 있었다. 해상운송은 선박의 대형화로 인해 운임이 인하되고,
적시성 및 안전성 등이 보장되었다. 그러나 TSR의 경우, 많은 문제점과 부작용
들이 나타나고 있었다. 즉, 불규칙한 소요기일·화물 도난사고 빈발·화물위치
추적 불가능·화차부족·컨테이너 부족과 운송업체 자체 컨테이너 사용 불허·
국경 통과시 화물지체 및 요구서류 복잡 등과 같은 요인이 복합적으로 작용하
고 있었다.

러시아는 TSR의 각종 문제점을 보완하기 위해 노력하고 있었다. 2000년을
전후한 시기에, 러시아 정부의 자체 평가에 의하면, 다음과 같은 문제점들이
개선되고 있었다. 1990년대 후반부터 러시아 철도 당국의 노력으로 운송소요
기일의 불규칙성이 상당히 개선되고, 화물의 위치가 추적되며, 도난사고가
없어지는 등 TSR 운송 여건이 상당히 개선되고 있다는 것이다. 통관애로
등 행정적 문제점들도 러시아 당국의 노력으로 개선되고 있으며, 화차 부족

러시아는 TSR의 이용 증대를 위해 많은 노력을 기울이고 있다. TSR 운영개선을 위하여 광케이블을 설치하고, 배차 중앙관리 시스템을 갖추었고, TSR 이용 통과화물의 세관신고 절차를 간소화하고, 운행시간을 단축시켰고, 출발·정차·도착역의 정시성 확보를 위한 노력, 컨테이너 검시시간 단축 등과 같은 일련의 조치를 취하고 있다.

및 컨테이너 부족 등의 문제도 점진적으로 개선되고 있음을 강조한다.

외부의 시각에서 볼 때, 문제점들은 여전했다. 2001년 현재 블라디보스톡 한국무역관에서 TSR이 가지고 있는 문제점을 다음과 같이 지적하고 있다. ① 정기운행이 아닌 화물 집하량에 따른 열차배정, ② 1990년대 투자 감소로 획기적 투자가 없을 경우 2010년에는 현재 차량의 58% 폐차 위기, ③ 화차 부족, ④ 사용 컨테이너 노후화 및 수량부족, ⑤ 컨테이너 임차 비용 고가, ⑥ 화물 파손시 까다로운 손해배상 청구 절차, ⑦ 빈 컨테이너, 운임의 20% 부가세 부과 등이 대표적으로 지적된다.

많은 부분에서 정비되고는 있지만, 아직까지 행정처리상의 문제점이 발생하고 있다. 환적 화물에 대한 통관비용이 필요 이상으로 부가되고 있다. 그리고 철도운송은 상시운행되고 있으나, 관할 운송센터는 주 5일 근무로 업무가 지연되어 초과 비용이 발생하게 된다. TSR 자체의 문제와 환적과정에서 나타나는 제반의 문제점들이 보다 확실하게 극복되어야 할 과제는 여전히 남아 있다. 러시아 극동지역에서의 환적시 신속/정확성을 요할 수 있는 제도적 장치가 마련되어야 할 것이다. 이와 함께, 철도운송 정보를 보다 정확하게 제공해주는 서비스 역시 뒤따라야 할 것이다.

TSR이 가지는 지정학적 구조는 어떠한가? TSR의 극동철도는 교통 입지조건상 태평양 연안의 대규모 항구들(바니노·나호트카·보스토치니·포시에트)과 중국 접경지역, 그리고 북한 접경지역들로 직접 화물/여객수송이 가능하다. TSR은 만주횡단철도(TMR), 몽골횡단철도(TMGR), 중국횡단철도(TCR), 한반도 종단철도(TKR) 등과 연계가 가능하다.

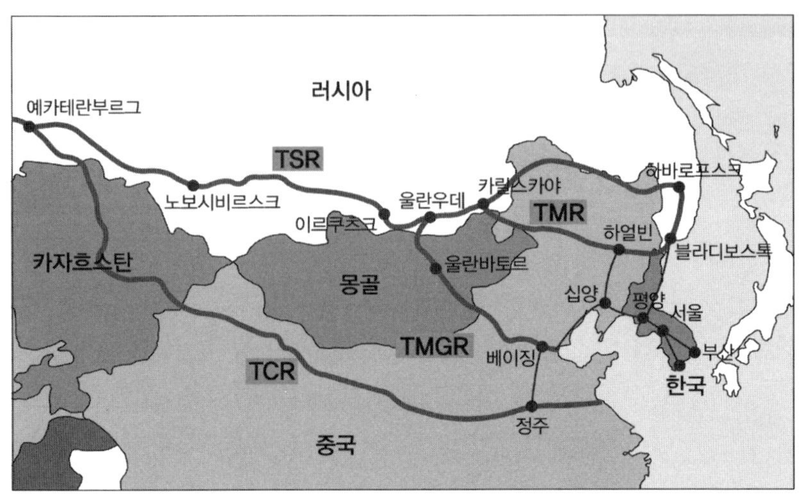


러시아는 TSR이 유럽과 아시아를 연결하는 유라시아 교통망의 중심으로, 물류 수송로의 기본 축으로 활용될 수 있도록 계속적인 노력을 기울이고 있다. 국제물류 수송을 위해, TSR 운행은 최근 상당히 개선되고 있다. 화물보존상태·운송기일·화물의 이동 추적·고객에 대한 정보제공·통과 운임 등에서, 해상운송과 비교하여 경쟁력을 확보할 수 있는 단계로까지 개선되고 있다.

러시아는, 국경역간의 효과적인 수송/배송을 위해 노력하면서, 철도연결 사업을 적극적으로 모색하고 있다. 그 이유는, 단순히 통과수수료를 징수하고자 하는 목적뿐만 아니라, 자신의 극동지역을 포함한 동북아의 주요 도시에

TSR의 화물 수송은 보스토치니 항에서 모스크바까지 연결된다. 컨테이너 수송의 동쪽 기점은 보스토치니 항이다. TSR의 출발 항만인 보스토치니 항은 정박시설 13개, 수심 10-16m이며, 컨테이너 전용 정박지는 4곳이다. 연간 화물처리 능력은 1,300-1,500만 톤이다. TSR의 화물 수송은 보스토치니 항에서 모스크바까지 연결된다. 컨테이너 수송의 동쪽 기점은 보스토치니 항이다. TSR의 출발 항만인 보스토치니 항은 정박시설 13개, 수심 10-16m이며, 컨테이너 전용 정박지는 4곳이다. 연간 화물처리 능력은 1,300-1,500만 톤이다.

외국자본의 투자를 촉진시키고, 자신의 낙후지역인 블라디보스톡과 하바로
프스크가 동북아의 발전축으로 성장할 수 있는 그러한 환경을 조성하는 차원
에서 추진된다.

특히, TKR과 TSR의 연결에 많은 관심을 보이고 있다. 러시아는 TSR 현대화
작업에 더해서, 자신의 지정학적 위치를 고려한 거대한 프로젝트를 한반도
2개의 정부에 제안한다. TKR과 TSR을 북한과 러시아의 접경(두만강역-하산역)
에서 직접 연결하자는 것이다. 러시아로서는, 북한과의 협력 프로젝트 중에서,
최대의 경제적 이해가 걸려 있는 분야가 철도연결 사업이다. 철도연결 프로젝
트는 북한과의 철도연결만으로는 의미가 없다. 남북한 철도연결이 필수적이
다. 러시아가 TSR/TKR 연결을 통해 얻을 수 있는 이득은 한국-유럽 간 통과화
물 운송료 수입과 시베리아 및 극동지역 자원개발 촉진, 그리고 한국 및
아시아 지역에 대한 수출 확대/영향력 증대에 있다.

셋째,

무엇이 문제인가?

## ▶ 자원의존적 경제에서 벗어나지 못하고 있다

### 환상에서 현실로?

1992년 경제개혁이 시작되면서, 국가에 의한 독점적인 경제관리 체제가 사라졌다. 경제관리에 대한 국가의 독점적인 역할이 사라지면서, 지방정부 차원의 자립적인 '시장경제' 운영 원칙이 도입될 수 있게 되었다. 극동지방은 과거에 국가가 수행했던 특혜성 가격정책 시스템으로부터 퇴출당했다. 이러한 경제개혁은 극동지방을 어려운 경제상황으로 몰아넣었다.

극동지역은 미발전된 생산구조 및 미발전된 사회간접자본 위에서, 비효율적이고 미분화된 경제구조를 유지하고 있다. 극동의 기업들이 러시아 공업제품 생산량의 5%를 약간 상회하는 실적을 내고 있다는 사실이 이러한 어려운 경제여건을 말해주는 것이다. 극동지역의 경제발전에 부정적인 요소들이 존재한다. 재생산을 위한 투입요소들의 가격 상승이 기업 활동을 억제하고 있다. 그리고 기혹한 자연기후 조건이 지적되고 있으며, 자신의 자원과 잠재력을 완전히 활용하지 못하고 있다는 점이 지적된다. 뿐만 아니라 러시아의 발전된 공업지역들과 원거리에 위치해 있다는 점 등이 지적된다.

극동은 자신의 경제적·재정적 붕괴를 예방하기 위해 계속적으로 노력하고 있다. 극동은 해외시장과 연계될 수 있는 방안들을 모색해왔다. 극동은 자신이 가진 각종 자원(목재·어업·유색 금속 및 귀금속 채굴·연료 산업 등)을 수출하면서, 국제시장에 뛰어들 수 있었다. 그러나 자체의 제조업 분야(기계제작 및 경공업 등)에서 생산 감소가 계속되고, 이는 지역 경제를 붕괴시킬 수 있는 상태로 내달리고 있다.

광물자원 및 반제품의 공급자가 되고 있는 극동지방 경제는 제조업 소비 제품의 약 80%를 수입에 의존하고 있다. 그리고 과학·기술적 진보의 성과물 및 새로운 첨단기술의 도입에 민감하지 못하다. 극동지방은 자신의 특화된 자연 제품을 중심으로, 국제적인 자유경쟁 체제에 느리게 합류하는 상황에 있다.

1992~1999년 동안에 극동지역의 대외무역액은 완만하게 증가하고 있었지만, 세계시장 경기에 지나치게 종속적이었다. '태평양 연안의 국가들과 안정적인 산업협력을 도모한다'는 구상을 가지고 있었지만, 현실 경제는 냉엄했다. 환상적인 시장경제 논리는, 현실 경제와 접목되면서 보다 현실성 있는 경제관계를 요구하게 되었다.

### 자립경제를 위해서?

극동지역의 경제적 잠재력은, 자신이 가진 비교우위에 기초하여 특정 분야를 중심으로 확장되고 있었다. 그 지정학적 위상 및 풍부한 자연 자원은 이 지역의 경제적 잠재력을 더욱 증가시켰다. 문제는 다음에 있었다. 극동지역 채굴산업의 구조가, 원료가공에서 완제품에 이르는 생산 시스템이 없거나 저발전 상태에 있다는 점이다. 이러한 사실은 이 지역이 자립적인 경제구조로 발전되는 과정을 느리게 유도하게 된다.

극동지역은 석유와 가스 자원이 풍부함에도 불구하고 석탄(저질탄)을 발전 동력으로 사용하고 있다. 산업자원부· 에너지경제연구원의 보고서(『동북아에너지 협력 연구』, 2002.5.)에 따르면, 하바로프스크 주는 3,000㎞떨어진 야쿠츠크에서 석탄을 수송하여 활용하고 있으며, 블라디보스톡은 220㎞ 정도 떨어진 우수리스크 지역의 저질탄(2,500/㎏)을 사용하고 있다.

극동지역은 광공업이 경제성장을 주도하고 있다. 그리고 군수물자 수주, 선박 수리, 원유 수출 등의 수출산업이 호조를 보이고 있다. 극동지역의 산업구조에서 비철금속 부분이 차지하는 비중이 높다. 비철금속공업, 기계-금속가공업, 연료공업 등과 임-어업이 주요 산업이며, 목재가공-제지펄프, 수산물가공 등 가공업이 그 뒤를 따르고 있다. 러시아 극동의 산업구조는 광업·에너지·목재·수산업 등에서 경쟁력이 있다. 그러나 식품·소비재 산업·기계설비 부문 등에서는 취약한 산업구조를 가지고 있다. 따라서 지역의 경제구조에 기초해서, 비교 우위성의 각종 산업이 자립적으로 성장할 수 있는 대내외적 환경을 조성하는 과제가 중요하게 제기된다.

극동지역의 경제구조는 개별 주체들이 가진 경제적 생산단위에 따라 차이를 보이고 있다. 상대적으로 에너지 자원과 광물자원이 풍부하게 매장되어 있는 연방구성주체는 광공업 비중이 높고, 그렇지 않은 주체들은 농림업 비중이 높은 편이다. 마가단 주·캄차트카 주·사하공화국·하바로프스크 주· 사할린 주 등에서는 광공업 비중이 높다. 그러나 아무르 주와 유대인 자치주의 경우에는, 농림업 비중이 높게 나타난다. 상기의 지적처럼, 개별 주체의 경제적 특성이 상이하기 때문에, 이를 감안하는 전문화된 산업단지 조성전략이 요청된다. 이러한 전략은 자립경제의 토대로 활용될 수 있을 것이다.

결국 러시아 극동은 10년이 넘는 기간 동안 시장경제를 준비하여 왔지만,

개별 주체에 따라 차이점은 있지만, 극동지역의 산업구조를 다음과 같이 요약할 수 있을 것이다. 사하공화국·추코트카 자치구·마가단 주에는 비철금속이 강하다. 그리고 하바로프스크 주와 유대인 자치주는 기계 제작 및 금속가공 공업이 강하다. 극동지역에서 건축재료 공업은 유대인 자치주가 제일 강하게 나타나고 있다. 또한, 연해주·캄차트카 주·사할린 주는 식료품 공업이 왕성하다.

자립경제의 초기단계에 있는 실정이다. 경쟁력을 가진 제품이 생산되지 못하고 있으며, 자신의 자원에 상당 부분 의존하면서 시장경쟁 원리를 접목시키는 단계에 있다. 이러한 단계에서도, 극동지역의 경제는 사할린 주와 하바로프스크 주를 중심으로 최근에 빠른 증가 추세를 보이고 있다.

## ⏩ 외국의 자본과 기술을 기다리고 있다

아시아·태평양지역은 독특한 문화·거대한 인적 및 천연자원·고도로 발전된 기술적 토대를 가진 세계무역의 새로운 중심으로 성장하고 있다. 따라서 러시아 극동지역의 정치 및 경제적 지위와 역할을 평가할 때, 아시아·태평양지역의 정치·경제적 상황을 고려하지 않고서는 아무런 의미가 없다. 이 지역은 현재 정치적·군사적·경제적 의미에서, 세계적으로 가장 복잡한 지역들 중의 하나이다. 이 지역은 러시아가 지역의 경제적 통합에 참여할 수 있는 폭넓은 가능성을 열어준다.

동북아 국가들의 경제현실을 관찰하는 것이 중요하다. 여기에 포함되는 국가들은 일본·남북한·중국·러시아(극동지방)이다. 일본·한국·중국은 이미 자신들의 경제성장에 기초해서, 세계경제 발전의 역동성에 상당한 영향력을 미치고 있다. 이에 러시아 극동지방은 동북아 국가들의 통합적 상호작용 과정에 참여하려는 메시지를 전달하고 있다. 아·태지역의 통합적 발전 잠재력에 시베리아와 극동의 풍부한 자원이 결합되고 있는 것이다.

최근에 러시아의 극동 및 시베리아 지역에서 발생했던 역동적인 사건들은 아·태지역 경제에 러시아의 역할 증대를 의미하게 된다. 거대한 개발 프로젝트들이 그것이다. 사할린 섬으로부터 일본 및 다른 동아시아 국가들로 공급되는 석유와 가스, 사할린-하바로프스크-블라디보스톡으로 이어지는 가스관의 건설, 나호트카에 건설 중인 러시아와 한국의 합작공단 등이 대표적으로 지적된다.

러시아의 극동지역이 아·태지역 경제에 통합되기 위해서는, 지역 개발이 우선시된다. 그러나 러시아가 독자적으로 이 지역을 개발할 경제적 여력이 없다. 따라서 극동지역의 경제발전에서 중요하게 제기되는 문제는 외국자본의 참여이다. 극동지방 경제에서 눈에 띄는 특징은 합작기업의 창설이다. 특히 중국·한국·미국·일본의 자본이 참여하는 합작기업들의 숫자가 두드러진다.

극동지역은, 원료 공급처로서의 성격을 유지하면서, 동북아 경제협력체에 참여하려 한다. 주변 국가들의 자본과 기술을 통해서 극동지방의 개발을 준비하고 있는 것이다. 이와 동시에 관광·금융·서비스 분야를 함께 발전시키려 노력하고 있다. 그리고 대륙에서 대륙으로 수출되는 러시아 및 외국 화물의 통과를 안정적으로 보장하는, 동북아 물류의 안정적 교환 책임을 스스로 지려 한다.

## ▶ 운송 인프라가 정비되고 있는가?

러시아 극동지역은 아시아 국가들을 유럽으로 연결하는 운송통로 거점임
에도 불구하고, 운송 인프라는 낙후된 상태에 있었다. 1990년대 중반을 지나면
서 운송 인프라가 정비되고 있지만, 다른 지역에 비해 비교적 지체되었다.
향후 동북아 경제권의 주요 무대로 성장할 잠재력을 지니고 있는 극동지역이
준비해야 할 과제는 분명해진다.

### 도로 문제는?

러시아 철도청은 러시아 극동지역과 유럽을 잇는 주요 운송로인 시베리아
철도 정비사업을 시작했다. 철도 화물수송 능력을 확대하기 위한 각종 조직

러시아 지하/천연자원의 대부분이 극동 및 시베리아 지역에 집중되어 있지만, 사회기반시설
은 크게 부족한 상태에 있다. 전력부족으로 어려움을 겪고 있으며, 상품의 수송/수출을
위한 도로-항만 설비가 노후화되어 있고, 인적교류 활성화를 위한 제반시설이 극히 미약한
상황에 있다.

및 인프라를 강화하고 있다. 지난 2002년 12월 말, 하바로프스크와 연해주의 우수리스크를 잇는 175㎞의 철도 전구간이 전철화되었다. 따라서 블라디보스 톡에서 모스크바까지의 열차 운행속도가 빨라졌으며, 화물 운송량도 배로 증가하게 되었다(한국수출입은행, ≪수은해외경제≫, 2003.10.).

철도 운송 인프라 구축 외에도, 교량 및 도로 정비작업이 병행되고 있다. 1998년에 하바로프스크의 아무르 강을 가로지르는 교량 재건을 위한 1차사업 이 완료되었으며, 1999년에는 자동차도로의 왕복차선이 개통되었다. 뿐만 아니라, 나호트카와 동시베리아의 치타 주를 연결하는 도로건설 사업이 진행 되었다. 이 도로의 개통으로 극동에서 모스크바까지 도로가 연결되었다.

러시아 중앙정부 및 민간 차원의 적극적인 참여로 극동지역의 운송 인프라 정비 사업이 점차 활기를 띠고 있지만, 여전히 운송 인프라가 빈약한 상태에 있다. 러시아 국내의 다른 지역과 연계하여 대외 무역창구로 발전하기 위해서 는 낙후된 항만 시설·철도·도로 운송체계 등 복합적인 운송 인프라의 정비가 절실하다.


## 항만 문제는?


극동지역에 분산되어 있는 각종 무역항 인접 정거장의 재건을 비롯한 설비 개선을 위한 대규모 작업이 진행되고 있다. 러시아 정부는 극동지역 운송 인프라 구축작업의 일환으로 지난 2002년 3월 '2010년까지의 러시아 극동 자바이칼 지역의 사회발전 계획'을 채택한 바 있다. 이 계획에는 민간부문이 주체가 되어 참여하는 다수의 프로젝트가 포함되어 있다. 그 중 대표적인 것으로, 러시아의 대형 철강·석탄업체들이 자사 제품의 수출 운송에 따르는 효율성 증대 및 사업의 다각화를 위해, 극동지역 항만을 매입하여 운송시설의 현대화를 추진한다는 내용을 들 수 있다.

러시아의 대형 철강업체인 시베르스탈은 자회사인 운송업체 '시베르트란스'를 통해 보스토치니항 주식의 60%를 보유하고 있다. 항구의 개보수 작업으로 인해, 보스토치니 항구의 화물 취급량이 2002년에는 전년대비 27%가 증가한 1,418만 톤으로 급증하였다. 러시아 국영 석유기업인 로스네프트도 석유터미널 건설을 진행 중에 있다.

러시아의 금융그룹인 MDM 그룹 역시 연해주 지역의 포시에트 상업항의 주식 49%를 보유하고 있다. 이 그룹 산하의 석탄 생산업체들의 대일본 석탄수출 수송량이 증가하고 있는데, 2002년 중 이 항구의 화물 취급량은 전년대비 119.6% 증가한 61만 5,000톤으로 늘어났다(한국수출입은행, 《수은해외경제》 2003.10.).

결국, 러시아의 대기업이 중심이 되어, 자회사 제품의 수출/수송을 위해 항만시설을 개보수하는 작업이 진행되고 있는 것이다. 문제는 극동지역의 운송 인프라가 워낙 빈약한 상태에 있었기 때문에, 항만시설뿐만 아니라 도로/철도를 비롯한 다양한 분야에서 계속적으로 개보수 작업을 추진해야 한다는 점이다.

운송설비 등 물적 환경면에서 인프라 정비는 순조롭게 진행되고 있지만, 통관 등과 관련된 제도와 절차 등의 문제는 여전히 커다란 장애물로 남아 있다. 통관에서는 세관마다 적용기준이 상이하며, 통관 절차가 상당한 기일을 소요한다는 지적들이 자주 거론되곤 했다. 러시아 극동지역의 운송 인프라가 보다 효율적으로 작동하기 위해서는, 제도 측면의 인프라 정비문제가 향후 중요한 과제로 제기되고 있다. 안정적인 운송 인프라 제도가 정비되어야만, 극동지역이 동북아 물류 중심지로 성장하게 될 것이다.
러시아 정부는 2004년 1월 1일부터 신관세법을 시행하고 있다. 약 10일이 소요되는 통관 소요일수를 3일 내로 단축한다. 그리고 관세-통관제도의 합리화 및 통일적인 운용, 통관절차의 간소화 등을 추진한다는 내용이 포함되고 있다.

# ▶ 극동지역의 항구/항만은?

세계무역의 중심이 대서양 경제권에서 태평양 경제권으로 이동되고 있다. 이와 함께, 러시아는 극동지역을 환태평양 경제권으로 편입시키기 위해 노력하고 있다. 이러한 과정에서 극동지역의 해상운송은 중요한 역할을 하게 된다. 극동지역의 주요항구는 시베리아 철도와 직접 연결되어 있어, 교통의 입지 여건이 좋은 편이다. 주요 항구는 블라디보스톡항, 나호트카항, 보스토치니항, 포시에트항, 자루비노항 등이 있다. 특히, 북한에 인접한 연해주 남쪽 끝에 위치하고 있는 자루비노항의 개발전망이 밝다.

러시아 극동지역의 항구 부두 수와 수심은 다음과 같다. 연간 선적량을 보면, 하바로프스크 주 내에 있는 바니노항이 가장 많다. 그리고 보스토치니항이 그 다음을 달리고 있다. 러시아 극동지역의 항만은 현재 22개의 대형항구와 100개의 소형항구가 있다. 이 중에서 연중 가동이 가능한 항구(부동항)는 블라디보스톡, 나훗트카, 보스토치니, 바니노 등 4곳이다.

| 항구 | 부두 | 수심/m | 항구 | 부두 | 수심/m |
|---|---|---|---|---|---|
| 보스토치니항 | 13 | 10-16 | 나호트카 상업항 | 19 | 8.8-11.5 |
| 나호트카 어항 | 7 | 6.7-10.0 | 나호트카 원유항 | 5 | 6.5-13.3 |
| 블라디보스톡항 | 16 | - | 포세트항 | 14 | - |
| 바니노항 | 3 | - | | | |

한종만|배재대학교

블라디보스톡을 비롯한 연해주 지역의 항만이 러시아 전체 해운수출 물동량의 18.3%를 처리하고 있으며, 철금속이나 원목에서는 각각 41.8%와 42.5%를 처리하고 있다. 블라디보스톡항, 나호트카항, 보스토치니항이 중심 항만의 역할을 하고 있다. 극동지역의 개발/발전과 함께, 수요 증가에 대비하여, 시설 확장이 가능한 곳은 보스토치니와 자루비노이다.

특히, 보스토치니항은 TSR과 연결되면서 전례 없는 호황을 누리고 있다. 보스토치니 항의 TSR 이용 컨테이너 화물처리는 비약적인 성장세를 이어가고 있다. 보스토치니 항만 자료에 따르면, 2003년 보스토치니항의 TSR 이용 화물처리 실적은 20만 4,650TEU로 전년대비 52.9%가 증가했으며, 2004년은 27만 2,529TEU로 전년대비 33% 증가실적을 기록했다(성원용|교통개발연구원).

보스토치니 항의 TSR 이용 화물처리 현황

(단위: TEU)

|  | 2000 | 2001 | 2002 | 2003 | 2004 |
|---|---|---|---|---|---|
| 물동량 | 72,701 | 89,917 (23.7%) | 133,804 (48.8%) | 204,650 (52.9%) | 272,529 (33%) |

( )는 전년대비 증가율
출처: VICS(Vostochny International Container Services): 성원용|교통개발연구원

TEU란 컨테이너의 크기를 가늠하는 데 사용되는 용어이며, Twenty-foot equivalent unit container의 약자이다. 1 TEU는 길이 20피트(약 6m) 컨테이너 1대를 의미한다.

러시아 극동지역에 분산되어 있는 각종 항구들은, 국제 물류항으로 발전하기 위해서는, 많은 문제들을 해결해야 한다. 극동지역에 있는 대부분의 항구 및 항만시설은 세계수준에 비해 낙후되어 있다. 우천시 터미널 부족으로 하역을 할 수 없는 경우가 발생하기도 하며, 하루에 처리할 수 있는 용량이 제한되어 있다. 자연적 여건으로 극동의 남부지역에 위치한 항구는 쇄빙선이 필요 없이 전천후 운행 가능하지만, 항구의 60% 정도가 낮은 수심으로 대형선

박을 처리할 수 없는 실정에 있다. 따라서 항구의 건설 및 보수 등이 시급한 과제로 제기되고 있다.

극동지역 항구들의 하역능력은 제한되어 있으나, 현재 중국의 화물과 러시아 수출입 화물의 증가로 컨테이너 운송에 상당한 제약을 받고 있는 상태이다. 뿐만 아니라, 중국에서 러시아 극동으로 운송되는 화물과 러시아 국내의 수출입 화물이 급증하고 있어, 항만시설이 거의 포화상태에 직면해 있다. 그리고 철도 운송조차 배정이 지연되어 화물 포화상태는 날이 갈수록 심해져 가고 있다. 따라서 극동의 남부지역에 위치한 나호트카항, 보스토치니항, 블라디보스톡항 시설의 정비와 부두건설 등 항만 확장 계획이 추진 중에 있다. 또한 자루비노항을 무역항으로 전환하는 문제가 제기된다.

## 주요 항구의 항만시설 현황

(가) 블라디보스톡항

　　o 연간 화물선적량: 450만 톤(1995년 말 기준)

　　o 연간 화물처리능력: 500만 톤

　　o 연간 화물취급량: 700만 톤(수출입화물 76%, 국내화물 24%)

　　o 주요 처리화물: 석탄, 목재, 컨테이너화물

　　o 수심: 7.4-10.8m

　　o 항구시설

　　　　- 부두 16개

　　　　- 길이 4,190m

　　　　- 컨테이너 부두 2개

　　　　- 접안능력: 5만DWT급 접안 가능

　　　　- 연간 컨테이너 취급물량: 7만 개

　　　　- 컨테이너 야드: 4,000개 20TEU

　　o 위치: 연해지방 남부에 있는 졸로토이로그만에 위치


(나) 보스토치니항

　　o 연간 화물취급량: 800만 톤(수출입화물 85%, 국내화물 15%)

　　o 연간 화물처리 능력: 1,300-1,500만 톤

　　o 주요취급품목: 석탄(800만 톤)·컨테이너화물(200만 톤)·목재(80만 톤)

　　o 수심: 10-16m

　　o 접안능력: 10만DWT급 접안 가능

　　o 항구시설

　　　　- 부두: 13

　　　　- 길이: 3,500m

　　　　- 컨테이너 전용부두: 4곳

　　　　- 컨테이너 야드의 넓이: 30ha

　　　　- 컨테이너 연간 취급능력: 22만TEU

　　　　- 컨테이너 일일 하역능력: 200-250개, 20TEU

　　o 위치: Wrangel만의 동쪽연안 나호트카항 인근 30km에 위치

　　o 기타: 극동 유일의 국제 컨테이너 전용부두를 보유

(다) 나호트카항

o 연간 화물선적량: 560만 톤(1995년말 기준)

o 연간 화물처리 능력: 1,000~1,200만 톤

o 주요취급품목: 석탄, 곡물, 목재

o 수심: 11.5m

o 접안능력: 2만DWT급 화물선 접안 가능

o 항구시설

　- 부두: 23개(여객선부두 2개, 화물선부두 18개)

　- JIB 크레인 70대

　- 크레인 용량: 7~15톤

o 위치: Wrangel만의 동쪽연안

o 기타: 극동지역 수출입 일반화물의 2/3를 취급, 컨테이너 야적장은 창고규모, 하역부두 길이, 선적장비, 연간 컨테이너 취급량 등을 고려할 때 러시아에서 가장 큼


(라) 자루비노항

o 연간 하역능력: 120만 톤

o 수심: 9.8m

o 항구시설

　- 부두: 2개, 650m

o 위치: 핫산에서 60km 북동쪽, 블라디보스톡으로부터 110km 남서쪽에 위치


(마) 포세트항

o 연간 취급화물량: 130만 톤(수출입화물 20%, 국내화물 80%)

o 연간 화물처리 능력: 130만 톤

o 주요처리화물: 석탄, 목재, 철강, 기계류

o 항구시설

　- 부두: 14개

　- 부두 길이: 450m

　- 연간 하역능력: 200만 톤

o 위치: 북한국경에서 25km 지점에 위치하고 연해주 최남단에 위치


*출처: http://www.karico.co.kr/oai/200/240/info/1-5-4.hwp의 도표 재구성

## ▣ 법률적 및 제도적 장치가 미약하다

### 투자 환경이 미약하다

러시아 극동지역에는 투자 환경을 위축시키는 각종 문제들이 나타나고 있다. 러시아 극동지역은 경제적 침체·실업·물 및 에너지 부족·국경을 넘나드는 강력한 범죄 집단의 활동 등이 여전히 존재한다. 각종 부패와 범죄가 여전히 상존하고 있다는 것이다. 그리고 투자자의 권리를 보호하고 효과적인 계약 이행 및 발생하는—발생이 예상되는—각종 분쟁의 해결을 위한 명확한 법질서 및 법률 적용기관이 정비되지 못한 상태에 있다.

극동지역의 산업 인프라는 아직 저개발 상태에 있으며, 경제 개발에 필요한 서비스 산업도 미약한 상태에 있다. 극동지역의 투자환경을 언급하면서, 전형적이고 비합리적인 조세구조·취약한 재산권 보호·빈약한 사회적 인프라 등

러시아 극동지역은 대외협력 추진/해외투자 유치가 중요한 과제임에도 불구하고, 법적–제도적 기반이 불충분하다. 따라서 외부 투자자들은 투자에 앞서 '다시 한번' 생각하고 있다.

이 대표적으로 지적된다. 그리고 은행간 협력과 전산망 연계가 미약하여 원활한 자금 이체가 이루어질 수 없다는 지적이 자주 제기된다. 결국 투자를 유도하고 활발한 경제활동을 유인할 수 있는 적절한 투자환경이 조성되어 있지 못한 상태이다.

연방의 중앙정부와 극동지역의 지방정부 간에 자원관할권을 확실하게 분담하는 작업이 요청된다. 중앙과 지방 간의 자원관리 문제, 그리고 다양한 산업 주체들간에 이해관계가 충돌되는 문제 등과 같은 부정적인 현상들 역시 투자를 위축시킨다. 예를 들면 연방정부와 지방 권력; 지방기업가들과 연방 중앙의 거대 금융-산업 그룹들; 국내 투자자들과 외국 투자자들의 충돌 문제 등이 그것이다. 위에서 언급한 각각의 그룹들은 어떠한 투자전략이라도 무효로 만들 수 있는 충분한 정치적 및 경제적 힘을 가지고 있다.

러시아의 기업가들조차도 법적용 부서나 관료들의 전횡에 시달리고 있음을 생각한다면, 외국 투자자들의 투자 심리는 가히 짐작이 되고 남음이 있을 것이다. 특히, 투자 유치와 관련된 지방정부 차원의 법률·명령·조례·규칙 등이 중앙정부의 그것과 충돌하는 경우가 종종 있다. 따라서 투자자들은 지방 수준에서, 중앙정부와의 협의에 기초된, 투자 관련 법제도가 보다 선명하게 정비되기를 바라고 있다.

중앙 및 지방정부 차원의 적극적인 노력으로 상당 부분 개선되고 있지만, 위에서 언급된 부정적인 투자환경(투자를 위축시킬 수 있는 제반의 환경)을 보다 선명하게 정리할 필요가 있다. 그러한 조건을 상세하게 파악한 후에 투자자들은 경쟁력을 확보할 수 있는 원료 부문에, 지식 집약적인 생화학 기술들을 이용할 수 있는 기업들에, 자본 회전율이 빠른 경제부문에 적극적인 투자 전략을 모색하게 될 것이다.

## 투자 환경이 개선되지 못하는 이유는 무엇인가?

러시아 극동지역에 대한 투자 가치는 충분하다. 그러나 투자 환경이 불안정하기 때문에, 투자 위험성을 과도하게 부풀리면서 투자를 망설이고 있다. 시장경제를 도입한 지 15년이 가까워지고 있지만, 투자환경이 개선되지 못하는 이유는 무엇인가?

첫째, 중앙정부와 극동의 지방정부 간에 나타나는 이해관계의 충돌문제이다. 중앙정부는 지정전략 차원에서 시베리아/극동지역을 활용하고 있다. 이는 극동지역이 중앙정부의 유럽적 사고로부터 완전히 자유롭지 못하다는 것이다. 그러나 극동지역의 지방정부들은 지역 발전을 우선시하게 된다. 아시아적 사고라는 의미가 된다. 따라서 개발전략의 세부단위(특히, 극동지역에 분포된 자원 관할권 문제 등)에서, 중앙정부와 충돌할 수 있는 요인들은 있기 마련이다. 중앙 정부와 지방정부가 각각 제정한 법률·명령·조례·규칙의 충돌 문제가 대표적으로 지적된다.

> 한국의 일부 기업(수산업 등)이, 러시아의 중앙정부와 지방정부가 각각 제정한 법률·조례·규칙의 상이성/모호성 문제 때문에 손해를 보는 경우도 있었다.

둘째, 사회주의적 심적 상황에서 완전히 해방되지 못한 기업가 정신에서 찾아진다. 관료나 기업가들이 단기적 이익에 주로 관심을 갖고 있다. 따라서 인프라 및 생산 시설을 개선하는 투자에 매우 소극적이다. 이러한 현상은 뿌리 깊은 사회주의적 심적 상황의 잔재라는 측면에서 이해될 것이다. 즉 지난날의 투자/노동 심리가 완전히 사라지지 않은 채 자본주의적 투자 심리로 전환되는 과도기 현상의 부정적인 결과로 보아도 무방할 것이다. 여기에, 인프라 및 생산 시설을 개선하는 부분에 자본을 투자하는 것도 고수입 전략의 방법이 되지 않겠는가?

셋째, 최근 들어 민족주의적 성향이 강화되고 있다. 러시아 극동은 노동인구의 감소와 해외 유출 현상이 늘어나고 있다. 반면에 외국인 이주 노동력이 늘어나고 있다. 이러한 현상에 대해서, 지방정부는 민감한 반응을 보이고 있다. 또한 고가치 어종의 남획, 과도한 불법 벌목 등은 환경문제와 연계되면서, 민족주의 강화의 중요 원인이 되기도 한다. 러시아 극동지역에서 민족차별주의자, 외국인 혐오증 등이 대중의 지지를 얻고 있는 것이다. 이는 극동의 지도자들이 자신의 정치적 목적에 이용하면서, 더욱 확산되는 경향을 보이고 있다. 외부적 가치를 무조건 수용하는 것도 문제가 되기는 하지만, 자신의 것을 보호하면서, 외적 요인을 과감하게 수용하여 내적 요인에 접목시키는 자세가 중요하지 않겠는가.

# ▶ 극동지역의 발전 모델이 요청된다

## 바람직한 발전 모델을 모색하라

러시아 극동지역의 발전을 위해서는, 지역 환경에 기초된 발전 모델이 요청된다. 극동지역의 발전을 위한 모델로 제시되는 관점은 3가지가 있다. 첫째는 '중앙-지방'이라는 과거의 관리 체제를 그대로 유지하는 형태이고, 둘째는 생산자들의 관심을 극동지방의 시장과 투자로 유도하는 관점이며, 셋째로는 동북아 국가들과의 통합적 연계구도로 발전시키는 것이다.

상기 모델들 중에서, 두 번째 모델과 연계되는 세 번째 모델을 선택하는 것이 바람직할 것이다. 이는 러시아 극동의 고유한 지리학적인 상태를 이용하면서, 아·태 시장에서 필요로 하는 수출지향적인 분야의 발전을 유도하게 될 것이다. 이 경우에 극동지방의 기업들은 러시아와 아·태지역 그리고 아시아와 유럽사이의 경제적 연결고리가 되어, 고유한 역할을 담당하게 될 것이다. 이러한 역할의 성실한 수행은 극동지역 뿐만 아니라, 러시아 중앙정부에도 큰 이익을 안겨주게 될 것이다.

모스크바의 연방정부와 극동지역의 자방정부간에 극동지역의 경제발전을 위한 기본적인 합의가 만들어져야 한다. 대외경제관계에 따르는 독자성의 문제가 지역 발전에 유리하도록 정립되어져야 할 것이다. 그리고 극동지역에서의 발전이 단순히 천연자원의 채취를 넘어서서, 자원의 가공을 통한 부가적인 가치를 창출할 수 있어야 할 것이다. 이를 위해서는, 중앙의 지원은 물론이고, 중장기적인 주변 국가들의 투자를 필요로 한다.

극동지역의 경제 개발정책은, 지역발전의 우선순위에 따라, 보다 구체적인 프로젝트를 기획해야 할 것이다. 이 지역에서 활동하는 기업이 러시아 기업·합작기업·외국 기업 등 기업의 성격에 구속됨이 없이, 기업의 활동이 극동지역 발전에 기여하는 정도에 따라, 그 특혜의 정도를 결정해 주어야 할 것이다.

극동지역의 국제화 전략은 러시아 중앙정부 및 극동지역 자체에서 결정된다. 연해주·아무르 주·하바로프스크 주·사할린 주 등은 지역적·세계적 시장으로 향하는 해양 출구를 갖고 있다. 따라서 이들 지역을 중심으로 지역발전 모델을 개발하여, 일본·중국·한국 등과 연계되면서, 세계로 확산되는 다단계 전략을 모색하는 것이 바람직 할 것이다. 중앙정부에서는, 극동지역의 경제가 동북아 및 아·태지역에 효율적으로 편입될 수 있도록, 법적 및 제도적 차원에서 다양하게 지원해 줄 수 있는 그러한 지원전략을 모색해야 할 것이다.

넷째,
중국과 일본은 치열한 경쟁을
벌이고 있다

## ▶ 중국과 러시아 극동의 경제관계는?

### 국경을 통한 바터 무역 확대

중국과 러시아 간의 교역에서, 국경무역이 상당한 영향을 미쳤음을 부정할 수는 없다. 1990년을 전후하면서 중국은 흑룡강성과 길림성을 중심으로 러시아 극동과 경제적 연계 구조를 강화시켜왔다. 이 성들은 중앙정부의 임해경제 지역 강조에서 소외되어 있었기 때문에, 러시아 극동시장을 새로운 수출시장으로 인식하였기 때문이다.

1990년대 초에 중국과 러시아의 국경을 통한 바터 무역이 확대되었다. 이로 인해 중·러 간의 무역이 급격히 증가하였다. 그러나 1994~1995년에, 국경무역에 따르는 여러 가지 부정적 결과로 인해 국경이 강화(비자 발급요건 강화와 국경무역에 대한 제약)되면서 교역이 큰 폭으로 감소하였다. 특히 중국과의 무역에 크게 의존하고 있던 극동지역의 아무르 주는 큰 타격을 입었다.

1995년 이후 중·러 국경무역은 다시 회복되기 시작했다. 그러나 경화결제가 보편화되면서, 기대만큼의 교역 증대는 이루어지지 않았다. 중국의 동북3

성과 러시아 극동의 개별 행정단위에서는 교역량이 증가되는 추세를 보이기도 했다. 1997년, 중국 측 통계에 의하면, 중·러 무역의 전반적인 감소에도 불구하고, 흑룡강성과 러시아 극동 사이의 국경무역은 10억 달러에 이르고 있으며, 1996년보다 42% 증가하였다(엄구호ㅣ한양대학교).

중·러 국경무역은 계속 증가되고 있었다. 러시아의 금융위기에도 불구하고 1998년에 러시아의 극동과 흑룡강성의 국경무역은 전년도보다 높은 13억 달러까지 증가하였다. 특히 비공식 국경무역은 이러한 공식적 통계치보다 훨씬 많다는 점을 기억할 필요가 있다. 중국은 연해주를 비롯한 대부분의 극동지역에서 최대 교역상대국으로 부상하였다. 수출입 상품구조에서 보면, 양국간 강한 상호보완성을 보여주고 있다. 중국은 주로 식품과 소비재를 수출하고, 원목·펄프 등 러시아 극동지역의 자원을 수입하고 있다.

중국은 러시아 극동지역(특히 연해주)의 최대 무역 상대국이지만, 투자자 역할은 미미하다. 양국간 공식 및 비공식 무역의 확대와는 대조적으로, 중국의 러시아 극동에 대한 투자는 매우 제한적이다. 투자 금액은 미미하지만, 러시아 극동에서 활동하고 있는 중국의 기업 수는 타국가의 그것보다 월등히 많다. 따라서 중국은, 소규모 투자이기는 하지만, 경험 축적과 자금조달 능력 증대로 인하여, 극동지역에서 상당한 영향력을 행사할 수 있는 위치에 있다.

중국과 러시아 극동지역 및 연해주와의 교역액 추이

(단위: 백만 달러)

|  | 1992 | 1993 | 1994 | 1995 | 1996 | 1997 | 1998 | 1999 | 2000 |
|---|---|---|---|---|---|---|---|---|---|
| 극동지역의 교역액 | 996 | 1,188 | 254 | 328 | 926 | 663 | 1,049 | 515 | 1,125 |
| 연해주의 교역액 | 427 | 303 | 83 | 111 | 202 | 315 | 250 | 244 | 376 |

주: 연해주의 1996-1998은 서비스 부문 제외.
자료: 국토연 2003-6, 「러시아 연해주에서의 자원·인프라 개발을 위한 한·러 협력방안」 참조.

## 중국 동북3성과 하바로프스크의 경제관계가 활발하다

지리적 인접성에 기초하여 하바로프스크와 중국 동북3성 간의 경제교류는 활발하다. 하바로프스크에서 중국 동북3성으로 수출되는 품목의 약 80% 가량이 원목 및 제재목으로 알려지고 있다. 하바로프스크 남부 지역 소도시 비킨(Bikin)에 양측이 합작투자로 셀룰로오즈 복합가공공장을 설립하기로 결정했으며, 같은 지역에 아무르 CJ(Amur CJ)라는 의류공장을 건립하는 사업을 추진 중이기도 하다. 그러나 양측 모두 기술과 장비가 부족하여, 사업 추진이 주춤한 상태에 있다.

중국은 영세한 러시아 업체들의 대금결제를 돕기 위해, 5~10년까지 장기할부 및 저리융자 상품을 제시하기도 했다. 러시아는 고용창출과 2차산업의 육성을 위하여, 중국 투자자로 하여금 생산 및 가공설비를 설치하도록 유도하고 있다. 중국 투자자에 의한 2차산업 설비가 완성되면 새로운 고용창출 효과가 기대된다. 극동지역의 현지 사업체가 건설되면 노동력 활용 문제가 제기될 것으로 보인다. 러시아는 자국 노동력을 이용하는 법률을 적용할 것이기 때문이다.

러시아 노동법에 의하여 러시아 주민들을 고용하게 되면 의료·재해보험 가입이 필수적이며, 연간 법정휴무일 36일을 제공해야 한다. 보다 중요한 것은, 러시아 노동자의 근면성이 떨어진다는 데 있다. 따라서 중국 사업자들은 러시아 현지 노동자를 고용하지 않으려 할 것이다. 대신에 일체의 보험이

하바로프스크 주에 공식 등록된 중국인 노동자들은 2003년까지 4,000여 명이다. 그리고 불법 체류자까지 포함하게 되면, 연간 약 1만 5,000여 명에 달한다. 이들은 농업이나 상업 등을 목적으로 하바로프스크 주에 체류하고 있는 상태이다. 실질적으로 하바로프스크 주정부에서는 1995년부터 중국 국적을 가진 사람들의 자국 정착 주민등록을 전면 불허하고 있기 때문에, 불법적인 중국인의 유입이 급증하고 있는 상태이다.

필요 없고, 작업 능률이 높으며, 고용비용이 저렴한 현지 중국인들을 활용하려 할 것이다. 중국 노동자들의 급여는 수당 등을 포함하여, 하바로프스크 주 서민층 평균 급여의 절반 수준인 약 125달러에 불과하다. 따라서 중국인 투자가들은 가급적 중국인 노동자를 선호하게 될 것이다.

하바로프스크와 중국 동북3성 간의 경제협력 관계가 활발히 이루어지게 되면, 중국인 불법 체류자 문제가 새로운 갈등관계를 만들어낼 수도 있을 것이다. 중국 측은 중국 노동자의 러시아 입국제한을 완화하지 않으면, 중국으로 유입되는 러시아 전제품에 대하여 보호관세를 부과하겠다고 주장하기도 했다. 이에 반해, 러시아 측에서는 군수물자와 원자재 공급을 전면적으로 중단하겠다고 맞서고 있는 상태이다.

하바로프스크 주와 동북3성 간의 경제관계에서 부정적인 현상들이 노출되고 있지만, 경제적 상호보완성 및 지리적 인접성 등으로 인하여, 양지역간의 거래는 활발하게 이루어지고 있다. 하바로프스크와 동북3성 간의 무역거래 실적을 보면, 2003년 한해 약 1억 달러의 거래가 이루어진 것으로 알려지고 있다. 이는 2002년과 비교하여 145%가 증가된 수치이다. 그리고 2003년에 비해 2004년의 거래관계가 더욱 왕성한 것으로 알려지고 있다. 이러한 증가 추세는 2005년에도 계속될 것으로 전망된다.

동북3성의 경제성장은 극동지역에서의 수입 수요를 유발하게 되고, 연해주의 어류 및 가공제품에 대한 수요 증대를 발생시키며, 수산분야에서의 합작가능성도 증대될 것이다. 동북3성의 경제성장은 수출 증가로 이어지게 될 것이고, 이러한 과정에서 극동지역 항만/철도의 이용이 촉진될 것이다.

# ➡ 중국 정부 차원에서 적극적이다

## 금융시스템이 가까워지고 있다

하바로프스크 주와 중국의 동북3성은 경제발전에 관한 협력과 여러 가지 많은 문제점들을 해결하기 위해서 릴레이 회담을 계속해왔다. 2003년부터 추진되어온 양지역간 경제협력 회의는, 2004년 하반기에 들어서면서 본격적인 실무자 협의로 이어졌다.

2004년 하반기 들어, 제3국 통화가 필요 없는 직접적인 은행거래가 개시되었다. 하바로프스크 주에는 무역과 관련된 금융거래를 가장 많이 하고 있는 브네시토르그 은행(Vnyeshtorg Bank)와 국영은행인 러시아 즈베르 은행(Zber Bank Pocaii)이 있다. 이들 두 은행이 주도하는 양국간 직접 통화거래 시범사업이 성공적으로 이루어졌다. 따라서 양국간의 거래가, 미화나 유로화가 아니라, 러시아와 중국의 통화로 거래를 할 수 있게 되었다. 중국 측 은행으로서는 중국 상업은행과 농업은행이 대표적인 파트너였다. 이들 네 개의 은행이 하바로프스크와 동북3성 간의 무역거래를 직접 관장하고 있다.

하바로프스크의 브네시토르그 은행은 아무르 강(흑룡강)을 사이로 중국과 국경을 마주하고 있는 블라고베센스크(Vlagovecshensk) 시의 지점에 2003년부터 중국통화로 직접 바꿀 수 있는 환전시스템과 송금체계를 시범적으로 운용해 왔다. 중국 동북3성 측에서도 농업은행과 상업은행이 헤이헤(Heihe) 지역에 유사한 기구를 설치하고 시범서비스를 운용해오고 있다. 이와 같은 양국 금융기관의 노력으로, 시범서비스 이후 2004년도에만 1,142건 총 3,050만 달러의 무역거래가 이루어졌다. 금융 사고는 단 한 건도 발생하지 않았다.

2004년 7월 현재, 두 지역 은행간 모의거래는 지속적으로 이루어지고 있다.

특히, 하바로프스크 주지사는 통화 통용지역을 확대시키려는 움직임을 보이고 있다. 최근에 하바로프스크 주지사인 빅토로 이사예프(Victor Ishaev)가 중앙정부 및 중앙은행에 하바로프스크 주 전지역 은행에서 중국 위안화를 통용할 수 있게 해달라는 청원서를 제출한 것으로 알려지고 있다.


## 에너지 협력사업에 적극적이다

동북아 관련 국가들을 중심으로 러시아 극동지역에 투자된 금액을 보면 중국의 위치는 미미하다. 단일 국가로서는 일본-미국-한국에 훨씬 못 미치는 실정이다.

|  | 2001 | | 2002 | |
| --- | --- | --- | --- | --- |
|  | 금액(백만 달러) | 비중(%) | 금액(백만 달러) | 비중(%) |
| 극동지역 전체 | 595.8 | 100.0 | 840.1 | 100.0 |
| 중국 | 0.6 | 0.1 | 15.1 | 1.8 |

러시아 극동에 대한 투자는 미미하지만, 중국정부 차원에서 러시아 극동에 대한 관심은 지대하다. 특히, 에너지를 비롯한 각종 자원문제에서 그러하다. 중국은 사할린에서 추진되고 있는 각종 에너지 개발 프로젝트에 적극적이다. 중국은 사할린 주정부와 적극적으로 접촉하고 있다. 특히 중국석유화학공사(SINOPEC)와 중국국영석유회사(CNPC)는 최근 사할린 프로젝트에 대한 참여 의사를 밝히고, 주정부 및 사할린 모르네프트가스 관계자들과 만나 여러 사안에 대해 협의를 하여왔다. 뿐만 아니라, 중국국영석유회사는 사할린-1에서 생산될 가스를 도입하는 문제에 대해서 논의하기도 했다.

중국은 가스 수요 급증에 대비해, 남부지역에 액화천연가스의 도입과 북부 동북3성 지역에 파이프라인 가스 공급을 희망하고 있다. 특히, 동북3성을 러시아 극동지역 경제에 연계시키려는 노력이 주정부 차원에서 활발히 이루어지고 있는 것으로 알려지고 있다.

결국 2004년 10월 푸틴 대통령과 후진타오 주석은 2005~2008년을 '러-중 근린, 우호 및 협력의 해'로 정한 바 있다. 이 자리에서 러시아는 중국에 대규모 천연자원을 공급하기로 약속했다. 중국은 시베리아 및 극동지역의 자원 개발 사업에 적극적으로 참여하기로 했다. 이러한 과정에서 시베리아 및 극동지역의 에너지 자원을 놓고 일본과의 경쟁은 피할 수 없게 되었다.

# ⏩ 러시아는 중국에 대해 경계심을 가지고 있다

## 극동지역 개발에 중국을 필요로 하고 있다

중국의 동북3성과 러시아 극동은 국경을 마주하고 있는 '가까이 할 수 없는 먼' 이웃처럼 보인다. 중국의 동북3성에서 러시아 극동지역으로, 역으로 러시아 극동지역에서 중국의 동북3성으로, 여행과 사업을 목적으로 하는 인적교류가 활발하다. 물론, 중국에서 러시아 극동으로 유입되는 인구가 절대적으로 다수를 차지한다. 중국 동북부 지방의 실업 해결책으로서 노동력이 부족한 연해주 지방을 비롯한 러시아 극동지역으로 진출한 것이다.

중국인의 다량 유입은 부족한 소비재와 생필품, 그리고 노동력을 제공함으로써 연해주를 비롯한 극동지역의 지역경제에 활력을 불어넣고 있다. 그러나 부정적인 사회문제가 만연하고 있다. 중국인 불법 체류자의 수가 상당수에 이르고 있으며, 범죄집단을 조직하여 불법 벌목과 밀렵, 그리고 밀무역 등 불법적인 경제활동을 주도하고 있다.

러시아 중앙정부 및 극동지역 개별 정부는 중국인의 합법적 또는 불법적 유입에 따르는 사회 불안정(저질상품 공급·위조상품 판매·범죄율 급상승의 원인 제공·소매시장에서의 투매 행위 등) 확산 때문에, 중국에 대해 부정적인 시각을 가지고 있다. 그러나 또 다른 한편으로는, 극동지역 개발을 위해서 중국이 긍정적인 역할을 수행하고 있으며/할 수 있음을 인식하고 있다.

극동지역은 개발을 필요로 한다. 극동지역의 인구는 감소되고 있다. 극동지역의 개발을 위해서 보다 많은 노동력이 필요하며, 지리적으로 인접한 시장이 필요하다. 따라서 중국의 인적 자원과 시장은 중요한 역할을 하게 될 것이다. 특히 러시아가 필요로 하는 식품 및 의복 등을 비롯한 다양한 소비재를 중국이 보다 저비용으로 공급해주고 있기 때문이다.

러시아 중앙정부/극동지역 지방정부는 시베리아 및 극동지역의 각종 자원을 개발하기 위해 부단히 움직이고 있다. 각종 지하/천연자원 개발사업에 중국의 노동력을 필요로 하게 될 것이며, 개발된 에너지에 대한 중국의 수요 역시 무시할 수 없다. 결국, 극동지역의 개발은 중국(특히 동북3성)을 필요로 하고 있다.

## 중국인의 극동 유입이 반갑지는 않다

러시아는 시베리아 및 극동지역을 개발하기 위해 상당한 자본과 노동력을 필요로 하고 있다. 지리적으로 인접해 국경을 접하고 있는 중국의 노동자들이 이러한 역할을 수행하고 있다. 중국의 노동자들이 러시아 극동 및 시베리아 지역의 개발에 긍정적인 역할을 수행한 것도 사실이지만, 부정적인 문제를 만들어내고 있다. 따라서 러시아 극동지역에서 중국에 대한 경계심이 높다.

러시아는 배타적인 대 중국 정부정책을 추진하고 있다. 러시아 법률상 중국인이 러시아인과 혼인 절차를 밟아도 중국인 배우자가 러시아 국적을 취득할 수 없고, 영주권도 발급대상에서 제외시키고 있다.

러시아 시베리아 및 극동지역에 진출한 중국인들의 존재는, 러시아로 하여금 의구심을 자아내게 만들고 있다. 이미 소련 시절부터 극동지방으로 향한 중국인들의 진출에 대해 많은 러시아 민족주의자들이 우려하고 있었다. 중국인들의 진출은 소련 붕괴 이후 최근에 이를수록 더욱 적극적으로 이루어지고 있다.

러시아 입장에서는 시베리아/극동지역의 개발/발전을 위해 중국인 노동력을 필요로 하고 있지만, 경계심 속에서 이들 중국인을 바라보고 있다. 즉,

중국인의 대량 이주로 인해 중국인이 지역 상권을 장악하고 있으며, 궁극적으로 이루어질지도 모르는 '극동/시베리아 지역의 중국화'를 두려워하고 있는 것이다.

문제는 다수의 중국인들이, 시베리아 및 극동지역으로 향한 현재의 중국인 유입을 일자리를 찾기 위한 일시적인 이주로 생각하지 않고, 자신들의 고토(古土)로의 정당한 귀환으로 생각한다는 데 있다. 이 정도면 시베리아 및 극동지역이 '중국화'되는 것을 우려하는 러시아의 경계심이 어쩌면 당연하다 하겠다. 이타르-타스 통신의 보도는 중요한 의미를 지닌다. 즉 2002년 현재 러시아 내에 약 150만 명의 불법 입국자가 있으며, 이들 중에서 약 100만 명이 중국인이라는 것이다. 이들 중국인들은 단기비자를 받아 시베리아 및 극동지역에 들어와서, 중국산 소비재를 판매하면서 연간 55억 달러를 중국으로 송금한다고 전해지고 있다(한종만|배재대학교).

국경이 무너지고 있는 이러한 인구유입 현상에 대해서 러시아 극동 및 시베리아 지방정부가, 특히 중국과 국경을 접하고 있는 지방정부가 항의하고 있다. 치타 주·아무르 주·하바로프스크 주·연해주·유대인 자치주 등이 대표적으로 이러한 문제를 제기하고 있다. 지방정부 차원에서 항의는 하고 있지만, 이들 중국인들이 조용히 '극동공화국'(?)을 준비하고 있음에도 불구하고 러시아 중앙정부는 특별한 대책을 마련하지 못한 상태에 있다.

러시아 극동지역에 체류하고 있는 합법 및 불법적인 중국인들은 극동지구 내 개별 주체의 지방 엘리트들에게 상당한 영향력을 행사하고 있다. 이러한 현실은, 러시아 극동지역의 경제가 중국인들에 의해 많은 영향을 받고 있다는 것을 의미하게 된다. 특히 중국인이 리더인 지역 마피아 조직이 지역의 행정 및 경제 일반에 걸쳐 상당한 영향력을 행사하고 있다는 소문이 조심스럽게 흘러나오고 있다.

결국, 극동지역 지방정부에서 활동하고 있는 정치 및 경제엘리트에게 상당한 영향력을 행사할 수 있는 중국인의 성장, 지방 시장을 잠식해 들어가고 있는 중국 상인들, 중국인 입국자의 증대 등은 러시아 극동지역 내 개별주체의 독자성을 무디게 만들고 있다. 이들 중국인들이 담당하는 긍정적인 역할도 있지만, 부정적인 역할을 무시할 수 없는 상태에 있다. 극동지역 러시아인이 중국에 대해 갖는 경계심의 이유가 여기에 있는 것이다.

## 마피아?

러시아를 이야기할 때, '마피아'라는 단어가 자주 언급된다. 시베리아 및 극동지역을 이야기할 때도 '마피아'는 언급된다. '마피아'란 무엇을 의미하는가? 마피아란 특정 지역특정 인물특정 사안을 지지/보호하면서, 최대한의 이권과 이익을 쟁취하는 집단을 통칭한다. 한국에서는 러시아의 정치 및 경제, 그리고 사회를 움직이는 특정 집단, 특히 러시아 경제를 주도하는 집단층을 총칭하여 마피아 집단이라고 부르기도 한다.

러시아 경제 마피아는 관료 및 경제 엘리트 집단과 밀착관계를 유지하면서, 일정 부분 경제정책에 영향을 미칠 수 있는 위치에 있다.

어느 사회에서나 압력단체/이익집단은 있기 마련이고, 자신들의 이익을 위해서 압력을 행사하는 것을 당연시 여긴다. 압력의 정도와 방법에서, 차이를 보이고 있을 뿐이다. 러시아의 마피아 집단을 무조건 '부정적'으로 생각할 필요는 없다.

## ▶ 일본은 구소련을 경제 파트너로 생각하고 있었다?

### 일본의 대 소련 '정경분리' 원칙은 냉전기간 동안 지속되었다

제2차대전 이후, 일본의 대소 외교는 '정경분리'가 기본 원칙이었다. 일본은 소련과 국교정상화 이후, 1957년부터 통상조약을 비롯한 정부간 협정을 체결하면서 경제교류를 시작했다. 정경분리 원칙을 취한 일본은 1960년대의

2차대전 중 사할린을 점유한 적이 있는 일본은 사할린 지역에 풍부하게 매장되어 있는 에너지 자원에 대해 깊은 관심을 가지고 있었다. 반면에 사할린 지역의 자원개발을 통해 재정수입 및 지역개발을 도모하려 했던 구소련은 일본의 자본을 유치하는 정책을 실시하였다.

서로의 조건이 충족된 양국은 1974년에 SODECO사를 설립하여 사할린 인근 대륙붕지역의 석유 및 가스탐사를 시작했다. 이러한 탐사 활동은 1977년에 Odoptu 유전을, 1979년에는 Chaivo 유전을 발견하는 성과를 올렸다(정기철|한국가스공사).

이들 광구는 현재 활발하게 개발되고 있는 사할린-1 프로젝트의 대표적인 광구들이다.

동서 냉전체제하에서 북방영토 문제를 염두에 두면서, 당시의 소련에 대한 세계 최초의 장기 신용 공여국이 되었다.

1973년 다나카 총리의 소련 방문을 계기로 양국간 대규모 시베리아·극동자원개발 프로젝트가 추진되었고, 일본 정부는 공적자금을 이용하여 소련에 대규모 은행융자를 제공했다. 소련은 이 자금을 이용하여 일본 기업으로부터 대량의 자원개발용 기기를 구입했다. 은행융자는 대규모의 대소 철강수출이나 석유화학 플랜트 수출에 대해서도 제공되었고, 이러한 융자는 일본의 수출확대에 기여했다.

일본과 소련의 국교가 정상화된 1956년 이후부터 70년대 말까지의 시기는 양국경제관계가 비약적으로 발전한 시기였다. 이 시기는 양국간 상호 협력의 필요성이 일치했던 시기였다. 소련은 동시베리아와 극동지역을 개발해야 할 필요성에 직면하고 있었고, 자원빈국인 일본 역시 자원을 필요로 했다. 당시의 협력 형태는, 일본이 자본과 기술 그리고 기자재를 제공하고, 러시아는 일본자금에 대해 천연자원(주로 원목)을 제공하는 방식으로 진행되었다. 개발된 자원을 대가로 가져가는 보상무역(compensation trade) 방식이 주류를 이루었다.



일본은 러시아 극동과의 관계를 계속하여왔다. 일본이 러시아 극동지역과 체결한 각종 프로젝트와 그 프로젝트의 기본계약 체결년도를 정리하면, 극동지역에 대한 일본의 관심을 짐작하고 남음이 있을 것이다.
극동 삼림자원개발(1968), 우란겔 항 항만건설(1970), 펄프재-칩 개발(1971), 남야쿠츠크 원료탄 개발(1974), 야쿠츠크 천연가스 개발 프로젝트(1974, 결과적으로 개발 프로제트는 보류), 제2차 극동 삼림자원개발 프로젝트(1974), 사할린 대륙붕 석유가스전 개발(1975), 제3차 극동 삼림자원개발 프로젝트(1981), 제2차 펄프재-칩 개발 프로젝트(1985) 등으로 이어졌다(홍성원 | 영산대학교).

소련 극동지역과 일본의 무역은 1970년대와 1980년대에 급격히 증가하였다. 당시 소련이 천연자원과 관련 산업에 중점을 둔 극동지역 개발전략을 추진하고 있었고, 일본의 경제정책은 천연자원의 수입을 원활히 하고, 제조업 제품을 수출하는 것에 초점을 두었기 때문이다. 양국간 수출입 품목은 다음과 같다. 일본의 대 극동 주요 수출품은 기계류·장비류·자동차 등이었다. 그리고 러시아 극동의 대 일본 수출은 원목·연료·광물자원·식료품 등이 주종을 이루었다.

고르바쵸프의 경제개혁 과정에서, 1987년 소련의 합작기업법이 제정되면서 일본 기업들이 보다 적극적으로 소련에 진출하기 시작했다. 그리고 1989년 양국간 무역액은 60억 달러로 최고조에 이르렀다. 소련의 해체와 러시아의 시장경제체제로의 전환이 이어지면서, 일본은 미국 및 독일과 더불어 유력한 대러 경제지원국이 되었다.

고르바쵸프 시기에 일본의 대러 외교노선은 '중층적 접근'노선으로 수정되었다. 1996년 이후부터 본격화되고 있는 중층적 접근 노선이란, 북방영토의 반환을 최우선 목표로 하지만, 일·러 관계가 중층을 형성하고 있다는 것이다. 결국 최고수뇌간의 회담이나 러시아 시장화를 위한 협력, 극동지역과의 경제교류 촉진, 문화교류의 확대 등의 노력도 병행하는 것이 기본 방침이 되었다.


## 일본과 러시아 극동의 경제관계는?

일본과 러시아 간에는 정부간 협정에 의한 경제교류, 그리고 이에 따른 기업인들의 진출 등 활발한 인적교류가 이루어져 왔다. 이를 바탕으로 상호 호혜의 원칙하에, 실리적인 무역관계를 그 바탕으로 하여왔다. 일본의 러시아에 대한 수출은 중공업 제품과 자동차를 비롯한 교통수단이 주종을 이루었다. 그리고 일본의 주요한 수입 품목은 비철금속(알루미늄 등)·원목·어류 및 갑각류 등이 주종을 이루었다.

 일본은 러시아 극동과 지속적인 무역관계를 유지해왔다. 1992년과 1995년 사이에 러시아 극동과 일본의 무역은 40% 가량 증가하였다. 1995년에 러시아 극동의 총 해외무역이 42억 달러에 이르렀는데, 그 중 11억 달러가 일본과의 무역이었다. 일본은 러시아 극동의 가장 중요한 수출시장이 되었다. 러시아 극동 목재수출의 80%, 해산물 수출의 60%, 석탄 수출의 30%가 일본에 집중되었다. 실질적으로 일본으로의 수출은 공식적 통계량보다 훨씬 많다. 높은 세금과 관세 때문에, 밀수출이 만연하고 있었기 때문이다. 대조적으로 러시아 극동의 일본으로부터의 수입은 저조한 상태였으며, 오히려 감소하고 있었다 (엄구호|한양대학교).

 일본과 러시아 극동의 주(州)별 무역액에서 보면, 연해주, 하바로프스크, 사할린 주가 주요한 무역 파트너이다. 최근 들어 양국간의 무역 액수가 다소 감소되는 경향을 보이고 있다. 이는 러시아 측의 원목/어류/자원 등에 대한 부분적인 통제 및 기계류/장비류/부품 등에 대한 수입 감소 경향, 그리고

일본과 극동지역 내 개별 주체의 무역 추이

(단위: 백만 달러)

| | 1997 | 1998 | 1999 | 2000 |
|---|---|---|---|---|
| 사하공화국 | 177.1 | 43.4 | 96.6 | 118.1 |
| 연해주 | 410.6 | 324.0 | 198.5 | 170.0 |
| 캄차트카 주 | 126.2 | 86.7 | 37.5 | 40.7 |
| 하바로프스크 주 | 318.9 | 195.7 | 255.3 | 224.6 |
| 아무르 주 | 15.3 | 27.8 | 0.014 | 9.4 |
| 마가단 주 | 19.8 | 12.6 | 6.3 | 13.5 |
| 사할린 주 | 174.3 | 142.4 | 137.0 | 160.0 |

출처: Bouryi, Anatoliy, 2002, "Economic links between the Far Eastern Provinces and Japan," ERINA REPORT 44: 8-11.

일본 측에서 종종 경제협력을 정치현안 문제(쿠릴열도 문제 등)와 연결시키려는 움직임 등이 연계되면서 나타나는 현상으로 보인다. 양국간의 이러한 움직임은 자연히 경제관계를 다소 위축시키는 역할을 하게 된다.

러시아 극동과 일본 간의 경제관계(교역 및 투자)는 양국간의 상호보완성에도 불구하고, 기대만큼의 커다란 진전을 이루지 못하고 있다. 이를 일본의 입장에서 보면, 다음과 같은 원인에 기인하고 있다. 즉 양국간의 영토(쿠릴열도) 문제, 일본의 러시아에 대한 부정적 인식, 투자 환경의 미흡(러시아의 불투명한 법제도 및 세제·외국인 직접투자에 대한 우대조치의 미흡 등) 등으로 인해, 극동 투자에 미온적이었던 것으로 알려지고 있다. 그러나 동북아 지역의 여타 국가에 비교한다면, 일본의 대 극동 경제관계는 양호한 편이다.

일본은 국가안보 문제를 경제적으로 접근하는 경향이 있다. 러시아 극동과의 경제관계에서, 특히 국가 전략산업에 해당되는 부분에 대해서는 철저하게 경제논리에서 그 해답을 찾고 있다. 최근 들어 일본 정부는 에너지 확보문제를 영토문제와 분리시켜 접근하고 있다. 뿐만 아니라 양국의 지방정부 차원에서, 특히 일본의 홋카이도와 러시아 사할린 지방정부 차원에서, 우호적인 관계를 위해 노력하고 있다. 이들 주체들은 경제협력에 긍정적인 분위기를 만들어가고 있다.

특히, 일본과 극동지역의 경제관계를 증진시키기 위해, 하바로프스크, 블라디보스톡, 사할린에 일본인 센터가 개설되었다. 뿐만 아니라 일본 정부는 극동지역의 중소기업들을 지원하기 위하여 5,000만 달러에 달하는 '지역벤처기금(Regional Venture Fund)'도 조성해놓고 있다(우평균 | 고려대학교 평화연구소).

일본은 최근에 러시아 경제의 성장 추세를 감안하여, 러시아 극동지역에

일본은 사할린에 많은 합작회사를 설립해서 운영하고 있다. 특히 연해주와 하바로프스크 주에는 목재 합작회사를 운영하면서, 높은 품질의 건설자재를 생산하고 있는 것으로 알려지고 있다.

수출 및 투자기회 증대를 예상하고 있다. 특히 자동차 수출, 건설 및 기타 기계, 수산분야의 확장 기회, 해안어업선단의 근대화, 일부 농업부문, 연해주와 하바로프스크에서의 목재가공, 펄프 및 제지, 주택건설자재 등을 유망분야로 꼽고 있다. 뿐만 아니라 훈춘-핫산 간의 교역 증대 가능성을 예상하고, 자루비노 항의 정비를 포함하는 핫산지역 개발에 노력을 기울이고 있다.

또한 일본 정부와 수많은 기업(기업단체)들은 바니노(Vanino)와 사할린 섬에 있는 항구들을 포함한 극동지역 항구들의 시설을 대폭 개선할 것을 제안하고 있다. 바니노에 있는 항구는 일본에서 650마일도 채 안 되며, 연중 운영되고 있다. 또한 바니노는 TSR로 접근이 용이하기 때문에 더욱 선호되는 루트이다 (우평균|고려대학교 평화연구소).

항구들의 개선은 일본으로의 에너지 수송(특히 석탄 수송)을 촉진시킬 수 있고, 러시아 철도와 일본의 접근을 용이하게 하여 일본과 유럽과의 교역에 더욱 효율적이고/안전하고/경제적이다. 따라서 일본 정부/일본 기업의 이 항구들에 대한 개보수 욕구는 자연스럽다.

# ▶ 일본은 러시아 극동지역에 적극적으로 투자하고 있다

## 러시아는 일본에 다양한 프로젝트를 제안하고 있다

극동 및 시베리아 지역의 개발을 위해, 러시아 정부는 일본에 다양한 프로젝트를 제안해왔다. 사할린 자원개발 프로젝트를 제외하고도, 1990년 후반부터 일본에 대해 극동지역의 경제개발, 특히 천연가스 수송 파이프라인의 건설, 수력발전소의 근대화, 비철금속자원의 개발 등 합계 10건이 넘는 프로젝트에 대해 자금협력과 기술협력을 요청해오고 있다.

일본 정부는 러시아 정부의 요청에 적극적으로 대응하면서, 1998년 1월에 최우선 6개 프로젝트를 선정하였다. 그리고 몇 가지 안건에 대해서는 이미 타당성 조사를 마친 상태이다. 일·러 경제위원회는 러시아 측과 함께 '일·러 극동 워크숍'을 설치하여, 1997년 10월 제1회 회의를 가졌다. 그리고 매년 1-2회씩 여러 안건에 대해 신중한 교섭을 계속해오고 있다. 그러나 현재까지 구체적으로 양국간 경제협력의 대상으로 추진되고 있는 프로젝트는 아직 없는 상태이다. 일본 측에 제시한 10건이 넘는 사업은 모두 기초 인프라를 정비하는 차원의 프로젝트이다. 일본과 러시아 간의 극동경제협력 프로젝트는 다음과 같다.

일본은 이익이 발생할 수 있는 부문과 지역에 일관되게 투자하는 자세를 보여주고 있다.

| 프로젝트 | 지역 | 구분 | 비고 |
| --- | --- | --- | --- |
| 슬레트네빌류이/야쿠츠크 간 가스파이프라인 건설 | 사하공화국 | 파이프라인 | 최우선 |
| 콤소몰스크-나-아무르/ 하바로프스크/블라디보스톡 간 가스파이프라인 | 하바로프스크 | 파이프라인 | 최우선 |
|  | 캄차트카 | 파이프라인 | 최우선 |
| 야쿠츠크지구 화력발전소 개수 | 사하 | 발전 |  |
| 브레아 수력발전소 | 아무르 | 발전 | 최우선 |
| 벨카키트/야쿠츠크 간 철도 | 사하 | 운수 |  |
| 치타/하바로프스크 간 자동차도로 건설 | 치타 | 운수 |  |
| 오하 공항 개수 | 사할린 | 운수 |  |
| 소네치늬이 | 하바로프스크 | 자원개발 |  |
| 야로슬라프스키 | 보즈네센카 | 자원개발 |  |
| 엘렉트럼 | 연해주 | 자원개발 | 최우선 |
| 아니와 천연가스 개발과 유즈노사할린스크까지의 가스 파이프라인 건설 | 사할린 | 자원개발 | 최우선 |
| 우그레고르스크 제지공장 근대화 | 사할린 | 종이펄프 |  |

홍성원│영산대학교

영토분쟁으로 한때 큰 진전을 보이지 못하기도 하였으나, 양국간의 자원개발 프로젝트는 계속되었다. 사할린 인근 연안의 해저 석유/가스전 개발과 이용에 관해서는 주로 일본과 러시아 간에 사업추진이 논의되고 있다. 최근에 일부 프로젝트의 경우, 개발을 완료하고 석유를 생산하는 등 활발하게 사업을 추진하고 있다.

사할린 지역의 가스전 개발은 당초 배관을 통해 일본에 공급할 목적으로 시작되었으나, 일본으로의 파이프라인 가스 수송은 일본 내 전국 배관망이 건설되어 있지 않기 때문에 당장은 실현 가능성이 없다. 따라서 현재는 천연가스 액화 기지를 건설하여, LNG로 일본과 한국 등에 판매할 계획을 추진하고 있다. 현재 일본은 사할린-1과 2 프로젝트에 활발하게 참여하고 있다.

## 일본은 극동지역에 신중하게/적극적으로 투자하고 있다

• 투자에 따르는 문제점을 경험했다

러시아 극동지역에 대한 일본의 투자는 1960년대부터 목재·지하자원·에너지 등의 천연자원 개발 위주로 이루어졌다. 투자에 대한 반대급부로 러시아는 극동지역의 공업화에 필요한 설비 및 기계 등을 일본으로부터 구입하고, 결제수단으로 생산물의 일부를 일본에 공급하는 형식을 취해왔다.

1980년대 러시아의 대 일본 채무 미지급 문제가 발생했다. 이로 인해 일본이 러시아산 석탄구매를 중단하였다. 그리고 1993년 러시아 대외경제은행이 일본 투자가의 외화계좌(약 10억 달러)를 동결시킴으로써, 일본의 대 러시아 투자심리는 위축되었다. 또한 러시아에 많은 일본 기업들이 투자하고 있었으나, 투자자 및 외환보호를 위한 러시아 측의 장치 부재, 그리고 관세 및 조세제도의 미비 등으로 인해 러시아와 자주 분쟁이 발생했다. 결국 상당수가 투자에 실패한 것이다.

러시아 정부 측의 불합리한 조치가 있음에도 불구하고, 일본 정부는 1990년대에 러시아 경제개혁을 위해 60억 달러에 이르는 경제지원 프로그램을 실시했다. 모스크바와 하바로프스크를 연결하는 무선통신시스템 재건 관련 일본 기자재 구매에 2억 달러를 지원하는 등, 자금지원을 실시했다. 그러나 지원자금에 대하여 러시아 정부가 보증을 거부하자, 할당된 원조자금의 대부분이 지원되지 못하였다.

러시아에 대한 일본의 투자는 미국과 영국 등에 비하여 뒤처져 있다. 1998년

9월 말까지 일본은 러시아에 총 3억 5,680만 달러를 투자하였고, 그 중에서 1억 3,730만 달러가 직접투자 형식으로 이루어졌다. 러시아에서 일본 투자 합작회사는 서비스·목재·어류 산업·비철금속에 집중되고 있었다. 러시아 극동에서 일본의 총 직접투자에 대한 정확한 수치는 없다(엄구호│한양대학교).

1998~1999년을 시작으로, 러시아에 진출하고 있던 일본 기업의 철수가 있었다. 일본 기업의 철수가 있던 1999년 말 일본의 대 러시아 직접투자 누계는 3억 5,700만 달러 수준이었다. 그리고 2000년도에도 일본 기업의 철수가 계속되었고, 동기간 중 투자누계는 8,200만 달러로 감소되었다. 그러나 2001년과 2002년에 사할린 주를 중심으로 투자 금액은 증가되었다.

- 적극적으로 투자하고 있다

러시아 정부는 러시아 극동지역 개발을 위해 '1996-2005 러시아 극동 및 자바이칼 지역 경제사회 개발 프로그램'을 수립하면서, 일본 기업의 투자 유치를 위해 노력했다. 동 계획에서 일본과의 우선적 협력 대상 사업으로 가스 파이프라인(사할린-콤소몰스크 나 아무르-하바로프스크-블라디보스톡을 연결하는 가스 파이프라인) 건설사업 등을 비롯하여, 대부분이 동시베리아와 극동 지역의 (부레야)수력발전소/가스전 개발/가스 파이프라인 건설/하바로프스크 와 블라디보스톡 국제공항 터미널 건설사업 등이 포함되어 있었다.

또한 러시아 극동은 일본이 극동지역의 인프라 건설 부문에 투자해줄 것을 희망하였다. 일본은 블라디보스톡, 하바로프스크, 유즈노 사할린의 공항재건 에 참여하고 있으며, 자루비노 항구의 개보수작업에 참여하고 있다. 특히 1999년 5월 일본은 자루비노의 곡물저장과 컨테이너 선적을 위해, 자루비노 의 새로운 시설 건립에 1,000만 달러를 투자한다는 합의서를 연해주 행정부와 체결했다(우평균│고려대학교 평화연구소).

2000년 일본 정부는 부레야 수력발전소 건설 타당성 조사에 40만 달러를 지원하는 등 협력사업 추진을 위해 노력하였다. 그러나 기자재 사용문제를 비롯한 구체적인 사업 조건에서 양국간 이견으로, 사업에 차질이 발생하기도 했다. 결국 일본은 수력/화력 발전소의 개수와 건설에 참여하기 위해 노력하고 있으며, 사하공화국 및 사할린 주 등지에서 철도/도로/공항 등 운수분야에 직접적으로 참여하고 있다.

일본의 러시아 극동지역에 대한 투자 현황을 조면, 2001년에 총투자액(직접투자, 포트폴리오 투자, 차관공여, 기타)은 2억 달러를 넘어서고 있으며, 그 중 직접투자는 1억3백60만 달러를 차지하고 있다. 투자의 대부분은 원목과 목재 가공, 어업, 수산가공, 호텔, 요식업에 집중되어 있다. 한편, 일본의 루블화 기준 투자와 사할린 대륙붕의 원유 및 천연가스 프로젝트에 투자한 금액을 포함할 경우, 총액은 2억7천6백40만 달러이다.

러시아 극동은 일본의 투자를 원하고 있었고, 일본 역시 투자를 신중하게 고려하고 있었다. 러시아와 투자방식을 조율하고 경제성을 고려하여 위험성을 최소화시킨 상태에서, 적극적으로 투자하게 된다. 일본의 투자와 차관 공여는 일본의 수출입을 보호하고, 중요한 원자재에 대한 일본의 영향력을

러시아 극동지역에 대한 국가별 투자 현황

(단위: 백만 달러, %)

| | 2001 | | 2002 | |
|---|---|---|---|---|
| | 금액 | 비중 | 금액 | 비중 |
| 일본 | 204.1 | 34.3 | 262.5 | 31.2 |
| 미국 | 44.3 | 7.4 | 26.7 | 3.2 |
| 한국 | 33.2 | 5.6 | 33.3 | 4.0 |
| 중국 | 0.6 | 0.1 | 15.1 | 1.8 |
| 기타 | 313.6 | 52.6 | 502.5 | 59.8 |
| 계 | 595.8 | 100.0 | 840.1 | 100.0 |

일본무역진흥회; 한국 수출입은행 해외경제연구소

확보하기 위해 이루어졌다.

일본은 2002년까지 극동지역의 3개 가스 파이프라인 프로젝트에 타당성 조사를 완료하였지만, 러시아 정부가 자금보증 제공을 거절함에 따라, 협력사업이 크게 진척되지 못했다. 그러나 동북아 관련 국가들을 중심으로 러시아 극동지역에 투자된 금액을 보면, 일본이 단일 국가로는 극동지역 최대 투자국이 되고 있음을 알 수 있다.

결국, 일본 기업은 2000년대 초반까지 대 러시아 투자에 신중한 입장을 보이면서 소극적으로 투자하였다. 그러나 사할린 석유가스 개발 프로젝트에는 적극적으로 관심을 보이면서, 대대적인 투자가 이루어졌다. 일본의 대 러시아 극동지역에 대한 적극적인 투자는 주로 사할린 주, 캄차트카 주, 하바로프스크 주, 연해주에 집중되었다.

2003년 러시아 극동지역에 대한 일본의 투자는 8억1천9백만 달러로 2002년의 2억6천2백50만 달러에 비해 크게 증가되었다. 특히, 2003년 현재 125개의 러·일 합작기업이 사할린 주에 등록되었으며, 하바로프스크 주에는 58개 기업이 투자하고 있다.

일본이 러시아 극동지역에 투자하는 선호대상 분야는 사할린의 석유/가스

최근 일본의 극동지역 개별 주체에 투자 현황

(단위: 백만 달러)

| 지역 | 1998 | 1999 | 2000 | 2001 | 2002 | 2003 |
|---|---|---|---|---|---|---|
| 사할린주 | 1.2 | 2.7 | 85.2 | 175.5 | 233.4 | 783.8 |
| 하바로프스크주 | 4.3 | 1.1 | 3.1 | 5.8 | 2.2 | 1.8 |
| 연해주 | 13.0 | 15.0 | 11.0 | 29.7 | 19.8 | 25.9 |
| 캄차트카주 | - | 2.0 | 3.6 | 11.1 | 7.2 | 6.8 |
| 계 | 18.5 | 20.8 | 102.9 | 222.1 | 262.6 | 818.3 |

한국 수출입은행 해외경제연구소

개발 분야이다. 에너지 부문에 대한 일본의 투자는 소련시대부터 시작되었다. 1980~1990년대 초반 소강상태에 접어들었지만, 최근 다시 활기를 띠고 있다. 단일 프로젝트 중 가장 규모가 큰 것이 사할린 대륙붕의 원유와 천연가스 개발을 위한 사할린 프로젝트이다. 뿐만아니라, 사할린 남부에 위치한 포르드 고르니예에 액화기지를 건설하고 있다. 그리고 사하공화국의 엘가 석탄광산 개발과 타라칸 석유가스전 개발 및 처리소 건설사업 등이 우선적으로 거론되고 있다.

# ▶ 쿠릴열도 문제는 제자리를 맴돌고 있다

## 쿠릴열도는 누구의 땅인가?

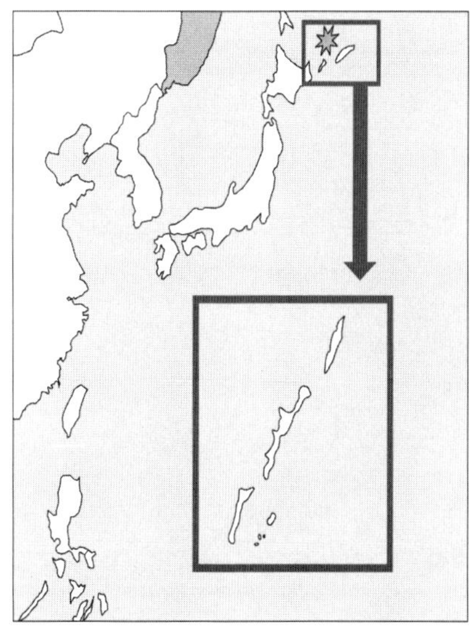

출처: 국방연구원

러시아의 사할린 주가 관할하고 있는 북방4도는 양국간의 국제적 영향력 여하에 따라 주인을 달리하여 왔다. 즉, 1855년 일본과 러시아 간 최초의 국경협정이라고 할 수 있는 러·일 화친조약에서 사할린을 러시아와 일본이 공동관리하고, 북방4도는 일본의 영토로 귀속시키기로 하였다. 그러나 20년 뒤인 1875년에는 러시아와 일본 간에 영토교환 조약이 성립되었는데, 양국은 이 조약을 통

쿠릴열도 문제란 러시아(사할린 주) 관할하에 있는 도서인 북방4도(北方4島)의 소유권 문제이다. 북방4도란 일본의 북해도(홋가이도)와 러시아의 캄차카 반도를 잇는 쿠릴열도 20개 도서 중 최남단의 두 섬 에토로푸(擇捉島)와 쿠나시리(國後島), 그리고 북해도 북동쪽에 인접해 있는 하보마이 제도(齒舞諸島)와 시코탄(色丹島)을 말한다.

이 4개 섬의 총면적은 약 5,000㎢ 정도인데, 북해도로부터 5㎞ 거리에 있는 하보마이가 102㎢이며, 시코탄이 255㎢, 쿠나시리가 1,500㎢, 에토로푸가 3,139㎢의 넓이를 가지고 있다.

해 당시 공동 관리하고 있던 사할린을 러시아에 귀속시켰다. 대신 북방4도를 포함하는 쿠릴열도 전체를 일본에 귀속시키기로 합의하였다. 그 후 30년 뒤인 1905년에는 러·일전쟁에서 일본이 승리한 뒤, 일본은 과거에 관리한 바 있는 사할린 남부지역(북위 50도 이남)을 다시 차지하게 되었다.

1945년 2월의 얄타협정에서 소련은 대일 참전조건으로 러·일 전쟁시(1905) 침해당한 러시아의 구영토인 사할린 남부지역의 반환과 쿠릴열도의 양도를 보장받게 되었다. 특히 2차대전에서 일본이 패망하자 소련은 1951년 샌프란시스코 강화조약에 의거, 러시아의 구(舊)영토(쿠릴열도와 사할린 남부지역)를 회복하게 되었다. 이러한 과정에서 원래 일본 영토였던 쿠릴열도의 두 섬(에토로프, 쿠나시리)은 물론, 쿠릴열도와는 별개인 하보마이 군도와 시코탄 섬 등 북방 4개 도서를 모두 차지하게 되었다. 결국, 양국간 영토문제가 발생하게 된 것이다.


## 쿠릴열도는 흥정의 대상인가?

지정학 및 지경학 차원에서 중요한 의미를 갖는 북방4도에 대하여, 일본은 자국의 영토임을 주장하며 러시아로부터의 반환을 집요하게 요구하고 있다. 특히 북방4도 중 하보마이와 시코탄의 경우는 1951년 맺은 샌프란시스코 강화조약에 명시되지 않은 도서라는 이유로, 일본은 이의 영유권을 계속적으로 주장하여왔다.

1956년 소련과 일본은 국교정상화를 위한 '러·일 공동선언'을 채택하였다. 동 선언 제9항에 "소련은 향후 평화조약이 체결되면, 일본에게 하보마이 제도와 시코탄 섬을 양도한다"고 기록되어 있다. 이후 일본은 점진적으로 역사적 연고권을 들어 북방4도 전체의 반환을 요구하게 되었다.

양국간 문제가 되는 부분은 쿠릴열도 중 두 섬에 관한 양측의 해석이 다르다는 데 있다. 즉 러시아는 샌프란시스코 강화조약상 일본의 영토포기 조항에 '쿠릴열도'가 명시되어 있는 만큼 당연히 러시아 영토로 복귀되어야 한다는 입장이다. 그러나 일본 측 주장은 여기서 말하는 '쿠릴열도'에 원래의 일본 영토였던 두 섬(에토로프, 쿠나시리)은 포함되지 않는다는 것이다.

북방도서에 대한 러·일 두 당사자의 관계는 미국의 이해관계와도 얽혀 있다. 1956년 러·일 공동선언에서 소련이 하보마이와 시코탄 두 섬만의 반환을 제의하자, 일본도 그 선에서 합의를 보려고 했다. 그러나 미국의 반대로 무산되고 말았다. 당시 미국은 일본이 두 섬의 반환에만 합의하고 나머지 에토로프와 쿠나시리를 소련에 양보하게 되면, 오키나와의 영구점령도 불사한다고 강력히 경고하는 등 강경한 태도를 표시했다. 이후 1960년 1월 19일 미·일 간 신안보조약(미·일 상호협력 및 안전보장에 관한 조약)이 체결되자, 소련의 입장은 180도 선회하여 영토문제 존재 자체를 부인하게 된다. 뿐만 아니라, 1956년 공동선언에서 북방영토의 반환조건인 평화조약 체결에 일본 영토로부터의 외국군대 철수를 추가하는 등 강경해졌다.

미국과 소련 간의 지정학적 국가전략에 종속되어, 소련은 1970년대 중반 북방 4개 도서에 군사기지를 건설하려는 움직임을 보였다. 이러한 일련의 과정 속에서 일본이 소련을 비난하고, 양국간 관계가 악화되었다. '영토문제 부재'라는 소련의 입장과 '북방 4개 도서 반환'이라는 일본의 주장이 맞서면서 냉전시기를 거쳐 왔다. 1985년 고르바쵸프가 등장하여 일본과의 관계개선 및 경제협력 문제가 현실화되면서, 잠재된 영토문제 해결을 위한 움직임이 시작되었다. 그러나 실질적인 영토 반환 논의는, 소련이 붕괴되고 옐친이 집권한 러시아 시절에 시작되었다.

1993년 10월 도쿄선언에서 러시아가 북방 4개 도서 영토문제를 최초로 인정하였다. 이러한 분위기 속에서, 1996년 2월 22일 일본이 북방 4개 도서를 포함한 200해리 경제수역을 선포하는 실수를 저지르게 된다. 이에 따라 러시아의 입장이 강경해지기도 했다. 러시아는 1996년 11월 일본에 대해 북방영토의 공동개발을 공식적으로 제의했으며, 1997년 6월 북방 4개 도서 중 쿠나시리 주둔 2개 부대를 철수시키기로 하는 등, 도서문제에 대한 가시적 조치를 취하였다.

1997년 11월 러시아의 크라스나야르스크에서 비공식 정상회담을 연 옐친과 하시모토는 2000년까지 북방도서 영유권 문제의 해결을 포함한 평화협정 체결에 노력하기로 합의한 바 있다. 1998년 1월에 러시아가 쿠릴열도의 병력 감축을 약속하였고, 2월에는 1956년 당시 러·일 공동선언에서 러시아가 제시한 하보마이와 시코탄 두 섬의 반환이 법적으로 유효함을 공식화하기도 하였다. 이와 함께, 1998년 2월 22일 양국간 새로운 어업협정을 체결하고, 러시아는 일본 어선의 쿠릴열도 조업을 허용하기도 했다. 이러한 일련의 조치를 취한 뒤, 1998년 4월 옐친 대통령이 일본을 방문하여 양국은 북방영토 문제의 조속한 해결에 합의하였다.

2000년에 들어 일본 정부가 푸틴 대통령과의 정상회담 등을 통해 동 문제가 포함된 양국 현안을 해결하기 위해 노력하면서, 양국 해군간 연합훈련 등 교류협력을 강화하는 조치들이 취해졌다. 2000년 9월에 개최된 러·일 정상회담에서 동년 말까지 평화조약 체결에 노력하기로 합의했다. 뿐만 아니라 2001년 3월에도 러시아의 이르쿠츠크에서 정상회담을 갖고, 평화조약에 대한 구체적인 방향설정 필요성을 확인하는 '이르쿠츠크 선언'을 발표했다.

2003년 1월에는 고이즈미 총리가 모스크바를 방문하여, 영토문제 및 경제협력을 주요 내용으로 하는 공동성명을 발표했다. 그러나 양측은 경제 지원과 영토 반환이라는 서로 다른 입장을 계속하고 있었다. 따라서 2004년 현재에도 남쿠릴 열도 영유권 분쟁에 대한 특별한 진전 없이, 지난날과 유사한 '숨겨진 흥정' 상태에 있다.

## 사할린 주가 가만히 있을 것인가?

러·일 양국은 영토문제 해결에서, 양국간 합의한 평화조약 체결 및 일본의 대러 경제협력 문제가 핵심이라는 공통된 인식하에 있다. 그러나 영토 반환 문제에 대한 러시아 내의 부정적인 시각을 무시할 수 없다. 북방4도의 반환 문제와 관련하여, 러시아 내에서 해결되지 않은 몇 가지 문제점들이 있다.

대표적인 것은 사할린 자치주의 반대일 것이다. 영유권 변경을 위해서는 북방4도를 관리하고 있는 사할린자치주의 동의가 필요하다. 그러나 북방4도 주민 및 자치주는 이에 절대 반대 입장을 보이고 있다. 이유는 일본에 귀속될 경우, 입어료(入漁料)가 막대하여 사할린 주민의 수입 손실이 예상되고, 어장이 황폐화될 가능성이 높다는 것이다.

쿠릴열도 지역은 수심이 깊은 부동해이다. 따라서 오호츠크 해에서 태평양으로 이어지는 러시아 극동함대의 통로인 전략적 요충지이다. 그리고 인근 해역은 쿠릴 해류와 일본해류가 만나는 세계 최대 어장이기 때문에, 명태·대구·청어·연어·가재·털게·다시마 등 일본 전체 어획량의 10% 이상을 생산할 수 있는 풍부한 수산자원을 보유하고 있는 곳이다.

일본은 왜 사할린 주에 대한 투자 및 교류 확대에 적극적인가? 사할린의 에너지 자원을 확보하기 위해서인가? 물론, 그러한 이유도 있을 것이다. 그러나 영토문제가 중요한 위치를 점하고 있다. 사할린 주에 대한 일본의 투자 및 교류 확대는, 북방4도의 관할 지역이자 반환문제에 가장 강력하게 반발하고 있는 지역의 분위기를 잠재우기 위한 일본의 전략 차원에서 추진되는 것이다.

양국간 영토문제 해결에서 보다 중요한 것은, 동북아 국제관계의 지정학적 변화 움직임이 주요 변수로 작용할 것이다. 즉 러시아는 미국의 극동전략, 미·일 관계, 중·일 관계 등에 민감한 반응을 보일 것이기 때문이다. 쿠릴열도의 지정학적 위치를 생각한다면, 영토반환 문제는 쉽게 해결될 수 없는 국가

경영의 한 변수가 되는 것이다.

결국, 일본은 동 분쟁의 해결 시 러시아에 경제지원 가능성을 직·간접적으로 표명하고 있으나, 러시아는 극동 및 기타 지역의 분리 움직임에 대한 모스크바의 통제 필요성, 동 도서의 전략적 가치 등 상당한 기회비용을 감수해야 하는 입장에 처해 있다. 따라서 보다 현실적인 방안은 양측의 견해차가 적은 하보마이 및 시코탄을 우선적으로 해결하고, 기타 2개 섬(에토로프, 쿠나시리)을 차후에 해결하는 방안일 것이다. 이는 일본 내의 일부 반대 움직임에도 불구하고, 일·러간 협의가 진행 중인 것으로 알려지고 있다.

영토반환 문제가 쉽게 해결될 수 없는 이유는 이밖에도 또 있다.

우선 러시아 의회가 동의하는가의 문제이다. 영토 반환과 관련된 문제는 하원에서 2/3 이상, 상원에서 3/4 이상의 찬성이 있어야 한다. 러시아 국회에서 이러한 동의를 확보하는 문제는 쉽지 않을 것이다.

또한 국민감정의 문제도 있다. 러시아는 극동지역의 개발을 위해서 일본의 투자 유치가 필요한 입장이다. 영토문제 해결 없이는 일본의 투자 유치가 보다 소극적일 수밖에 없을 것이다. 따라서 러시아의 입장에서는 고민이 아닐 수 없다. 현재 러시아의 오피니언 리더인 지식인, 언론인들은 경제적 이유로 영토를 흥정하는 데 반대 입장을 표명하며 국민감정을 선도하고 있다. 그리고 군부에서도 북방4도의 전략적 가치를 중시하고, 이의 반환에 반발하고 있다.

이밖에도 간과할 수 없는 문제가 이것이 영토문제 해결의 선례가 된다는 점이다. 현재 러시아는 북방4도 문제 이외에도 치첸, 중국, 에스토니아, 독일, 핀란드 등과 해결해야 할 약 20여 개에 달하는 영토문제를 안고 있다. 따라서 북방4도의 처리는 이와 같은 외국과의 영토문제 처리의 선례가 될 수 있으며, 경우에 따라서는 악영향을 미칠 수도 있다. 따라서 러시아로서는 신중한 입장을 보이지 않을 수 없는 입장이다.

## ▶ 시베리아/극동의 에너지, 경쟁인가 전쟁인가?

### 중국과 일본의 에너지 문제는?

동북아에서 에너지 확보 경쟁이 갈수록 치열해지고 있다. 동북아 에너지 소비 증가의 대표주자이자 세계 최고의 에너지 소비 증가율을 기록하고 있는 중국은 에너지 확보 경쟁의 중심무대에 있다. 2003년 일본을 제치고, 중국은 세계 2위의 석유 소비대국으로 등장했다. 그러나 중국은 수요의 40% 이상을 수입에 의존하고 있다.

일본 에너지경제연구소(IEEJ)는 2000년부터 2020년까지 세계 에너지 소비 증가의 절반 정도를 아시아 국가들이 차지할 것이라 했다. 그리고 한·중·일 3국간 에너지 소비 비율이 12:55:33에서 11:68:21로 변화될 것으로 보았다. 결국, 중국의 비중이 갈수록 커질 것으로 전망했다. 중국이 현재 주에너지원으로 사용하는 석탄(66%)을 석유로 대체할 경우, 석유 소비는 엄청난 증가 추세를 보이게 될 것이다.

중국은 안정적인 에너지 확보를 위해, 늘어나는 에너지 수요에 대응하기

위해, 외교력을 총동원하여 에너지 확보경쟁에 나서고 있다. 전세계의 석유/
가스 자원에 손을 뻗치고 있다. 일본 역시 중동과 동시베리아/사할린의 에너지
자원을 확보하기 위해, 정부 차원에서 적극적으로 대응하고 있다. 기존의
일본석유공사와 광물자원개발공사를 통합해 국영석유가스공사를 설립하는
등, 해외자원 개발을 위해 박차를 가하고 있다.

중동의 에너지에 지나치게 의존하고 있는 한·중·일 3국은 에너지의 안정적
확보를 위해 수입선 다변화 전략을 구사하고 있다. 러시아의 동시베리아
및 극동지역의 에너지 자원은 이들 3국에게 중동 에너지에 대한 의존도를
줄여줄 수 있을 것이다. 러시아 역시, 서시베리아 지역의 석유/가스 고갈
상황에 대비하여 동시베리아 및 극동지역의 자원개발에 많은 관심을 가지고
있다. 이와 함께, 에너지 수출시장의 다변화를 모색하고 있다.

러시아는 동시베리아/극동지역의 에너지 자원을 개발하려 하지만, 이에
필요한 막대한 자금을 스스로 감당하기에는 어려운 상황이어서 개발에 필요
한 자금을 외부에서 유입하려 한다. 따라서 동북아 지역의 대표적인 에너지
소비국인 한·중·일의 참여를 희망한다. 아니, 이들 3국이 앞 다투어 경쟁적으
로 참여하려 한다.


## 중국과 일본은 에너지 확보전쟁을 시작했다

2003년 중순, 러시아 시베리아 동부 유전인 앙가르스크 송유관 노선을
둘러싸고 중국과 일본이 치열한 경쟁을 벌이고 있다. 이 유전의 송유관 동단
(東端)을 어디로 할 것인가를 둘러싸고, 양국이 경쟁관계에 돌입하게 된 것이
다. 중국은 중국 흑룡강성 다칭을 원하고 있는 반면, 일본은 자신과 보다
가까운 러시아의 나호트카를 원하고 있다.

중국은 바이칼 호 인근 앙가르스크 유전의 원유를, 약 2,400㎞ 길이의 송유

관을 통해 중국 흑룡강성 다칭으로 수송하려 한다. 이러한 계획은 이미 10여 년 전부터 가지고 있었다. 후진타오 중국 국가주석이 2003년 5월 모스크바를 방문했다. 그는 푸틴 대통령과 만나 다칭 송유관 건설비로 17억 달러를 지원하기로 하고, 러시아 최대 석유생산자 유코스(Yukos)가 중국 국영석유회사

출처: ≪동아일보≫, 2003. 6. 30

(CNPC)에 25년간 석유를 공급하기로 예비 계약을 체결했다. 그리고 원유 공급을 위해, 앙가르스크에서 중국의 다칭을 연결하는 2,400㎞ 길이의 송유관을 건설한다는 것이다.

일본은 러시아 극동의 나호트카로 연결되는 송유관을 희망하고 있다. 앙가르스크·나호트카 송유관 계획은 부랴트 공화국·이르쿠츠크 주·치타 주·아무르 주·하바로프스크 주·연해주 등을 가로지는 길이 약 3,765㎞의 송유관 건설 계획이다. 일본은 앙가르스크에서 나호트카까지의 송유관 건설사업을 위해, 정부 차원에서 적극적으로 로비활동을 전개하고 있다. 2002년 말부터 일본의 고위층 인사들이 모스크바와 러시아 극동의 도시들을 방문하면서, 수십억 달러의 일본 차관과 여러 가지 제의를 했다. 당시에 일본이 제안한 내용은 파이프라인 건설비용으로 50억 달러 재정지원, 나호트카로 이어지는 주변의 러시아 극동 도시들의 재건 비용으로 10억 달러 제공, 동시베리아의 석유개발에 75억 달러 투자 등이다. 일본의 이러한 조건이라면, 이미 러시아와 중국이 앙가르스크에서 중국의 다칭까지 송유관 건설에 합의한 바 있으나, 러시아의 입장에서는 노선 계획을 수정할 수도 있지 않겠는가?

2003년 8월 25일 러시아와 중국의 양국 정부간 분과별 회의(교역·과학 및

기술·교통·핵에너지·우주·은행·통신 및 정보기술·인적교류·에너지 등 9개 개별 분과회의)가 개최되었다. 동 분과별 회의에서, 에너지 분과회의만 러시아에 의하여 취소되었다(김경순|국방대학교 안보문제연구소). 왜 에너지분과회의만 취소되었을까? 그 이유는 아래에서 보다 더 선명하게 찾아질 것이다.

2003년 5월 28~29일, 가와구치 요리코(川口順子) 일본 외상은 러시아 블라디보스톡에서 빅토르 크리스텐코 러시아 부총리와 긴급 회담을 갖고, 11시간에 걸친 협상을 벌였다. 일본 외상은 나호트카로 이어지는 태평양(극동)라인 건설비용 50억 달러와 시베리아 동부 유전 개발비용 75억 달러를 낮은 이자로 빌려줄 용의가 있다고 밝혔다. 곧 이어 이바오 오카모토 자원에너지청장이 수 차례 모스크바를 방문했고, 7월 중순에는 이세이 노무라 주러 일본대사가 시베리아연방지구의 대통령 전권대표인 레오니드 드라체프스키를 만났다.

일본은 앙가르스크 송유관 노선이, 중국 단일시장을 지향하는 다칭 노선이 아니라 일본과 가까운 러시아의 나호트카로 연결되어야 하는 이유를 시장경제 논리로 설명한다. 나호트카 송유관으로 연결되면 한국·일본·중국·미국에 이르는 대규모 시장에 접근하기 용이하며, 석유 수출과 관련된 항구와 선적업무에서 비롯되는 새로운 수많은 일자리 창출이 가능하다는 것이다(김경순|국방대학교 안보문제연구소).

러시아가 일본의 제안에 적극적으로 나서지 못한 이유는 있다. 중국의 '다칭 송유관'이 훨씬 짧고, 개발비용이 적게 든다는 것이다. 바이칼 호수 옆 앙가르스크에서 시작할 시베리아 유전 송유관은 다칭까지 길이 2,400km, 건설비 20억 달러로 추정되고 있었다. 그러나 앙가르스크에서 나호트카까지는 길이 3,765km, 건설비 36억-50억 달러 규모의 대공사였다. 경제성을 계산한다면, 다칭 송유관은 연간 2,000만 톤을 수출하면 되지만, 나호트카 송유관은 연간 5,000만 톤을 수출해야 되는 상황이었다.

러시아는 노선을 결정해야 될 '행복한 고민(?)'에 빠지게 된다. 손익계산서를 분주하게 작성하게 된다. 총연장 2,400km인 중국 라인은 건설비용이 적게

들고, 연 3,000만 톤의 원유를 20년에 걸쳐 중국에 안정적으로 수출할 수 있다. 그러나 극동지역 개발에는 별로 도움이 되지 않는다. 반면 일본·한국·미국까지 석유 공급이 가능한 태평양 라인을 선택할 경우, 극동지역 개발 효과를 기대할 수 있다. 그러나 총연장이 3,800㎞나 되기 때문에, 건설비용이 많이 들고, 중국과의 관계 훼손을 감수해야만 했다.

한편, 중국과 일본의 치열한 경쟁 속에 추진되던 러시아 동시베리아 송유관 건설사업은 또 다른 난관에 봉착했다. 세계 최대 청정호수인 바이칼 호 주변과 타이가(시베리아 원시림)의 훼손을 우려한 환경운동가들의 거센 반발이 있었기 때문이다. 2003년 9월 3일, 이즈베스티야 등 러시아 언론은 "자원개발부가 시베리아 앙가르스크~중국 흑룡강성 다칭의 중국라인과, 앙가르스크~극동 나호트카의 극동라인 모두에 대해 부정적인 환경영향평가를 내렸다"고 보도했다.

러시아 정부는 개발사업에 대한 공식 발표를 미루고 있다. 에너지 개발은 러시아 정부가 낙후된 시베리아와 극동의 개발/발전을 위해 국가적 차원에서 추진해온 대규모 사업이다. 환경평가 여부에 관계없이, 개발사업을 진행시킬 수 있는 상황이었다. 그런데 왜 공식 발표를 미루고 있을까? 다칭의 중국라인 이든 나호트카의 극동라인이든 하나의 노선을 선택할 수밖에 없는 러시아의 '행복한 고민(?)'은, 중국과 일본 양국의 반발을 최소화시킬 수 있는 방안을 모색하기 위함인가?



첫째, 그동안 송유관 노선을 놓고 후진타오 주석과 고이즈미 준이치로 총리까지 직접 나서 치열한 외교전/치열한 로비를 펼쳐왔기 때문에, 두 나라의 치열한 로비에 곤란해진 러시아가 사업을 잠시 미루기 위해 환경영향평가를 핑계로 들고 나왔다는 지적이 있다.

둘째, 바이칼 호수 남쪽을 통과하는 앙가르스크~다칭 노선이 환경영향평가에서 부정적으로 나왔지만, 러시아 최대 석유회사 유코스가 정부의 재가 없이 독자적으로 추진했기 때문에, 이에 대한 불신이 가장 큰 원인으로 작용했다는 지적도 있다.

# 시베리아/극동의 에너지 전쟁은 끝나지 않았다

## 일본의 승리로 끝나는가?

러시아는 앙가르스크 유전의 생산량 제한으로 다칭으로 이어지는 중국 라인과 나호트카로 이어지는 태평양 라인 중 하나를 선택해야 할 입장이었다. 러시아 정부가 공식 발표를 미루어왔지만, 러시아와 중국 사이에 잠정 합의된 앙가르스크-다칭 노선은 사실상 폐기된 것으로 보인다. 대신에 앙가르스크 북서쪽 타이세트에서 나호트카까지 가는 노선을 생각하고 있는 듯했다.

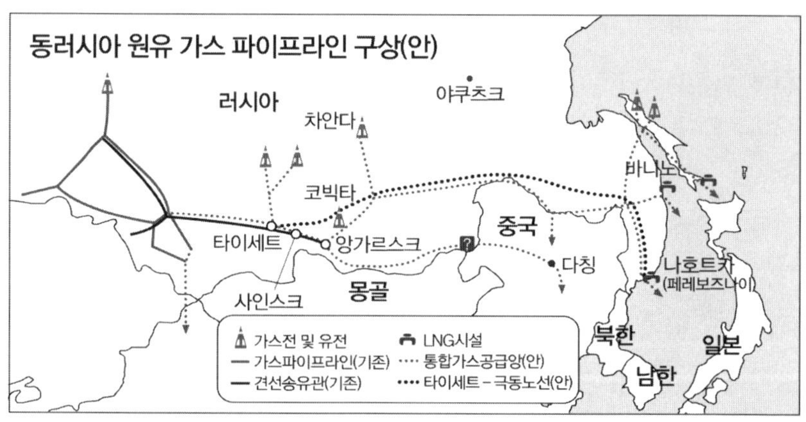


출처: 《한겨레신문》, 2004. 9. 15.

한국과 중국은 코빅틴스크(코빅타) 가스 파이프라인 사업과 앙가르스크~ 다칭 송유관 건설사업에 심혈을 기울여왔다. 그러나 2004년 5월 현재, 러시아 시베리아의 코빅틴스크 가스전에서 파이프라인을 통해 중국을 거처 한국으로 들여오려는 '이르쿠츠크 가스전 개발사업'이 무산 위기를 맞이하고 있다.

러시아 정부가 바이칼 호 남단의 앙가르스크~중국 다칭~서해~평택으로
이어지는 가스관 예정 노선을 변경하고 있기 때문이다.

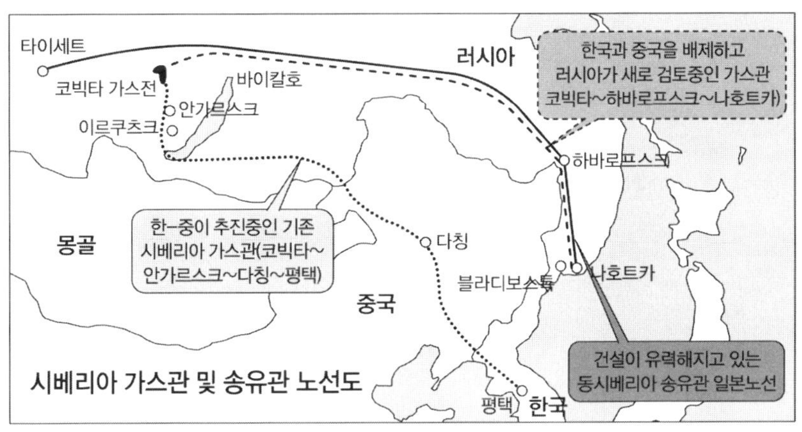


출처: 《동아일보》, 2004. 5. 19.

러시아는 자국의 국가이익에 우선한 에너지정책을 내세우면서, 사업 방향을
변경시키고 있는 것이다. 2004년 5월 14일 러시아 국영가스공사(가스포롬)가
주도한 시베리아 에너지 개발회의에서, 앞으로 건설될 시베리아의 모든 가스
관과 송유관을 하바로프스크~나호트카 노선으로 단일화하기로 결정했다.
가스포롬은 정부를 대신해 러시아 내 모든 에너지 개발사업을 조정할 수
있는 권한을 갖고 있다. 따라서 이번 결정은 사실상 크렘린의 뜻으로 받아들여
진다.

가스관 노선 변경은 최근 시베리아 송유관 노선이 나호트카로 향하는 '극동
라인'으로 굳어진 것과 관련이 있다. 당초 시베리아 가스관과 비슷한 노선으
로 중국 쪽으로 건설될 예정이었던 송유관이, 최근 일본의 집요한 설득으로
극동으로 방향이 변경된 것이다. 송유관과 가스관을 나란히 건설하면 건설
경비가 줄어들기 때문에, 송유관을 따라 가스관 노선도 바뀐 것이다.

중국과의 관계가 불편해지는 것을 무릅쓰고 러시아가 송유관과 가스관을

극동으로 돌리려는 이유는 무엇인가? 수출시장의 다변화라는 경제적 측면이 크게 작용했다. 중국이라는 1개 소비국을 겨냥하는 위험부담보다는, 태평양으로 송유관을 돌려 극동의 항구(나호트카 항)를 이용함으로써 일본·한국·미국 등지로 시장을 다변화할 수 있다는 논리가 작용한 것이다.

나호트카 노선은 시베리아의 원유와 가스가 일본으로 가는 최단거리 노선이다. 나호트카 노선이 확정되면, 일본은 시베리아 에너지를 지속적이고 안정적으로 공급받을 수 있게 된다. 물론 이에 따른 중국 쪽의 반발이 예상되었다. 반발을 무마하기 위해, 러시아는 트랜스바이칼 철도를 통한 대 중국 원유공급(2004년 650만 톤, 2005년 1,500만 톤)을 지속적으로 늘려갈 것을 약속하기도 했다(≪한겨레신문≫, 2004.9.8; 9.15.).

결국 고이즈미 총리까지 직접 나서 송유관 건설에 50억 달러, 유전개발 및 탐사에 20억 달러의 투자를 제의하는 등 극동노선 성사에 총력을 기울여온 결과가 보이기 시작한다. 일본은 외교력과 자본력을 총동원해 러시아에 접근한 것이다. 모스크바 '르네상스 캐피탈'(투자자문회사)의 석유가스 전문가인 아담 란데스 박사의 지적처럼, 극동 송유관 유치 경쟁은 일본의 재정적 힘과 중국의 거대한 성장 잠재력 간의 싸움이었다.


## 푸틴, 베이징에서 후진타오와 정상회담을 하다


러시아 정부의 공식 발표는 없었지만, 중국이 희망하고 있던 앙가르스크-다칭 노선을 대신하여 일본이 선호하고 있던 앙가르스크 북서쪽 타이셰트에서 나호트카로 가는 노선이 확정단계에 접어들었다. 이에 중국의 불만이 있었고, 중·러 정상회담이 준비되고 있었다. 정상회담 이전에, 원자바오 총리가 러시아를 방문했다. 이때 에너지 개발과 관련하여 러시아에 120억 달러의 투자계획을 제시한 것으로 보도되었다.

푸틴 대통령이 2004년 10월 14일 중국 베이징을 방문하여 후진타오 중국 국가주석과 정상회담을 갖고, 사흘간의 공식 일정에 들어갔다. 이번 정상회담의 주요 안건은 시베리아 송유관 문제와 경제협력 확대, 북한 핵문제, 대테러 공조 등이었다. 중국으로서는 러시아로부터 안정적이며 충분한 양의 석유를 공급받는 문제가 시급한 현안이었다. 특히 시베리아 유전의 송유관 노선문제가 핵심이었다.

러시아는 일본과의 협의를 거쳐, 내부적으로 '앙가르스크-나호트카' 노선을 확정한 상태이다. 그러나 중국은 '앙가르스크-다칭' 노선으로 재고해줄 것을 러시아 측에 요청한 것으로 알려졌다. 푸틴 대통령은 이번 정상회담에서 '앙가르스크-나호트카' 본 노선에서 다칭으로 가는 지선을 연결하는 방안과, 육로를 이용한 석유 공급 확대 방안 등을 제시한 것으로 알려지고 있다.

러시아는 2004년 12월 31일 타이세트-나홋카를 연결하는 동시베리아 송유관 건설사업을 최종 승인했다. 2005년 5월까지 동시베리아 송유관 건설과 관련된 법적 절차를 마무리하고, 구체적인 노선 등 사업계획을 확정 발표할 예정인 것으로 알려지고 있다.

결국 동시베리아의 에너지 자원을 놓고 벌어진 중국과 일본의 에너지 확보 경쟁은, 제1회전에서 일본의 승리로 막을 내리는 듯하다. 그러나 제1회전이 끝난 것은 아니다. 구체적인 에너지 노선이 정상적으로 가동될 때까지, 경쟁은 계속될 것이다.

경쟁이냐 협력이냐? 동북아 주요 에너지 소비국들끼리의 경쟁보다는, 동북아 에너지 협력 라인을 모색하는 작업이 요청된다. 특히, 동북아 지역의 대표적인 에너지 소비국인 한·중·일이 참여하는 에너지 협력 구상을 가시화시키는 작업이 필요하다.

아래의 지도 '동북아 에너지 협력 구상'에서 보는 바와 같이, 동시베리아에서 시작된 에너지 라인이 극동지역으로 이어지게 된다. '앙가르스크~나호트카' 본 노선에서 다칭으로 가는 지선을 연결하여, 중국에 에너지를 제공하는

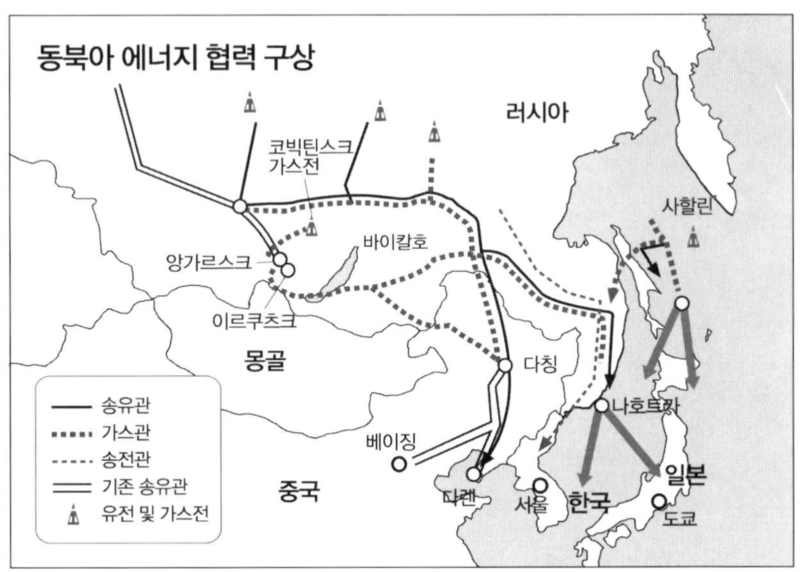


출처: ≪한겨레신문≫, 2004. 8. 10.

것도 하나의 방법일 것이다. 그리고 나호트카 및 사할린에서 한·중·일로 에너지 수송이 가능할 것이다. 이러한 동북아 에너지 협력 구상이 3국 상호간 의 경쟁이 아니라, 협력을 통해서라면……. 물론, 중재자 역할은 러시아가 해야 되겠지만…….

다섯째,

# 한국은 후발주자로 만족할 것인가?

## ▶ 협력을 위한 양호한 조건을 가지고 있다

### 양국의 지방자치단체간 다양하게 자매결연이 맺어지고 있다

국가간/지자체간 자매결연은 다양한 형태로 추진된다. 지자체 단위에서 불가능한 사업을 정부 차원에서 추진하고, 정부가 지자체간의 협력을 지원하기도 한다. 그리고 정부 차원에서 불가능한 협력사업이 지방자치단체 차원에서 가능한 경우도 있다. 한국의 지자체와 러시아 극동/시베리아 지역 내 지자체 간의 자매결연 형태는, 자매결연을 위한 토대는 정부 차원에서 구축되었지만, 지자체 단위에서 적극적으로 노력한 결과이다.

한국과 러시아 극동·시베리아 지역 지자체 간에 활발하게 자매결연이 맺어지고 있다. 러시아 지방정부와의 긴밀한 유대관계는 정치 및 경제협력을 비롯한 다양한 차원에서 국가간 협력을 가능하게 한다. 한국과 러시아 극동지역 지방정부 간의 인적 및 물적 교류가 보다 빈번히 이루어지게 되면, 양측에게 보다 유익하고 많은 기회가 제공된다.

양국 지자체간에 체결된 자매결연의 목적은, 경제적인 이유가 그 중심에 있을 것이다. 지역 경제 활성화를 위한 목적이 중요한 위치를 차지한다. 외국 자본의 유치를 통해서, 고용창출과 지역경제 활성화를 모색하겠다는 것이 근본 목적인 것이다.

자매결연을 통해서, 상대 지자체로부터 무엇을 얻고 있는가? 한국의 지자체는 러시아 극동지역 내의 상대 지자체로부터 얼마나 많은 외자를 유치했는가? 그것으로 지역경제를 얼마나 발전시켰는가? 왜 상대 지자체가 가진 이점을 활용할 생각을 못하는가? 지자체간에 자매결연이, 지역의 유권자들에게,

한국 지자체와 러시아 지자체 간 자매결연 현황

(2004년 12월 현재)

| 구 분 | 한국의 지방자치 단체 | 자매결연을 체결한 러시아의 지방자치 단체 | 결연일자 |
|---|---|---|---|
| 광역시 | 서울시 | 모스크바 시 | 1991.7.13 |
| | 부산시 | 블라디보스톡 시 | 1992.6.30 |
| | 대구시 | 상트 페테르부르그 시 | 1997.11.3 |
| | 대전시 | 노보시비르스크 시 | 2001.10.22 |
| | 울산시 | 톰스크 시 | 2003.11.10 |
| 도 | 경기도 | 모스크바 시 | 1997.5.10 |
| | 강원도 | 연해주 | 1998.5.27 |
| | 충청남도 | 아무르 주 | 1995.6.15 |
| | 경상북도 | 이르쿠츠크 주 | 1996.9.10 |
| | 경상남도 | 하바로프스크 주 | 1996.9.14 |
| | 제주도 | 사할린 주 | 1992.1.17 |
| 시 | 경기도 안양시 | 브랴트 공화국 울란우데 시 | 1997.7.23 |
| | 경기도 부천시 | 하바로프스크 시 | 2002.6.24 |
| | 강원도 동해시 | 연해주 나호트카 시 | 1991.12.10 |
| | 경상북도 구미시 | 우스리스크 시 | 1995.3 |
| | 경상남도 마산시 | 연해주 우수리스크 시 | 1999.10.26 |
| 구 | 서울시 서초구 | 모스크바 시 유고자빠드나야 구 | 1992.3.21 |
| | 서울시 성북구 | 모스크바 시 동북구 | 1997.12.4 |

지자체가 지역발전을 위해서 열심히 노력하고 있다는 형식적인 모습을 보여주기 위함인가? 자매결연을 통해 얻은 내용물을 공개해야 되지 않겠는가?

정치적이고 형식적인 자매결연이 아니라, 지자체간 바람직한 파트너 선택 및 효율적인 관계 정립을 위한 방안이 모색되어야 한다. 사회-문화-행정 등 다방면에 걸쳐 정기적인 인적교류가 필요하다. 실질 협력이 가능한 지방 상공회의소, 산업계, 기업가 협회 등의 잦은 접촉을 통해 상호 신뢰를 구축해야 할 것이다. 지자체는 기업가들의 교류가 활성화될 수 있는 여건을 만들어주는 역할을 담당해야 할 것이다.

## 한국은 일본과 중국보다 선호의 대상이 된다

- 일본의 경우는?

러시아와 일본은 가까우면서 먼 나라였고, 오랜 기간 동안 서로를 불신해왔다. 상호간 불신은 상대방의 팽창정책에 대한 서로의 견제와 북방도서 문제가 그 중심에 있었다. 북방4도는 양국간의 국제적 영향력 여하에 따라, 주인을 달리하여왔음을 이미 지적하였다. 현재 러시아의 사할린 주가 관리하고 있는 북방4도를 포함하는 쿠릴열도의 귀속 문제가 언제 해결될 것인가?

지난 냉전기 동안 미국은 일본을 내세워 소련을 포위해왔다. 일본의 오키나와 해상이 소련을 견제하는 기지역할을 담당했다. 물론, 냉전기 동안 일본은 소련에 차관을 제공하는 등 경제관계를 유지해왔다. 그러나 정치관계는 미국의 통제 아래 있었기 때문에, 서로를 불신하면서 냉담했다.

탈냉전이 시작되면서, 일본의 대 러시아 진출은 적극적이었다. 일본은 러시아 극동지역에 대한 조사(투자 환경 등)를 마무리했고, 극동지역의 개발에 따르는 투자가 계속되었다. 그러나 쿠릴 열도에 대한 소유권 문제가 항상 양국을 귀찮게 했다.

경제력(자금/기술력) 및 경제적 상호의존성 등으로 볼 때, 동북아 국가들 중에서 일본과 극동지역이 가장 활발하게 교류를 실현하게 될 것으로 인식되어왔다. 그러나 중국에 비해서, 일본의 대 극동 경제관계가 상대적으로 열세에 놓여 있다. 일본과 러시아 간의 영토문제가 일본의 소극적인 극동 진출을 설명할 수 있는 하나의 이유가 되겠지만, 일본이 1990년대 초반의 극동진출에서 겪은 실패 경험이 또 다른 중요한 이유가 될 수 있을 것이다.

- 중국의 경우는?

러시아와 중국의 관계는 어떠한가? 2004년 10월 14일, 블라디미르 푸틴 러시아 대통령이 중국 베이징(北京)을 방문하였다. 후진타오 중국 국가주석과 정상회담이 있었다. 이번 회담에서 양국은 수십 년간 분쟁을 벌여온 4,300㎞의 양국 국경선을 획정하기로 합의했다. 베이징에서, 헤이샤쯔 섬 경계 획정에 관한 '중-러 변계동단(邊界東端) 보충협정'을 체결했다. 이 협정의 체결로 양국 간 동서 4,300여㎞에 이르는 국경선 획정작업이 마무리 된 것처럼 보인다.

---

헤이룽 강과 우수리 강의 합류 지점에 있는 헤이샤쯔 섬은 길이 70여㎞, 폭 5~6㎞, 넓이 350㎢로 서울의 절반쯤 되는 섬이다. 러시아 명칭으로는 타라바로프 섬 및 볼쇼이 우수리스크 섬이다. 중국은 보충협정 체결에 따라, 타라바로프 섬 전체와 볼쇼이 우수리스크 섬의 일부 등 174㎢를 러시아로부터 양도받았다.

1925년 옛 소련군이 진주한 이래 러시아가 80년간 점유해온 헤이샤쯔 섬은 극동의 최대 도시 하바로프스크에서 65km 떨어져 있다. 헤이샤쯔 섬은 러시아의 하바로프스크에 의하여, 그리고 중국의 헤이룽장(黑龍江)성 푸위안(撫遠)현에 의하여 각각 관할되어 왔다. (《동아일보》, 2004.11.3.)

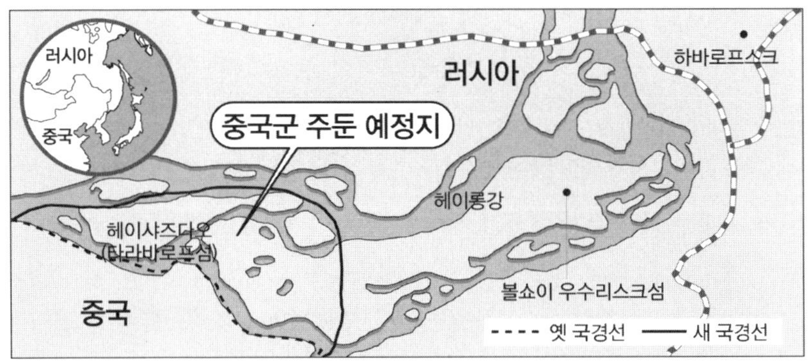



출처: ≪동아일보≫, 2004. 11. 3.

현재 중국에서는, 중-러 국경협정 체결에 따라, 국경선 획정을 위한 측량 작업이 진행되고 있다. 측량 작업이 끝나면, 양국간 분할 형식으로 국경선을 획정지은 흑룡강 중류의 헤이샤즈다오 섬에, 2005년 10월부터 중국 인민해방군이 주둔하게 될 것으로 보인다.

2004년 10월의 양국정상 회담에서, 중국 북동부와 러시아 극동지방의 일부 도서 및 강 등에 대한 경계는 확정짓지 못했다. 양국 정상은 아무르 강 유역 국경 획정문제와 청소년 대표단 상호방문을 포함한 인적 교류 확대 등에 원칙적인 합의만 했을 뿐이다. 언제든지 양국간에 문제화될 수 있는 여지는 남겨져 있는 상태이다.

스파이크맨(N.J. Spykman, 1893-1943)은 이미 2차대전 종반에 전쟁에서 일본의 패배를 인식하고, 중국이 아시아 대륙에서 가장 크고 강력한 국가로 부상할 것이라 했다. 따라서 지정학적인 위협은 중국으로부터 나올 것이고, 극동에서의 세력균형을 유지하도록 미국이 일본 보호정책을 추구해야 할 것이라고 했다. 스파이크맨은 중국이 그 크기나 인구로 볼 때, 거대한 대륙 제국으로 재창조될 수밖에 없다고 생각했다. 러시아 역시 스파이크맨의 이러한 주장에 동의하고 있는 듯하다. 따라서 중국의 성장 잠재력은 러시아를 불안하게 만드는 요인이 되기도 한다.

러시아가 중요하게 인식하고 있는 문제는, 자신과 동반자 관계를 구축하고 있는 중국의 '패권주의' 부활 문제이다. 과거 우월한 중화문명에 대한 강한 자부심을 가지고 있는 중국은 강렬한 민족주의와 헤게모니에 대한 야심이 어우러지면서, 자신의 위치를 증대시키고 있다. 지속적인 경제성장을 보이고 있는 중국은 지난 수 년간 지역 패권을 위해 군비확장 정책을 추진해왔으며, 중국 중심의 새로운 동북아 국제질서를 추구하고 있다.

중국과 러시아는 서로 경쟁관계에 있다. 탈냉전과 함께 양국간의 국경문제는 어느 정도 해결되었지만, 완전히 끝난 것은 아니다. 그리고 중국의 성장 잠재력은 러시아의 극동지역을 불안하게 만드는 중요한 요인이 되기도 한다. 결국, 러시아는 중국에 대해서 일정한 위협을 느끼고 있다. 러시아는 자신의 극동지역으로 유입되는 중국인의 이민에 대해 우려하고 있다. 러시아는 중국이 극동지역의 개발에 필요한 투자자본도 가지고 있지 않으면서 극동지역으로 진출하고 있음을 경계하고 있다.

## • 한국이 선호의 대상이 된다

한국과 러시아의 관계는 어떠한가? 러시아 극동에서, 한국은 중국 또는 일본보다 선호되는 국가이다. 한국과 러시아 사이에는 영토문제 때문에 얼굴을 붉힌 적이 없다. 양국간에는 직접적인 충돌이 없었다. 냉전기간 동안 불편한 관계에 있었지만, 러시아는 북한에 대한 오랜 지원국이었다. 러시아는 북한에 대해 일정 정도 영향력을 행사하고 있다. 러시아는 남북한 관계에 영향력을 행사할 수 있는 위치에 있다.

러시아의 입장에서 본다면, 한국과 정치 및 경제적 유대관계를 돈독히 하는 것이 여러 가치 차원에서 긍정적일 것이다. 위험부담이 없을 뿐만 아니라, 자신의 역할이 있는 것이다. 여기에서, 한국이 러시아 극동지역에서 차지하는 지위와 역할을 찾아야 할 것이다.

첫째, 한국은 러시아 극동/시베리아 지역의 개발에 필요한 자본과 기술력을 가지고 있다. 일본보다는 못하지만, 개발비용을 부담할 능력은 있다. 중국과 일본을 활용하는 것보다 위험부담이 없는 것이다. 북한의 노동력을 활용한다면, 극동지역으로 잠식해 들어오고 있는 중국을 견제하는 효과를 얻을 수 있다. 한국의 자본과 기술을 활용하여 극동/시베리아를 개발한다면, 이를 통해 중국과 일본의 성장 잠재력을 부분적으로 조정할 수 있을 것이다.

둘째, 극동지역의 주민들이 필요로 하는 각종 제품을 한국이 제공해줄 수 있다. 한국의 제품을 극동/시베리아 주민들에게 제공하게 된다면, 지역 주민들의 경제적 부담을 경감시켜줄 수 있을 것이다. 한국의 기술력은 일본에 뒤지지 않는다. 이러한 기술력에 기초해서, 각종 제품이 만들어진다. 가격 경쟁력에서 우위에 있다. 그리고 중국 제품보다 상품의 질이 우수하다.

극동/시베리아 주민들의 경제상황과 소비성향을 고려한다면, 상품의 질과 가격면에서 한국의 상품이 가장 적합할 것이다. 러시아 극동지역에서 한국의 소비재가 중국의 소비재를 대체할 수 있을 것이다. 그리고 한국의 전자제품은 값싼 중국제품과 매우 비싼 일본 제품 사이의 틈새시장을 메우기에 충분하다.

중국과 일본의 경쟁이 극동지역에서 마주치게 될 확률이 높다. 러시아는 극동/시베리아의 발전을 위해서 중국과 일본을 필요로 하지만, 이들의 경쟁이

한국이 동북아 국가들 중에서 가장 유리한 위치에 있지만, 1990년대 초반의 '열광적인' 극동 진출에서 경험했던 부정적인 과거사를 잊지 못하고 있다. 따라서 한러 경협 전반은 물론, 러시아 극동으로의 진출에 소극적인 것이 사실이다. 에너지 자원 확보 경쟁에서도 한국은 독자적인 참여 전략을 준비하지 못한 상태이며, 중국의 전략에 따라가는 듯한 인상을 주어왔다. 한국의 소극적인 자세는 향후 전개될 동북아 에너지 협력체계에서 낙오될 수도 있음을 주지해야 할 것이다. 또한, 극동지역이 국제수송체계에서 차지하는 중요성을 감안할 때, 보다 적극적인 자세로 연해주를 포함하는 극동지역에 진출해야 할 것이다.

한국이여! 러시아로 향한 초심으로 돌아가라. 많이 늦은 것은 사실이지만, 늦었다고 생각할 때, 바로 그때 시작하라.

극동지역에서 현실화되는 것을 얼마나 허용할 것인가? 잠재적 라이벌인 중국과 일본 경제가 극동지역으로 잠식해 들어가는 것을 러시아는 보고만 있을 것인가? 한국에 대해서는, 당분간(?)은 이러한 걱정을 할 필요가 없지 않겠는가?

# ▶ 협력관계는 미진했다

## 한국의 대 러시아 투자는?

1989년 한·소간 첫 번째 합작기업인 진도모피 면세점이 모스크바에서 개점된 이래, 현대가 연해주 스베틀라야(Svetlaya) 산림개발에 투자하는 등 한국기업은 구소련 시절부터 러시아지역에 투자하기 시작했다. 투자한 사업은 1991년까지 7건에 달했다. 1992년 러시아가 출범한 이후에도 러시아 내 한국기업의 투자는 계속되었다. 그러나 크게 활성화되지는 못했다. 1994년부터 한국기업의 대러투자가 건수 및 규모면에서 증대되기 시작했지만, 투자금액면에서 1996년을 정점으로 1997년에는 급감했다.

1996년 말까지 한국의 러시아에 대한 직접투자 누적액은 1억 2,800만 달러에 불과했다. 이 투자액의 60%가 러시아 극동, 특히 연해주에 집중되었다(엄구호|한양대학교). 한국의 러시아에 대한 투자는 증대되고 있지만, 한국의 총 해외투자에서 차지하는 비율에서 보면 여전히 낮다. 한국기업의 대러투자의 특징은 소규모 투자이며, 제조업과 서비스업에 집중되었고, 연해주를 포함하는 극동지역에 대한 지역적 집중성을 지니고 있다.

1989년 이래 2000년 7월까지 러시아에 투자한 한국기업의 총 투자건수는 102건이며, 총 투자액은 1억 5,400만 달러였다. 투자금액면에서 가장 활발했다고 할 수 있는 1995년과 1996년에 한국기업의 해외직접투자 총액 중에서 대러투자 규모는 각각 1.00%와 0.97%에 불과했다. 그리고 1989년 이래 2000년 7월까지의 대러 총투자는 동 기간 중 한국기업의 해외직접투자 총액의 0.56%에 불과한 상태였다.

이 시기를 전후하면서, 한국의 대러투자는 타국가로 방향을 선회하는 모습을 보인다. 즉 중국에 대한 투자는 말할 것도 없고, 중앙아시아의 우즈베키스탄과 카자흐스탄으로 투자가 이루어진다. 한국의 대러투자의 또 다른 특징은 평균투자가 상대적으로 소규모라는 것이다. 1989년 이래 2000년 7월까지 투자된 투자사업의 평균규모는 150만 달러로, 동기간 중 한국기업의 해외직접투자의 평균규모인 262만 달러에 비해 소규모였다.

한국기업의 업종별 대러 직접투자를 보면, 제조업·도소매업·농림 및 어업·부동산 및 서비스업·통신업·숙박 음식업 등의 순으로 나타난다. 그리고 총투자액을 기준으로 보면, 제조업·광업·부동산 및 서비스업·통신업·숙박음식업·도소매업·농림 및 어업 순이다.

한국 수출입은행의 자료에 따르면, 극동지역에 대한 한국의 투자는 2000년말 현재 2억 1,000만 달러로 전체 외국인 투자의 7.2%를 차지하였다. 지역별로는 연해주와 사할린 주에 집중되었으며, 연해주는 통신·제조·음식숙박업이, 사할린 주는 선박수리·어업이 주종을 이루었다. 업종별로는 통신업·제조업·음식숙박업 순으로 나타났다.

주요 투자건을 살펴보면, 통신업에서는 한국전기통신공사가 두 차례에 걸쳐 모두 1,776만 달러를 투자하여 연해주 지역의 낙후된 통신 기반시설 확충사업에 참여하고 있으며, 현대중공업(주) 등 5개 업체가 블라디보스톡 호텔업에 1,347만 달러를 투자하였다. 제조업으로서는 현대리바트 등 2개 업체가 블라디보스톡 목재 관련 제조업에 1,600만 달러를 투자하였고, 한국제강(주)은 아무르 주 철판 제조업에 687만 달러를 투자하였다. 이밖에 농업에는 (주)고합이 1994년과 1995년에 아무르 주와 연해주에 240만 달러를 각각 투자하였다.

2000년부터 2004년간 한국의 해외 총투자건수는 1만 3,217건이며, 순투자건수는 1만 2,473건이었다. 그리고 순투자 총금액은 약 161억 5,000만 달러였다. 해외 총투자는 지속적으로 증대되어왔다. 한국의 해외투자건수에 비례해서, 러시아에 대한 투자는 미미한 실정이었다. 같은 5년 기간에 투자한 투자건수는 56건에 불과하며, 순투자건수는 44건에 머물고 있는 실정이다. 그리고 순투자 총금액은 약 7,000만 달러였다. 한국의 대 러시아 투자지역은 극동지역과 모스크바 지역에 편중되어 있다. 극동지역에서는 자원개발과 수산업 및 봉재-자수 등의 제조업과 통신업 등에서 두드러진다.

한국기업의 극동지역 직접투자 프로젝트 현황(2002년 말 기준)

(단위: 천 달러)

| 지역 | 투자자명 | 현지법인명 | 업종 | 투자잔액 |
|---|---|---|---|---|
| 연해주 | 현대종합상사 등 2개사 | Svetlaya | 제조업 | 16,000 |
| | 현대중공업 등 5개사 | Vladibostok Business Center | 숙박 음식점업 | 13,472 |
| | 한국전기통신공사 | OAO New Telephone Company | 통신업 | 12,760 |
| | | KCI Power Sprayer(Shanghai) Co. | 통신업 | 5,000 |
| | 동원산업 등 2개사 | Rosskor Fisheries Co., Ltd | 농림어업 | 1,250 |
| | 데이콤 | Russia Japan Korea Submarine | 통신업 | 3,186 |
| 아무르주 | 데이콤 인터내셔널 등 2개사 | Nakhodka FEZ Telecommunication | 통신업 | 1,600 |
| | 한국제강 | Steel-Ha JSC | 제조업 | 6,867 |
| 사하공화국 | (주)고합 | Korus Ltd. | 농림어업 | 1,300 |

자료: 한국수출입 은행

## 한국과 러시아 극동지역의 무역관계는?

극동지역이 지닌 잠재력과 한국이 지닌 극동진출의 지리적 이점에도 불구하고, 한국의 구체적인 극동진출 전략은 찾아볼 수 없다. 이러한 상황에도 불구하고, 1990년 한·소 수교 이후 교역은 꾸준히 증가해왔다. 한국과 러시아 극동지역의 교역은 사할린·캄차트카 주의 단기성 프로젝트 플랜트 공급을 제외하고, 약 90%가 하바로프스크 주·연해주·사할린 주 등 3개 지역에 집중되어 있다(우평균|고려대학교 평화연구소). 한국의 대 러시아 극동지역 수출은 연해주에 집중되고 있으며, 하바로프스크 주와 사할린 주가 그 뒤를 따르고 있다.

러시아 극동지역과 한국의 교역 규모는 1997년 수출 4억 2,300만 달러, 수입 4억 6,200만 달러 등 총 8억 8,500만 달러를 기록한 이후, 교역 규모가 소폭 감소하여 왔다. 2000년을 지나면서, 다시 꾸준히 증가세를 보이고 있다. 지역별로 2000년에 연해주가 2억 7,800만 달러로 가장 많았으며, 다음으로 캄차트카 주 1억 200만 달러, 하바로프스크 주 7,500만 달러, 사할린 주 7,200만 달러의 순이었다.

한국의 극동지역 무역 관계에서, 극동지역 10개 주체들 중 연해주와의 교섭이 가장 활발하다. 연해주와의 교역은 1998년 이후 증가추세이며, 2002년에는 4억 4,000만 달러를 기록하였다. 러시아 경제가 회복기에 들어선 1999년

한국과 극동지역의 교역액 추이

(단위: 백만 달러)

| | 1992 | 1993 | 1994 | 1995 | 1996 | 1997 | 1998 | 1999 | 2000 |
|---|---|---|---|---|---|---|---|---|---|
| 러시아 전체 | 859 | 1,576 | 2,192 | 3,309 | 3,778 | 3,303 | 2,112 | 2,228 | 2,846 |
| 극동지역 | 248 | 189 | 262 | 466 | 636 | 885 | 860 | 487 | 564 |
| 하바로프스크주 | 24.8 | 48.3 | 83.5 | 95.3 | 81.2 | 97.4 | 124.5 | 65.9 | 75.0 |
| 연해주 | 136.3 | 47.2 | 144.0 | 169.3 | 306.8 | 366.3 | 218.0 | 234.0 | 278.0 |

이후 한국은 연해주에 대해 무역적자를 기록하였으나, 2002년에는 한국이 약 5,000만 달러의 흑자(수출 2억 4,720만; 수입 1억 9,810만)를 보이고 있다.

한국의 교역량이 하바로프스크 주·연해주·사할린 주 등 3개 지역에 집중되는 이유는, 한국과 지리적으로 인접하고 있으며 항공 및 해상운송을 통한 운송서비스가 개설되어 타지방에 비해 경제교류가 활발하기 때문이다. 한국의 이들 지역에 대한 주요 수출품은 전기/전자제품·식료품·자동차·섬유·의류 등이며, 주요 수입품은 수산물·목재·고철 등인 것으로 나타났다.

결국, 한국과 극동지역 간의 교역/무역이 그다지 활성화되지 못하고 있음을 지적하고 싶다. 그 이유는 다음과 같은 요인에서 찾을 수 있을 것이다. 경제의 범죄화·부패·금융/교통/기타 인프라의 취약성·관세 특전의 부재 등이 대표적으로 지적된다. 그리고 극동지역의 자원개발 시추 및 탐사 여건 미흡·운송 인프라 미비·사회기반시설의 부족 등이 중요하게 거론된다. 이 모든 것들이, 한국 정부와 기업이 상업적 계획을 입안하고 실행하는 데 상당한 위험을 제공하여왔기 때문으로 보인다.


**시베리아 및 극동지역의 자원개발 사업에 참여하고 있지만?**

1990년 8월 모스크바에서 개최된 제1차 한·소 정부대표단 회의에서 양국은 공동 자원개발사업을 검토하기로 합의했다. 한국은 동시베리아 및 극동지역을 중심으로 산림자원·에너지 자원·광물자원·해양수산자원·농업개발 등 다양한 분야에 참여하고 있지만, 사업실적은 미미한 수준이다.

ⓐ 산림자원 개발 사업에 참여하고 있다

김원배·박영철·김경석·이성수 외 | 국토연구원

1991년 5월 한국의 산림청장은 소련을 방문하여 한·러 간 임업협력에 합의하였고, 동년 12월 18일 양국 정부는 한·러 간 임업협력 증진을 위한 양해각서를 체결했다. 그리고 산림 및 임목, 육종, 현지 산림상태 및 자원 파악, 산림보호, 정보 및 전문가 교환 등에 합의했다.

한국의 대 러시아 산림개발 투자는 현대종합상사가 추진하였던 스베틀라야 산림개발사업, (주)한러산업이 추진한 하바로프스크 주 산림개발사업 및 소베츠카야 가반 시 지역 산림개발사업 등 3건에 불과하다.

현대는 1990년 7월 연해주 산림청과 50:50의 투자지분으로 스베틀라야 조인트 벤처라는 현지법인을 설립하면서, 1991년부터 연간 100만㎥의 원목을 생산할 계획을 가지고 있었다.

그러나 러시아 측이 1991년 5월부터 수출가격의 10%에 해당되는 수출세를 부과하고, 국제 환경단체들(환경운동연합, 그린피스)의 반대, 산림개발에 대한 연해주 환경위원회에서의 벌목허가 불허, 토착 소수민족의 자원 이용권 주장, 고용인력 부족 및 벌채기술의 낙후, 합작사업의 사업주체간 이견 노출 등으로

스베틀라야(Svetlaya) 산림개발 계획 내용

| 구분 | 내용 |
| --- | --- |
| 회사명 | · SVETLAYA  JOINT  VENTURE |
| 진출지역 | · 연해주 스베틀라야 지역 |
| 투자자 | · 한국 측(50%): 현대종합상사(25%), 현대종합목재(25%)<br>· 러시아 측(50%): 연해주 산림청, 테르네이 소비조합 |
| 투자금액 | · 총 3,200만 달러(현대 측 1,600만 달러 출자) |
| 연간규모 | · 100만㎥(개발면적 83만 7,000ha) |
| 사업기간 | · 30년(1990~2019년) |
| 사업내용 | · 테르네이 북부와 연해지방 빠쟐스키 지역의 목재생산 및 판매, 산림복구, 임도건설, 목재 가공 생산 |
| 인원투입 | · 561명(한국인 12명, 중국인 312명, 현지인 237명) |
| 장비/차량 | · 224대 |

대외경제정책연구원│러시아 편람

인해 생산실적이 매년 15만㎥에 불과할 정도로 부진하였다. 그 이후, 1996년에 스베틀라야 조인트 벤처는 법정관리에 들어가고, 2001년 4월에 최종청산이 결정되었다. 결국 현대 측이 철수함으로써 산림개발사업은 중지된 상태이다.



(b) 에너지 자원개발 프로젝트에 참여하고 있다

1990년 한·소 수교 이후, 한국은 안정적인 에너지 공급망의 확보 및 에너지 자원 수입선 다변화라는 에너지 정책을 준비하고 있었다. 이의 실현을 위해, 러시아 극동 및 시베리아 지역을 대상으로 하는 자원협력 사업을 적극적으로 모색하여왔다. 1990년 8월부터 한국정부는 민간 자원 조사단을 파견하여 자원개발 사업에 대한 현지 조사를 실시하였다. 그리고 1991년에 가서는 '한·러 자원협력위원회'를 설치하였다.

• 이르쿠츠크(코빅틴스크) 가스전 개발 및 파이프라인 프로젝트는?

1994년 12월 이르쿠츠크 주의 경제사절단이 한국을 방문하여, 코빅틴스크 (코빅타) 가스전 등 4개 에너지 개발 프로젝트를 공동으로 개발할 것을 제안했다. 이르쿠츠크 가스전 개발 사업은 동시베리아의 코빅틴스크 가스전을 러시아·한국·중국이 공동 개발하여, 가스관을 통해 러시아 극동지역과 중국·한국에 공급하려는 국제적인 에너지 개발사업이다.

코빅틴스크 가스전은 약 10억 톤의 확인 매장량을 갖고 있으며, 동부 러시아 지역과 중국·몽골·북한·한국 등 동북아 지역에 4,200㎞의 파이프라인을 통해 가스를 공급하려는 사업이다. 이 사업에는 약 176억 달러(가스전 64.5억 달러, 배관 111.5억 달러)가 소요될 것으로 추정되었다.

1995년 6월 이르쿠츠크 가스전 개발사업 참여를 위해, 한국가스공사를 대표간사로 하는 한국 컨소시엄(한국가스공사, 유개공, 고합, 한라, 대우, 효성, LG)을 구성하였다. 러시아·한국 컨소시엄·중국석유공사 등 3개국 사업주체는 프로젝트의 타당성 조사를 준비하였다. 1996년 12월부터 1997년 7월까지 동 사업에 대한 예비 타당성조사를 실시하였다. 그 결과 동 사업은 타 에너지 개발 관련 프로젝트에 비해 상당히 실현 가능성이 높은 것으로 평가되었다. 코빅타 가스전 개발사업은, 사하 가스전과 비교할 때, 개발여건이 비교적 양호하며 인프라도 대체로 잘 갖추어져 있기 때문에 실현 가능성이 높은 사업으로 주목받아왔다.

1997년 말, 한·러·중·일·몽골 등 동북아 5개국이 '이르쿠츠크 가스전 개발· 파이프라인 프로젝트를 위한 양해 각서(MOU)'를 교환하면서, 한국의 참여는 구체화되었다. 그러나 러시아의 경제위기로 협상이 중단되면서, 진전을 이루지 못했다. 1999년 2월 주룽지 중국 총리가 러시아를 방문하였고, 러시아와 중국이 합작으로 개발한다는 협정이 체결되면서, 다시금 급진전되었다. 한국도 1999년 5월 김대중 대통령의 러시아 방문 시, 이르쿠츠크 가스전 개발 타당성 조사사업에 한국의 참여를 요청했다. 그 후 한·러·중 3국 대표단 협상이 진행되어왔고, 2000년 9월 모스크바에서 개최된 3국 사업 주체간 제5차 실무회의에서 3자간의 협정에 서명함으로써 한국의 이르쿠츠크 가스전 공동개발 참여가 확정되었다. 2000년 12월 한국가스공사가 9개사(한국가스공사, 석유공사, LG상사, 고합물산, 효성물산, 대우, 대성산업, 현대상사, 한화)로 컨소시엄을 구성해서, 중국국영석유회사(CNPO), 러시아 석유(RP)와 타당성 조사에 대한 합의안에 서명하였다(김경순|국방대학교 안보문제연구소).

2003년 7월 제5차 한·러 경제과학기술 공동위원회에서 이르쿠츠크 가스전 개발 타당성 사업을 조기 완료하기로 합의하였고, 동년 11월 13일 타당성 조사가 공식적으로 종료되었다. 한편, 동년 10월에 이르쿠츠크 가스전의 개발 및 배관망 노선에 대한 합의가 이루어졌다. 한·중·러 3자간에 합의된 노선은 이르쿠츠크에서 중국 장춘과 대련을 경유하여, 해저로 평택으로 이어지는

이르쿠츠크 가스전 개발사업 일지

| 일시 | 내용 |
| --- | --- |
| 1995.7. | · 가스공사 등, 러시아 현지조사를 통해 사업추진 가능성 확인 |
| 1997.12. | · 한국 측 예비 타당성 조사에서 경제성이 있는 것으로 판단 |
| 1999.2. | · 중·러 정상회담에서 양국 에너지·자원 협력협정 체결 |
| 1999.5. | · 김대중 대통령, 러시아 방문 중 이르쿠츠크 사업에 한국 참여의사 표명 |
| 1999.9.~2000.2. | · 한·중·러 사업주체, 3차례 실무회의 |
| 2000.7. | · 푸틴 대통령 중국 방문시 중·러 양국간 한국 참여에 대한 양해각서 서명 |
| 2000.12. | · 한국의 타당성 조사 참여협정 체결 |
| 2001.9. | · 5차 남북 장관급 회담에서, 북한 통과노선 검토하기로 논의 |
| 2001~2003.11. | · 타당성 조사 |
| 2003.10. | · 이르쿠츠크 가스전의 개발 및 배관망 노선에 합의 |
| 2004~2008 | · 가스전 개발 및 배관 공사(예정) |
| 2008 이후 | · 가스 공급(예정) |

자료: 산업자원부

노선이며, 가격 등에 관한 최종합의가 이루어지면 2008년부터 가스 도입이 가능하도록 설계되어 있었다.

시베리아 가스관을 북한으로 연결하느냐, 서해 바다로 연결하느냐를 놓고 고민해온 한국·러시아·중국이 서해 노선을 채택한 것이다. 북한을 통하게 되면 비용이 많이 들고, 정치·군사적인 불확실성이 크다는 이유 때문인 것으로 전해지고 있다. 2000년 7월 북한 김정일 국방위원장과 블라디미르 푸틴 러시아 대통령이 공동성명에서 약속한 사안이었지만, 한·중·러 3국은 가스관 프로젝트의 노선을 경제논리에 따라 결정했다. 여기에는 연간 700만 톤의 천연가스가 흘러갈 가스관을 불확실한 북한 측의 손에 맡길 수 없다는 안보상의 문제도 깔려 있다.

러시아 정부는 코빅타 가스전 개발사업에 자신의 국익을 내세워 직접 개입하려는 움직임을 보이고 있었다. 이르쿠츠크 PNG 사업과 관련하여 지분에 참여하지 않았던 러시아 국영가스공사(가스포롬)가 동 사업의 운영권을 확보하고 있었다. 러시아가 가스포롬을 내세워 동사업에 실질적으로 영향력을 행사하려는 것이다.

2004년 5월 14일에 있었던 '러시아 시베리아 에너지 개발회의'에서, 코빅타 가스전을 포함하여 향후 건설될 시베리아의 모든 가스관과 송유관을 하바로프스크-나호트카 노선으로 단일화하기로 결정했다는 보도가 나왔다. 이 보도가 사실이라면, 한국이 지난 10년 동안 국책사업으로 진행해온 '이르쿠츠크 가스전 개발사업'이 중대한 위기를 맞게 되는 것이다.

한국은 "시베리아의 가스를 중국의 대련과 서해를 지나는 가스관을 통해, 한국의 평택항으로 공급하는 사업이 실현단계에 이르렀다"고 밝힌 바 있다. 그러나 러시아 측이 결정한 극동의 나호트카 노선은 한국 측의 이런 발표를 무색하게 만드는 것이었다. 평택항 노선을 실현시키기 위한 한국의 10년 노력이 물거품이 되고 있는 것이다.

노무현 정부의 대 러시아 외교는 낙제점에 가깝다. 노무현 정부는 '동북아 경제중심'이라는 구호만 요란하게 주창하고 있다. 노무현 정부가 러시아에 차관상환을 면제해주는 엄청난 선물을 주었지만, 한·러 관계는 더 멀어졌다는 극단적 평가까지 나오고 있다. 왜 그렇게 되었을까? 주요 에너지 소비국들은 정상이 직접 나서서 에너지 확보를 위해 노력하고 있었지만, 한국 정부는 실무선에서 알아서 하도록 방치했다. 이러한 이유 때문에, 시베리아 가스를 한국의 평택항으로 공급하려는 한국의 10년 노력이 물거품이 된 것은 아닌지? 어느 정도는 영향을 미쳤을 것이다.

- 사하 프로젝트는?

정기철 | 한국가스공사

한국과 러시아가 관심을 가졌던 사업이 있었다. 러시아 사하공화국의 가스전을 개발하는 것이 그것이다. 이를 '사하 프로젝트' 또는 사하공화국의 주도인 야쿠츠크의 이름을 따서 '야쿠츠크 프로젝트'라고 한다. 사하공화국 내에 있는 가스전을 개발하고 파이프라인을 건설하여, 러시아 연해주·중국·한국·일본 등에 천연가스를 공급하려는 프로젝트이다. 본 프로젝트는 사하 공화국 내의 30여 개 가스전을 개발하여 북한을 경유, 한국에 가스를 공급하는 계획을 말한다.

한국과 러시아는 1992년 9월 사하 가스전 개발 프로젝트를 위한 공동위원회 설치 및 예비 타당성조사 등에 합의했다. 합의서에 서명함으로써, 한국은 본격적으로 이 사업의 경제성을 검토하기 시작했다. 1992년 11월 옐친 대통령이 한국을 방문하였을 때, 양국간 사하공화국의 가스전 공동개발에 대한 의정서가 체결되었다. 그리고 1994년 6월 김영삼 대통령이 러시아를 방문하였을 때 한·러 정상회담에서, 양국은 1천만 달러씩을 투자하여 사하 공화국 가스전 개발에 대한 예비 타당성조사를 실시하기로 합의했다. 이 합의에 따라 1994년 11월부터 1995년 12월까지 예비 타당성조사가 실시되었다. 가스전 평가·파이프라인 건설 평가·시장 및 환경조사·종합평가 등 4개 분야에 걸쳐 예비 타당성조사를 실시하였다.

동사업의 예비 타당성조사 결과, 가스전 지역과 배관루트의 상당 부분이 영구 동토지역이며, 가스전이 넓은 지역에 산재해 있어 대규모 개발비용이 소요되어 경제성이 떨어질 뿐만 아니라, 사하지역의 인프라가 부재하고, 사업 초기에 경제성의 기준이라고 할 수 있는 2,500만 톤이라는 대규모 가스 시장이 부재한다는 이유로 사업성이 없다는 결론이 도출되었다.

결국 투자비가 크기 때문에 경제성이 낮다고 판단하여 실제 개발로 이어지지는 못했다. 다만, 동 지역의 가스전 중에서 가장 왼쪽지역에 위치한 차이얀

디스코에의 가스 매장량이 가장 많기 때문에, 다른 지역과 연계하여 개발될 가능성은 있다.

<hr>

사하공화국에서 추진 중인 '엘가(Elga) 프로젝트'가 있다. '엘가 프로젝트'는 사하공화국에서 추진 중인 대규모 유연탄광 개발 프로젝트이다. 엘가 프로젝트란 엘가지역에 있는 유연탄 매장량 22억 톤을 개발하여, 2007년 생산한다는 목표로 준비되었다.

2005년 2월 알렉세예프 부총리 등 사하공화국 대표단들이 한국을 방문하였다. 이때, 이희범 산업자원부 장관은 17일 알렉세예프(Alexseev G.F) 러시아 사하공화국 수석부총리를 만나, 한국기업들이 엘가 유연탄광 개발사업에 보다 많이 참여할 수 있도록 지원해달라고 요청했다.

사하공화국은 지난 1960년 엘가 유연탄 탄층을 발견했지만, 인프라 미비 등으로 개발하지 못했다. 현재 한국과 일본 등에 지분 매각을 통한 개발을 검토 중이다. 한국은 LG상사를 중심으로 엘가 프로젝트 공동개발을 위한 양해각서(MOU)를 체결했다. 엘가 탄광이 개발될 경우, 연간 3,000만 톤의 유연탄이 생산되어 연간 7,200만 톤을 수입하는 한국의 물량 공급에 큰 도움이 될 전망이다.

• 사할린 프로젝트에는?

러시아 극동지역 오호츠크 해에 있는 사할린 섬 주변에 총 7억 톤의 석유와 컨덴세이트, 2.5조㎥의 천연가스가 해저에 매장되어 있는 것으로 알려지고 있다. 그리고 사할린 섬의 동쪽에 길게 늘어선 광구들을 따라, 총 9개의 프로젝트가 제시되고 있다. 사할린의 각종 에너지 개발 프로젝트에 일본과 중국이 적극적으로 참여하고 있다. 한국은 구체적으로 참여하고 있지 않지만, 프로젝트가 본격적으로 추진되면 일정 부분 참여할 수 있을 것으로 보인다.

1990년 중반 한국의 (주)고합이 사할린-1 프로젝트에 투자를 시도하였으나, 일본의 사할린 오일/가스 개발회사인 SODECO 및 러시아 로스네프트의 거부로 투자가 이루어지지 못한 것으로 알려지고 있다. 그러나 1998년 이후, 러시

아 측에서 재원조달을 위한 투자요청이 있었고, 현재는 가스공사 등이 사업 참여 타당성을 검토하고 있는 것으로 알려지고 있다(김경순|국방대학교 안보문제연구소).

러시아는 한국의 사할린-2 지분참여를 제안하고 있다. 사할린에너지의 모든 주주들이 한국의 가스공사를 파트너로 받아들이는 문제에 동의한 상태이다. 이반 말라호프 사할린 주지사도 한국의 가스공사가 사할린-2에 참여하는 것을 환영하며, 다른 프로젝트들에도 참여할 수 있음을 시사하고 있다. 한국가스공사가 LNG 구입 계약을 맺는다면, 주주로서 사할린-2 프로젝트에 참여할 수도 있을 것이다.

2004년 1월 사할린 주정부 파블로바 국장의 지적대로, 한국이 사할린 에너지 개발에 참여를 원한다면 정부간 직접협상을 통하거나 로스네프트(가스포롬과 합병)와 협력하는 것이 바람직할 것이다. 뒤늦게라도 사할린 프로젝트에 참여하기를 원한다면, 그 손익계산서를 보다 정확히 작성하는 작업이 선행되어야 할 것이다.

---

2005년 2월 16일, 사할린 석유 및 천연가스 개발을 위해 설립된 다국적 컨소시엄 기업인 '사할린에너지 사'가 한국으로 연간 150만 톤의 액화천연가스를 공급할 것이라고 했다. 사할린에너지 사는 Shell, Mitsui, Diamond Gas Sakhalin 3사의 지분으로 구성된 합작회사로, 1994년에 설립되어 현재 사할린-2 프로젝트를 주도하고 있다. 사할린에너지 사는 한국가스공사와 이미 가스공급계약을 체결한 상태이며, 2008년을 시작으로 향후 20년간 액화천연가스를 한국에 공급하게 된다.

뿐만 아니라, 사할린에너지 사는 현재 사할린 Prigorodnoye에 건설 중인 액화천연가스 공장에서 생산될 LNG 공급계약을 이미 70% 이상 마친 상태이며, 한국 이외에 일본, 북미 등으로 LNG를 공급할 예정이다.

사할린-1 또는 사할린-2에 뒤늦게 참가하는 것보다, 개발 시작단계인 사할린-5와 개발권자를 다시 정할 사할린-3의 베닌스키, 키린스키 블록에 참여하는 것이 현실적이지 않겠는가? 이에 대해 러시아 정부가 재입찰이나 경매보다 정부간 직접협상을 암시하고 있기 때문에, 정부와 석유공사가 러시아 정부 및 로스네프트와 협상을 추진하는 것이 바람직할 것이다.

보다 유리한 방향에서 사할린 프로젝트에 참여하는 것도 중요한 과제가 되겠지만, 생산물 분배법이 더 이상 적용되지 않고 러시아 국내 세법에 따라 개발된다는 사실을 주지할 필요가 있다. 국내 세법에 따라 세금과 광구 분할 등 복잡한 문제가 제기될 수 있고, 개발 이익 역시 감소될 수 있다. 따라서 이를 면밀히 검토해야 할 것이다.

결국, 현재 생산단계인 사할린-1과 2 이외에, 계획단계인 다른 프로젝트들을 고려하는 것이 바람직할 것이다. 한국 정부 차원에서 러시아 정부와 직접 협상하는 것이 바람직할 것이다. 특히 많은 광구에 대한 개발권을 갖고 있는 국영석유회사 로스네프트와 자회사 사할린 모르네프티 가스와 긴밀한 협력 관계를 유지하는 것 역시 큰 도움이 될 것이다.

# ➡ 노무현 대통령이 러시아를 방문했다

## 동시베리아/극동지역의 에너지 자원개발에 참여하기로 했다

2004년 9월 노무현 대통령이 러시아를 공식 방문했다. 한·러 정상회담에서, 한국 측은 동시베리아 송유관 건설사업에의 참여를 요청했다. 러시아 측도 한국의 참여를 긍정적으로 검토해 나가기로 했다. 결국 한국은 동시베리아 및 극동지역에서 준비 중인 대형 유전개발 및 동시베리아 송유관 건설 프로젝트에 참여할 수 있게 되었다.

한국 석유공사와 러시아 국영석유회사인 로스네프트 사는, 9월 21일 양국 대통령이 지켜보는 가운데 크레믈린 궁에서 동시베리아/극동지역 유전을 공동개발하기로 하는 협력약정(MOU)을 체결했다. 석유공사는 사할린 및 캄차카 지역의 유망광구를 로스네프트와 공동개발하기로 하고, 2004년 중 기술검토를 시작하여 빠르면 2005년 중으로 탐사사업을 개시하기로 했다. 뿐만 아니라 송유관 건설사업에서 양국의 구체적 협력방안을 논의하기 위해, 양국 관계기관(한국석유공사, 러시아 트란스네프트) 간 실무협의체(working group) 구성을 검토하기로 했다.

## 광물자원 개발에도 참여하기로 했다

러시아의 동시베리아 광물자원 개발과정에 한국의 참여가 가시화되고 있다. 노무현 대통령의 러시아 방문을 수행한 이희범 산업자원부 장관은 러시아

천연자원부 트루트네프(Trutnev) 장관과 면담하고, 양국간 에너지 자원분야의 협력방안에 대해 광범위하게 논의했다. 양국의 장관은, 전날 한-러 정상회담에서 합의된 바와 같이, 광물자원 개발분야에서 양국간 협력 확대를 위해 적극 노력하기로 했다. 그리고 이를 제도적으로 뒷받침해 나가기 위해, 조속한 시일 내에 한국의 산자부와 러시아의 천연자원부 간 '한-러 광물자원 개발협력 약정'을 체결하기로 했다.

또한 양 장관은 한국광업진흥공사와 사하공화국이 유연탄 등 광물자원 공동개발 협력에 합의한 것을 높이 평가하고, 양국 정부가 이 사업의 추진을 적극 지원하기로 했다. 동년 9월 23일, 한국의 광진공과 사하공화국 간 사하공화국 광물자원 개발협력에 관한 MOU를 체결했다. 광진공과 사하공화국 간 광물자원 공동개발에 대한 합의로 한국 기업들의 참여 가능성이 한층 높아졌다.

## ▶ 나호트카 한·러 공단 설립 협정이 체결되었다

### 나호트카 한러 공단이란?

한국과 러시아 간에 준비되고 있는 나호트카 한·러 공단 건설사업이란 러시아 연해주에 있는 나호트카 시의 파르티잔스크 지역에 100만 평(330ha) 규모의 공단을 건설한다는 것이다. 공단 건설에 따르는 총사업비는 약 960억 원(1단계: 약 60억 원 소요)으로 추산되고 있다. 사업 형태는 다음과 같다. 토지공사가 러시아로부터 49년간 토지를 임차하여, 공단을 개발한다. 그 이후 토지공사가 입주업체에게 재임대하는 형태를 취한다. 공단부지 임차기간 종료 후, 5년간씩 자동 연장한다. 이 공단에 섬유·목재 가공·수산물 가공·봉제·전기 및 전자·기계-금속분야를 비롯한 100개 업체를 입주시킨다.

공단건설 사업은 한국토지공사가 11년 내에 100만 평의 공단을 조성하도록 하고 있다. 이는 몇 단계로 나뉘어 시행될 예정으로 1단계로는 6만 평 공단을 협정 발효일로부터 6년 내 건설하기로 되어 있다. 즉 보스토치니 항 1㎞ 지점에 시범적으로 6만 평(20ha) 규모의 공단이 조성된다는 것이다. 1단계 완료 후 5년 내에 나머지 94만 평을 건설하는 것이 2단계이다.

## 추진 배경 및 경위는?

공창두 | 한국토지공사

스탈린에 의해 연해주에서 중앙아시아로 강제 이주된 고려인들이 연해주로 되돌아오고 있었다. 1991년 러시아 고려인협회장이 고려인들에게 생활터전을 마련해주도록 한국 정부에 진정을 했다. 1992년 4~6월에 현지조사를 실시한 결과, 공단조성에 대한 타당성이 있는 것으로 조사되었다.

이 지역은 천연자원과 농수산물이 풍부하며 공단 조성 시, 러시아 극동지역에 대한 한국의 선점적인 투자 효과를 얻을 수 있으며 유럽-중국-중앙아시아 등으로 진출할 수 있는 전략적인 수출 전진기지로서의 교두보를 확보할 수 있다는 이점이 있는 것으로 평가되면서, 공단조성 사업을 추진하게 되었다.

1992년 4월, 청와대·상공부·토지공사 등 정부 관계부처 합동으로 현지 투자환경 및 기술적 타당성 조사를 실시하였다. 1992년 11월, 서울에서 개최된 한·러 정상회담에서 나호트카 공단 조성에 합의했다. 1995년 3월 한국의 토지공사와 나호트카 자유경제지역 행정위원회 간 기본합의서를 체결하였다. 1997년 7월 서울에서 제1차 경제공동위원회가 개최되었고, 정부간 협정에 가서명하였다. 1999년 4월 공단조성 관련 투자에 대한 러시아 정부의 각종 우대조치를 규정하는 정부간 협정(안)에 합의하고 가서명했다.

1999년 5월 김대중 대통령이 러시아를 방문하여, 동 공단설립 협정에 서명하였다. 1999년 12월, 한국의 국회는 이를 비준하게 된다. 그러나 러시아 측은 자신의 국내법과의 상충문제로 비준을 지연시켜왔다. 이러한 과정 속에서 동년 12월 토지공사와 나호트카 행정위 간 기본합의서를 체결하였다.

2001년 1월 양국간 실무협의를 개최하였고, 러시아 측은 협정상 세금감면 관련 사항을 양해각서 체결을 통해 수정할 것을 요구하였다. 그리고 동년

공단조성 관련 투자에 대한 러시아 정부의 우대조치는 다음과 같다.
건설공사 소요 기자재 반입 시 관세 및 조세 면제, 공단 내 생산제품의 50% 이상을 수출하는 기업에 대해 법인소득세 및 부가가치세의 감면, 공단 내 반입 원부자재에 대한 부가가치세 환급, 입주기업에 대해 이윤 발생시까지 부가가치세 50% 감면 등이다.

2월 한·러 경제공동위원회 및 서울에서 개최된 양국 정상회담 시, 러시아 측에 협정 비준을 촉구하였다.

2002년 6월, 러시아 측이 세금 관련 해결방안 검토 후 그 결과를 통보할 것이라는 입장을 표명하였다. 한편 한·러 양국간 체결된 공단설립 협정을 러시아 의회에서 비준하지 않은 상태에 있기 때문에, 공단조성 사업을 위한 본격적인 작업이 미루어지고 있다.

# ▶ 문제점을 극복하고 공단 설립을 서둘러라

## 무엇이 문제인가?

첫째, 러시아 측이 정부간 협정비준을 지연시키고 있다. 1999년 5월 체결된 한·러공단 조성을 위한 양국 정부간 협정이 동년 12월 한국 국회에서 비준 통과되었으나, 세금 감면에 관한 일부 조항이 러시아의 조세법 등 개혁입법과 상충되어 러시아 측의 협정 비준이 지연되고 있다. 따라서 관련 후속조치가 뒤따르지 못하고 있다.

둘째, 나호트카와 연해주 지역은 전력난과 용수난으로 허덕이고 있다. 러시아 측에서 공단에 필요한 전력·용수·통신 및 교통시설 등 사회간접자본 시설을 제공하기로 했다. 이 사업은 공단 건설에 절대적으로 필요한 사회간접자본 시설의 구축이 얼마만큼 이루어지는지에 달려 있다. 그러나 러시아 내부에서 경제자유구역의 경제적 효과에 대한 회의적인 시각이 지배적이기 때문에, 사회간접자본 시설을 구축하는 작업에 소극적이다.

셋째, 양해각서 관련 실무협의 결과에 대한 토지공사의 입장이다. 2000년 12월 러시아 측이 제의한 협정관련 양해각서 체결을 위한 양국 실무협의가 2001년 1월 30~31일 양일간 모스크바에서 개최되었다. 러시아 측은 양해각서 체결을 통해 이미 체결된 정부간 협정의 세금감면 관련 조항의 수정을 희망하였다. 그리고 한국 측은 협정 비준 동의안이 국회를 통과한 상태에 있기 때문에, 양해각서를 통한 협정내용 수정은 불가능하다는 의사를 러시아 측에 전달하였다.

러시아 측이 수정 제의한 주요 내용은 다음과 같다.

첫째, 협정상에는 나호트카 한러 공단을 자유관세구역으로 지정하고 공단에 반출입되는 모든 재화에 대하여 일체의 관세 및 조세를 면제하는 것으로 되어 있음에도 불구하고, 동 공단으로부터 러시아 국내로 반출입되는 모든 재화에 대하여 부가세와 물품세 등 내국세를 부과할 수 있는 것으로 수정 제의했다.

둘째, 협정상에는 공단 건설을 위해 공단 내로 일시 반입된 건설 기자재(굴삭기 등)의 판매 및 취득에 제한을 두지 않고 있음에도 불구하고, 일시 반입된 건설 기자재의 판매 및 취득의 경우에는 국내법으로 제한을 할 수 있는 것으로 수정 제의하였다.

공창두|한국토지공사

## 공단이 설립된다면

한·러공단 조성에 대한 양국간 경제적 타당성 조사가 완료되고 법적인 제반 문제가 해결되고 있다. 그러나 러시아 중앙정부/의회에서 공단조성에 대한 확실한 믿음이 빈약하기 때문에, 아직 착수되지 못하고 있다. 한·러공단 조성에 따르는 제반의 문제가 해결되고 건설이 완료된다면, 한국의 지위는 상당히 격상될 것이다.

나호트카 공단 부지는 러시아 극동의 최대 컨테이너 화물 처리항인 보스토치니 항구와, 러시아 전역과 유럽으로 연결되는 TSR 역에 근접한 임해지역에 위치하고 있다. 따라서 화물의 수출입이 용이하며, 러시아 및 유럽시장 진출을 위한 물류기지 역할을 할 수 있을 것이다. 연해주는 동북아 물류 중심지로서의 무한한 잠재력을 지니고 있다.

공단이 조성되면 러시아 극동지역의 개발은 자연스럽게 진행될 것이며, 이 공단에 진출하고 있는 한국 기업은 보다 쉽게 유럽-중국-중앙아시아 등으로 진출할 수 있게 될 것이다. 연해주가 동북아 물류중심지로서의 역할뿐만 아니라, 한국기업의 수출 전진기지 역할을 수행할 수 있게 될 것이다. 따라서 공단 설립에 대한 주변 국가들의 관심이 지대하다.

## ▶ 하바로프스크 주를 바로 알자

### 하바로프스크 주는?

러시아연방의 극동에 위치하고 있는 하바로프스크 주는 모스크바와 8,533
㎞의 거리를 유지하고 있다. 그 면적은 78만 8,600㎢로, 러시아 전체 면적의
4.6%를 차지한다. 하바로프스크 주는 동쪽으로 오호츠크 해와 동해를 끼고
있으며, 우수리 강과 아무르 강의 합류 지점에 위치한다.

하바로프스크 주에는 독립국연합(CIS) 및 서유럽 국가들을 아태지역 국가들
과 연결하는 수상로 및 시베리아 횡단철도, 그리고 바이칼-아무르철도가 연결
되고 있다. 하바로프스크 주는 세계 각국과 항공으로도 연결되고 있다. 하바로
프스크 공항은 극동지역의 최대 공항이며, 바니노 항은 연간 1,000만 톤의
물량을 처리한다.

지금 우리가 사용하고 있는 '하바로프스크 주'라는 이름을 러시아에서는 '하바로프스크
크라이'라 부르고 있다.

하바로프스크 주는 극동지역뿐 아니라 러시아 전체에서 가장 역동적으로 발전하는 지역이다. 하바로프스크에는 가장 많은 수의 연방기관과 지방기관이 자리하고 있다. 하바로프스크 주는 독특한 부존자원과 과학 잠재력을 지닌 극동지역의 산업 중심지이며, 교통의 교차점이다. 하바로프스크 주는 러시아 극동지역에서 가장 다양화된 산업을 가지고 있다. 그리고 지역경제 활성화를 위한 지방정부의 투자유치 노력은 매우 구체적이다.

### 하바로프스크 주의 산업구조는?

하바로프스크 주의 주요 산업부문은 다음과 같다. 기계제작·금속가공(농기구제작, 에너지설비, 선박건조/수리, 주물설비)·비철금속업·경공업·목재가공업·제지공업·원유가공·화학공업·어업 등이 대표적이다. 그리고 농업부문에서는 밀·보리·콩·감자·야채·사료작물·각종 유실수 재배·낙농업·사슴사육(북부지역)·모피동물사육·사냥 등으로 대표된다.

하바로프스크 주의 공업생산량은 최근 10년 동안 여러 면에서 침체되어 있었다. 생산량이 가장 많이 줄어들고 있는 분야는 중공업·건축자재 생산·삼림 및 목재가공·화학 및 석유화학 분야이다. 하바로프스크 주의 지방행정당국은 이러한 문제를 극복하기 위하여 외국의 투자를 적극 유치하고 있다. 현재 투자유치가 많은 분야는 운송부분·공업부분·주택 건설부분 순이다.

2002년 석유제품 생산 구조

| 석유제품 | 비율(%) | 석유제품 | 비율(%) |
|---|---|---|---|
| 중유 | 37.7 | 디젤연료 | 18.6 |
| 벤진 | 6.7 | 액화 가스 | 0.3 |
| 기타 | 36.7 | | |

연료·전력산업은 하바로프스크 주의 경제영역에서 가장 안정적으로 가동되고 있는 부문이다. 2002년의 경제구조를 보면, 연료·전력 부문이 하바로프스크 주에서 주도적 위치를 차지하고 있다. 하바로프스크 주의 연료산업은 원유 가공산업과 채탄산업을 포함한다.

연료산업은 활발히 발전하고 있다. 하바로프스크 원유 가공공장과 '엔카 로스네프지' 콤소몰스크 원유공장에는 고옥탄 휘발유를 제조하는 촉매 개량설비가 가동되고 있다. 원유가공 기업체들은 보다 구체적인 발전계획을 준비하고 있다. 여기에는 원유 가공기술의 집중화·원유제품 품목의 다양화·세계적 표준에 도달할 수 있는 고품질 제품의 생산 등을 포함하고 있다.

## 하바로프스크 주의 자원은?

하바로프스크 주에는 다양한 종류의 광물자원이 있다. 가장 중요한 의미를 가지는 광물자원으로 점결탄과 갈탄이 지적된다. 그 양은 각각 14억 톤과 70억 톤에 이르는 것으로 추정하고 있다. 가스와 석유의 매장량은 5억 톤으로 평가되고 있다. 또 다른 주요한 자원으로 주석광이 있다. 그 비축량이나 가공 규모로 평가한다면, 러시아에서 제1의 위치를 차지한다.

하바로프스크 주는 러시아에서 산림자원이 풍부한 지역들 중 하나이다. 산림면적은 5억 5,250만ha이며, 그 중 30억㎥는 성숙기가 되었거나 성숙기가 지난 목재들이다. 하바로프스크 주의 산림자원 전부가 국가 소유이다.

목재산업은 하바로프스크 주 경제의 주요 산업이다. 하바로프스크 주 산업

주요 유용광물은 다음과 같다. 주석·수은·철광석·갈탄·석탄·흑연·망간·인회토·장석·이탄·건축 자재 등이 대표적이다. 하바로프스크 주에서는 금·백금은 역시 다량으로 채취되고 있는 것으로 알려지고 있다.

총생산에서 목재산업은 다년간 10%의 비중을 차지하며, 주요 수출품목으로 남아 있다. 2002년에 하바로프스크 주에서는 800만㎥의 목재가 채벌되었다. 주정부의 예측에 의하면, 2010년까지 1,000만-1,200만㎥의 목재가 수출될 전망이다.

하바로프스크 주정부는 목재산업에 특별한 관심을 가지고 있다. 주정부는 현지 목재산업의 안정적 발전, 산림자원 복원, 목재가공업 발전, 효율적 산림자원 이용, 수출구조의 개선, 자연환경과 생물환경의 다양성 보호를 기본방침으로 채택했다.

하바로프스크 주에서 가장 큰 강은 아무르 강 줄기이다. 그 길이는 1,000㎞를 넘는다. 하바로프스크 주를 흐르는 강과 호수에 살고 있는 어종은 100여 종이 넘을 정도로 다양하다. 다양한 어종은 지역경제 활성화에 일정 부분 역할을 하고 있다. 중요한 어종으로는 명태·대구·연어·북해산 대구·청어·칠성장어 등이다.

# ◘ 한국은 하바로프스크 주에서 무엇을 하고 있는가?

## 하바로프스크 주의 투자유치 전략은 계속되고 있다

하바로프스크 주는 지역개발에 필요한 자금을 자체적으로 조달하지 못하고 있으며, 외국 자본의 유치를 통해서 지역을 개발하려 한다. 하바로프스크 주에 대한 투자는 지역 산업생산량 증대·재정적 구조개혁·기업체들의 활동 등에 밑그림을 그려주는 역할을 한다. 하바로프스크 주에 대한 기본적인 투자방향은 기업체에 대한 산업생산 지원·시설의 현대화 및 확대에 있었다. 2002년 현재, 총투자액은 5억 7,400만 달러에 이르렀다. 2001년의 투자액을 19% 초과한 수치이다.

2002년에 하바로프스크 주 경제의 기본 자본금에 대한 외국투자 비율은 6%였다. 외국 기업체들의 하바로프스크 주에 대한 투자 정도는 다음과 같다.

하바로프스크 주 정부의 지속적인 노력에 의하여, 연평균 투자유치 금액이 3,000~4,000만 달러에 이른다. 한국 회사들의 대 하바로프스크 주 투자금액은 미국·일본·스위스·중국에 자리를 양보하고 있다. 2000년까지는 한국의 투자자들이 중국을 앞질렀으나, 그 이후부터는 중국에 뒤처졌다. 주요 투자국 중에서 중위권을 유지하고 있으며, 그 비율은 6.9%에 불과하다.

외국 기업체의 하바로프스크 주에 대한 투자 현황(2002)

| 국가 | 투자비율(%) | 투자기업 수 | 국가 | 투자비율(%) | 투자기업 수 |
|---|---|---|---|---|---|
| 미국 | 27 | 134 | 일본 | 15 | 99 |
| 스위스 | 11 | | 중국 | 7.1 | 340 |
| 한국 | 6.9 | 93 | 기타 | 33 | |

하바로프스크 주정부는 일관한 투자유치 정책을 추진하고 있다. 현재 하바로프스크 주정부는 자국 투자자들과 외국 투자자들의 투자유치를 위해서 다양한 방법을 모색하고 있다. 특혜제도 도입·하바로프스크 주정부의 담보제공방법 모색·투자를 위한 법제도의 안정화 대책 마련 등과 같은 일련의 조치를 취하고 있다.

2000년에 하바로프스크 주에서 투자활동에 관한 조례가 마련되었다. 본 조례는 다음과 같은 내용을 포함하고 있다. 내국 투자자들과 외국 투자자들에게 동등한 과세 혜택을 준다. 2001~2005년간의 하바로프스크 주 대외경제 발전을 위한 기본방침을 채택한다. 현행 투자방침의 문제점 및 상품·투자·인력반입을 방해하는 문제점들에 대해서 자유롭게 논의할 수 있는 자문위원회를 주지사 산하에 설립한다. 국가 소유(부동산, 주식, 자원 이용라이센스)를 포함하는 주 예산 자금/담보금으로, 하바로프스크 주가 담보를 제공하는 장치를 도입한다. 외국의 투자자/투자유치에 따르는 문제해결 및 외국의 투자 프로젝트 시행에 관해 모니터링하기 위한 에이젠트를 설립한다.

결국 하바로프스크 주의 임업·채광·수산업 등 주요 산업부문에서의 라이센스를 발급하고; 합작기업소의 등록 절차 및 비즈니스 활동에 관한 정보안내서를 발간하며; 투자절차 간소화에 관한 주 집행기관과 입법기관의 조례에 관한 정보를 매년 안내서에 명시하며; 투자 문제에 관한 포럼·회의·심포지엄을 매년 개최하는 등의 작업으로 이어지고 있다.

외국 투자 기업체 수 변화 추이

| 년도 | 투자기업 수 | 년도 | 투자기업 수 |
|------|------|------|------|
| 1997 | 662 | 1998 | 688 |
| 1999 | 730 | 2000 | 787 |
| 2001 | 835 | 2002 | 870 |

중앙정부와 마찰을 일으키는 부분을 가능한 한 피하면서, 하바로프스크 주정부는 투자유치를 위한 제반의 여건을 조성하고, 투자환경의 안정화를 위한 일관된 방침을 유지했다. 그리고 외국 투자기업체 설립 및 프로젝트들에 대한 투자활동을 적극화시켰다. 이러한 일련의 작업에 기초해서, 하바로프스크에 투자하고 있는 기업체 수는 계속적으로 증가했다.

2003년 1월 당시, 하바로프스크 주에 870개의 외국 투자기업체가 등록되었다. 물론 외국 투자가 가장 많은 부문은 임업(56.7%)과 금속공업(철강산업, 41.6%)이었다.


## 한국과 하바로프스크 주의 경제협력은?


하바로프스크 주의 기업체들은 지난 10여 년 동안 해외 파트너들과 협력/교역을 추진시키며, 제품의 종류를 다양화하고 새로운 시장을 개척하기 위한 방법들을 모색하여왔다. 현재 하바로프스크 주는 세계 60여 개국과 무역관계를 맺고 있으며, 동아시아 지역에서 한국은 중국, 일본 다음 가는 교역국으로 되어 있다.

새로운 시장을 개척하기 위해서 부단히 움직이는 러시아 극동지역 기업체들에게, 한국은 많은 영향을 미치게 된다. 극동지역 경제에서 한국의 금융자원과 정보자원의 유치가 필수적이다. 한국 역시 러시아 극동을 원한다. 한국은 러시아 극동아 가진 다양한 자원에 관심을 갖지 않을 수 없고, 시장개척 차원에서 다양한 방법으로 인적 및 물적 자원의 교류를 모색할 필요성을 느끼게 된다.

하바로프스크 주와 한국의 경제협력 및 교역 상황은 발전적이다. 2002년 현재, 하바로프스크 주와 한국의 교역량은 9,490만 달러에 달했다. 전년인 2001년에 비해 17.5%가 증가된 수치이다. 이들 중에서 하바로프스크 주의 대 한국 수출은 7,330만 달러(전년대비 23% 상승)이며, 수입은 2,160만 달러(전년대비 2% 증가)였다.

하바로프스크 주의 대 한국 교역량 변동 추이

(단위: 백만 달러)

| 년도 | 수출 | 수입 |
|---|---|---|
| 1995 | 50.9 | 44.5 |
| 1996 | 33.8 | 26.8 |
| 1997 | 65.3 | 32.1 |
| 1998 | 100.4 | 24.1 |
| 1999 | 54.7 | 10.9 |
| 2000 | 60.6 | 14.0 |
| 2001 | 59.6 | 21.2 |
| 2002 | 73.3 | 21.6 |

하바로프스크 주의 대 한국 상품 수출구조를 보면, 원목(대 한국 수출량의 46.5%)과 생선 및 수산물이 주요 품목으로 되어 있다. 2002년 하바로프스크 주의 대 한국 수출품목의 구성비율을 보면 다음과 같다.

2002년 하바로프스크주의 대 한국 수출 구성

| 수출 품목 | 비율(%) | 수출 품목 | 비율(%) |
|---|---|---|---|
| 목재 | 46.4 | 철금속 | 16.7 |
| 수산물 | 12.4 | 서비스 | 7.5 |
| 의류 | 6.5 | 석유 제품 | 5.4 |
| 기타 | 34.7 | | |

　2002년 하바로프스크 주의 대 한국 수출품목 중어서, 수산물의 세부적 내용은 다음과 같다. 하바로프스크 주 기업들은 한국에 명태·가자미·새우 등을 주로 수출하였다. 2002년의 수산물 수출량은 1만 4,000톤으로(2001년에 비해 4배 증가) 나타났다. 수산물의 수출은 꾸준히 증가되고 있는 추세이다.

하바로프스크주의 대 한국 수산물 수출 추이

| 년도 | 수출액(백만 달러) | 년도 | 수출액(백만 달러) |
|---|---|---|---|
| 1998 | 116 | 1999 | 673 |
| 2000 | 917 | 2001 | 6,622 |
| 2002 | 9,396 | | |

　원목과 수산물 외에, 고철 및 석유제품 등이 수출되었다. 그리고 한국 회사와 하바로프스크 주의 봉재기업소 간 합작으로 제조된 봉제품이 한국에 수출되었다. 2002년에 봉제품 수출은 480만 달러(하바로프스크 주 총 수출량의 6.5%)에 달했다.

# 여섯째, 북한은 러시아를 적극적으로 활용하고 있다?

푸틴 대통령의 등장과 함께, 양국관계는 새롭게 발전하고 있다. 2000년 2월 '조·러 우호선린협력조약'이 체결된 이후, 정상회담이 빈번하게 이루어지고 있다. 2000~2002년 사이에 3차례의 북-러 정상회담이 이루어졌다.

3차례의 정상회담에서, 러시아는 구체적인 남·북·러 간 3각 협력 프로젝트를 제시하고 있다. 중요한 프로젝트는 TSR/TKR 연결사업과 구소련이 북한에 건설한 북한 내 산업시설을 복원하는 사업이다.

## ▶ 극동지역은 양국을 결속시키고 있다

러시아와 북한 사이에는 러시아 극동지역이 있다. 양국간에는 러시아 극동지역에서의 경협문제를 비롯하여, 북한 내의 산업시설 재건 지원 문제 등이 중심에 있다. 극동지역에 대한 양국의 관심이, 목적은 다를지라도, 양국을 결속시키고 있다.

1994년 북한정부 대표단이 극동지역을 방문하여 양국간 무역·경공업·건설·농산물 분야에서의 협력에 합의했다. 양국은 무역 분야에서 러시아 지방정부와 상호 수출품목을 논의하였고, 경공업 분야에서 극동지역 원료를 이용한 봉제품의 공동생산을, 건설부문에서 블라디보스톡에 북한 해외건설 관리국 대표부를 설치하는 문제를, 농산물 부문에서 협동조합에 기초한 콩 재배 및 복합사료 개발 등에 대해 합의를 이루었다.

1990년대 초반에 냉각기간을 가졌던 양국은 1990년대 중반부터 다시 가까워지기 시작했다. 평양과 하바로프스크, 평양과 블라디보스톡(1996년 8월) 간에 직항로가 개설된 데 이어, 극동지역 대표단이 북한을 방문하기도 했다. 2000년이 가까워 오면서, 양국간의 관계는 더욱 긴밀한 협력관계로 접어들게 된다.

양국간의 경제협력 논의가 계속되었다. 북한의 국제무역촉진위원회(무촉위)와 러시아 극동투자회사는 평양대표부 설치에 합의하였고, 북한·연해주 간에 자유경제무역지대에 관한 협력 협의(1998년 3월), 북한·아무르 주 간에 농업 및 임업분야 협력 의정서 조인(2002년 8월), 하바로프스크에서 북한상품 전람회(2003년 7월) 개최 등으로 이어졌다.

2000년 블라디미르 푸틴이 대통령에 당선되면서, 북한의 러시아 극동지역에 대한 관심은 보다 구체화되었다. 2002년 4월 북한대표단(단장 조창덕 내각 제1부총리)은 김정일 국방위원장의 지시로 블라디보스톡(연해주), 하바로프스크(하바로프스크 주), 블라고베쎈스끄(아무르 주) 등 극동 도시를 방문하였다.

2002년 8월에는 양국 정상회담을 블라디보스톡에서 개최하기도 하였다. 러시아 극동지역이 양국 정상의 만남을 주선한 결과였다. 양국간의 목적은 다르겠지만, 극동지역을 중심으로 해서 양국이 결속되고 있음은 부정할 수 없다. 결국 러시아 극동지역은 양국간 경협 대상지이자, 정치적 중심지로 부상하고 있다.

## ➡ 극동지역과 양국의 경제관계는?

### 전통적인 원조/수혜관계를 벗어나면서

1987년 6월의 제21차 조·소 경제과학기술협력위원회 회의에서 양국은 전통적인 원조/수혜관계(신용이나 차관 공여 등)를 지양하고, 과거 북한 내 산업시설에 대한 지원이나 협력정책에서 탈피하여 합영사업 및 협동생산 형태로 경제협력을 추진할 것에 합의했다. 그리고 중앙정부 차원이 아닌, 양국 기업 및 조직간 사업으로 하는 합영사업을 극동지방에서 추진하기로 했다.

실제 소련의 58개 봉제공장과 북한 공장이 연계되었고, 농업분야에서는 1988년 극동지역 2개 소프호즈(농장)에서 북한 노동자들이 총 3,140톤의 채소와 콩을 재배하였다. 그리고 1989년에는 7개 농장에서, 총 2만 9,300톤의 채소, 콩, 곡물을 생산하기도 하였다.

소련과 북한의 국가계획위원회 간에, 2000년까지 소련과 북한의 장기 협력 프로그램 조인에 관한 협상이 이루어졌다. 여기에서는 북한 산업의 현대화에 대한 다양한 과제가 포함되어 있다. 전력산업·광산산업·금속산업·전자산업·화학산업·경공업·임업 및 어업·교통 등 여러 분야를 포괄하고 있다. 북한은 극동지역과 관련하여 다음과 같은 내용을 제안하기도 했다. 즉 주석 매장지 개발에 북한 참여, 코크스탄 탄광 개발에 북한 노동력 활용, 목재폐물을 이용한 섬유소공장 건설, 목재생산 등을 제안한 것으로 알려져 있다.

소련과 북한은 오랜 기간 상호 밀접한 경제협력 관계를 유지해왔으나 1990년이 지나면서, 양국간의 전통적인 경제협력이 유명무실해졌고 러시아와 북한의 관계는 이념에 기초한 정치 군사적 동맹관계에서 벗어나, 시장경제

논리에 따르는 경제협력의 파트너로서 새로운 관계를 시작하게 되었다.

## 양국간 무역거래는 바닥을 치고 올라서다

1991년 이후 러시아는 시장경제 체제로 전환되고 있었다. 따라서 양자간 무역관계는 경화 결제방식으로 전환되었다. 한-소 수교 등으로 정치·경제 등 모든 분야에서 양자 관계가 소원해졌다. 교역량이 급감하였고, 경제지원은 사실상 중단되었다. 결국 양국간의 경제협력 관계가 급속히 위축되며 이후 교역규모 감소세가 계속되어, 1995년에는 1억 달러 이하로 떨어졌다.

1996년 4월, 평양에서 제1차 '북·러 무역경제 및 과학기술 협력위원회' 회의가 개최되었다. 당시 양국은 부총리급을 수석대표로 하여, 대외경제·농업·철도·경공업·임업 등 경제 각 분야에서 협력하는 방법을 모색하여왔다. 그리고 이 회의를 연례화하기로 했다. 또한 양국은 이 회의의 후속조치 성격으로 1996년 11월 투자보장 협정을 체결하여 러시아의 나진/선봉지대 투자 확대·대북 원유제공·금속공업 제품교환 등을 통한 양국간 무역 확대를 꾀했다. 양국간 경제관계 재조정은 1996년 11월 '투자 장려 및 상호 보호협정' 체결을 시발로 하여, 1997년에 들어 과학기술협력 의정서, 이중과세 방지협정 체결, 농업·어업·과학기술 협조 등으로 이어졌다. 그러나 당시의 양국간 무역 거래는 저조한 실정이었다.

북한의 대 러시아 무역

(단위: 백만 달러)

| 연도 | 1990 | 1991 | 1992 | 1993 | 1994 | 1995 | 1996 | 1997 | 1998 | 1999 | 2000 |
|------|------|------|------|------|------|------|------|------|------|------|------|
| 수출 | 908 | 171 | 65 | 39 | 40 | 16 | 29 | 17 | 8 | 2 | 3 |
| 수입 | 1,315 | 194 | 277 | 188 | 100 | 68 | 36 | 67 | 57 | 48 | 43 |
| 합계 | 2,223 | 365 | 342 | 227 | 140 | 84 | 65 | 84 | 65 | 50 | 46 |

출처: 임인택|KOTRA 북한실

양국간의 인적교류 및 협력사업 확대 움직임은 2000년부터 본격화되기 시작했다. 2000년 10월 '경제무역과학기술 협력위원회'에서 임업협력 협정(1965년, 1999년)에 기초해서, 러시아 극동지역에서 북한 노동력 사용에 대해 합의하였다. 원래 북한 노동력의 활용 지역은 하바로프스크 주와 아무르 주로 한정되어 있었고, 작업범위도 원목생산에 국한되어 있었다. 그러나 양국은 이제 작업지역을 연해주 등으로 넓히는 한편, 복구 작업에도 그들을 이용하기로 합의하였다.

실제 아무르 주와 북한은 부레이스까야 수력발전소 부지 준비작업에 북한 노동력을 이용하는 데 합의했다. 러시아 측은 건설부문에서 북한의 전문가와 노동자를 이용하기로 합의하였다. 2000년, 러시아 정부는 연해주에서 건설과 임업분야 등에 5,000명의 북한 노동자 사용을 허가했다.

2000년을 지나면서, 양국간 경제협력을 위한 법적/제도적 장치가 마련되고 있다. 러시아와 북한 간에 '통상·경제협력위원회' 회의가 정기적으로 열리고 있으며, 여기에서 양국간 다양한 분야의 경제협력 문제가 합의되고 있다. 주로 석탄·목재·경공업·교통 분야가 대표적이다.

양국간 교역은, 2000년에 4,600만 달러로 1990년 이후 최소 교역액을 기록했지만, 2001년도부터 서서히 증가하기 시작한다. 2002년 현재, 러시아는 북한의 제7위 교역대상국의 위치를 유지하고 있다. 현재 양국 상품교역량의 70%가 러시아 극동지역에서 이루어지고 있다.

북한의 대 러시아 무역 동향

(단위: 백만 달러)

| 구분 | 2002년도 | | | 2001년도 | | |
|---|---|---|---|---|---|---|
| | 총액 | 수출 | 수입 | 총액 | 수출 | 수입 |
| 러시아 | 80.6 | 3.6 | 77.0 | 68.3 | 4.5 | 63.8 |

북한은 구소련의 지원으로 건설된 자신의 공장/기업소의 복구사업에 러시아의 지원을 요청하고 있다. 북한은 러시아 극동/시베리아 지역(케메로보, 사하, 이르쿠츠크 등)을 중심으로 건설노동자를 파견하고 있으며, 탄광 공동개발 등을 통한 석탄/코크스 확보 노력을 전개하고 있다. 그밖에 임업·수산업 부문의 협력사업도 꾸준히 추진하고 있다.

지난 2001~2002년, 김정일 위원장이 2회에 걸쳐 러시아 극동/시베리아 지역을 방문했다. 이를 계기로 북한 경제대표단이 동지역을 잇달아 방문하여, 농수산업·임업·건설업·무역·광업·철도 등 경제 전반에 걸쳐 부문별 경제협력을 모색해왔다. 특히 2001년 풀리코프스키의 북한 방문 시, 북한은 자원 확보와 외화벌이 사업에 집중하여 경협문제를 논의한 것으로 알려져 있다. 2003년 들어 북한의 임업성·경공업성·금속기계공업성·철도성 대표단이 러시아 극동지역을 방문하여 경공업 협력 의정서를 체결하는 등, 경제협력 움직임이 활발하게 진행되고 있다.


## 북한은 러시아 극동의 개발사업에 참여하고 있다

북한은 러시아 극동의 개발사업에 자금과 노동력을 동원하여 참여하고 있다. 러시아 통계위원회의 발표에 따르면, 1998년 말 기준으로 북한의 대러시아 투자는 210만 달러인 것으로 알려지고 있다. 북한 기업은 하바로프스크에 9개 사, 연해주 8개 사, 사할린 6개 사, 아무르 2개 사 등 총 25개 사가 러시아에 진출해 있다. 그리고 주요 업종은 건설·농업·요식업·자동차 정비업 등에 종사하고 있다(조명철|대외경제정책연구원).

북한과 러시아는 1997년 이래 러시아 사하공화국 내에 있는 코크스 탄광 공동개발을 추진하고 있다. 한편 1998년 4월에는 김책제철소에 대한 코크스 탄 공급을 주요 내용으로 하는 '김책공장 현대화에 관한 협정'을 체결한

바 있다. 그러나 러시아의 대 북한 코크스 수출은 1999년에는 전무하였고, 2000년에는 2,000톤, 13만 6,000달러에 불과했다(조명철 | 대외경제정책연구원).

2000년 9월에 북한의 전기·석탄공업성 대표단이 러시아를 방문하여, 동 탄광 개발의 실태 및 운영상 문제를 파악한 바 있다. 코크스탄은 북한 철강공업 회생을 위해 절대적으로 필요한 연료이다. 따라서 동 탄광 개발의 추이를 주목할 필요가 있다.

2001~2002년, 북한 정부 당국자는 연해주를 비롯한 러시아 극동지역에서의 다양한 프로젝트에 대해 러시아 측과 회담을 가졌으며, 북한 측은 극동지역에 노동력을 수출하는 문제에 강한 관심을 갖고 있음을 숨기지 않았다. 러시아 측 자료에 의하면, 연해주에서 북한 노동자의 비중은 2001년 기준으로 중국 다음으로 많은 13.6%를 차지하고 있다. 이들은 주로 건설과 농업부문에 종사하는 것으로 알려지고 있다.

러시아 관리의 지적에 의하면, 2001년에 북한 노동자 2,000여 명이 연해주에 투입되었고, 2002년에는 2,500명이 투입되었다. 그리고 북한이 구소련 시절에 진 부채 55억 달러의 일부를 파견된 노동자들의 노동에 대한 노임으로 상환하고 있음을 지적하고 있다. 이들 북한 노동자들은 러시아 기업에서

연해주 외국인 노동자수

|  | 2000 | | 2001 | |
| --- | --- | --- | --- | --- |
|  | 명 | % | 명 | % |
| 중국 | 7,708 | 65.8 | 9,639 | 65.0 |
| **북한** | **1,469** | **12.6** | **2,013** | **13.6** |
| 베트남 | 940 | 8.0 | 1,328 | 8.9 |
| 한국 | 338 | 2.9 | 351 | 2.4 |
| 기타 | … | … | … | … |
| 전체 | 11,712 | 100.0 | 14,837 | 100.0 |

러시아 월 평균 임금의 30%도 안 되는 저임금으로 노동을 강요당하고 있다.

현재 북한과 러시아 양국은 TSR/TKR 연결사업, 광물자원의 공동개발, 북한에서 러시아 원유가공, 북한에 전력 공급, 벌목과 농업분야에서의 협력 등에 많은 관심을 보이고 있다. 극동지역의 자원개발에 대한 북한의 참여는 서로가 서로를 원하는 협력사업이 된다. 러시아 극동의 개발사업에 북한이 참여할 수 있는 분야는, 아쉽게도, 북한의 노동력 수출밖에는 없는 듯하다.

## ▶ 푸틴이 2000년 7월 북한을 방문했다

### 공동선언 내용 분석

북한과 러시아 간의 관계 복원과정에서 문제시되었던 것은 '우호협력 및

1995년 8월 러시아가 자동 군사개입의 내용을 담고 있던 '우호협력 및 상호원조 조약'의 사문화를 선언하면서 새로운 원칙에 따른 신조약 체결 문제가 대두되었다. 북한이 1996년 9월 3일 수정안을 제시, 1997년 1월부터 협상이 시작되었다. 러·북 양측은 1998년 12월 외무장관 협의에서 새로운 조약 탄생을 확신하였고, 1999년 3월 17일 카라신 외무차관의 방북을 계기로 양국간 새로운 '우호선린 및 협조 조약'을 가조인하기에 이르렀다.

푸틴은 2000년 2월 이바노프 외무장관을 평양에 보내, 백남순 외무상과 함께 12개항의 '우호선린 및 협조 조약'을 정식으로 체결토록 했다. 이 신조약에 따르면 쌍방 중 일방이 침략당할 위기상황에 봉착할 경우, 평화와 안정을 위협하는 상황이 발생할 경우, 그리고 협의와 협력이 불가피할 경우에 쌍방은 즉시 접촉하도록 되어 있다.

신조약의 체결로 그동안 소원했던 양국관계를 정상화시키는 기틀이 마련되었으나 러시아 국가두마(하원)가 비준을 연기시켜오다가 2000년 7월로 예정된 푸틴의 방북에 앞서 러시아 국가두마와 연방의회(상원)는 2월에 '우호선린 및 협조 조약'을 비준했다. 이로써 그동안 냉각된 양국관계를 화해와 협력의 관계로 전환시킬 수 있는 토대가 구축된 것이다.

상호원조 조약'(1961)을 대신할 수 있는 새로운 조약을 체결하는 문제였다. 오랜 협상과정을 거쳐, 새로운 조약이 탄생하게 된다. 북한과 러시아 간 '우호 선린 및 협조 조약'이 체결(2000.2.9.)되었다.

푸틴 대통령은 옛 소련과 러시아를 통틀어 러시아 최고지도자로서는 사상 처음으로 북한을 방문했다. 2000년 7월 19~20일, 푸틴 러시아 대통령이 평양을 방문하여 김정일 국방위원장과 정상회담을 가졌고, 총 11개항으로 구성된 공동선언(이하 '평양선언')을 발표하였다. 그 내용들을 보면, 불리하게 조성되고 있는 외부환경의 변화를 위해 쌍무관계를 다각적으로 발전시키고자 하는 양국정상의 의지가 잘 나타나고 있다.

우선 북한은 "개별국가의 체제선택의 자주적 권리와 내정불간섭·독립·자주권·영토보존의 수호를 위한 쌍방의 노력"에 러시아의 지지를 이끌어내면서 체제안정을 도모하고자 했다. 또한 북한은 "자신의 미사일 프로그램이 순수한 평화적인 성격을 띤다고 확인"함으로써, 미국의 미사일 방어체제 구축의 빌미가 되고 있는 자국의 핵·미사일 개발문제에 대한 미국과 국제사회의 압력을 모면하고자 했다. 한반도 문제에 대해서도 북한은 "6·15 남북 공동선언에 따른 한반도 통일문제의 남북한 자주적 해결과 외부의 불간섭"에 대한 러시아의 지지를 이끌어내, 미국의 간섭과 압력을 배제코자 했다.

푸틴은 김정일로부터 미사일 개발계획의 '조건부 포기' 의사를 이끌어내, 이를 G-8 정상회담에서 주요 논의의 대상으로 삼았다. 한반도를 비롯한 동북아 및 국제사회에서의 입지를 강화하고, 대마·대남 협상력을 높일 수 있게 되었다. 한편 북한은 공동선언에서 나타났듯이 자신의 핵미사일 문제에 대한 러시아의 이해를 구하고, 이 문제에 대한 논의에 러시아를 끌어들여 외교·안보적 결속을 강화했다. 이를 통해 대마·대남 협상력 제고와 국제사회에서 위축된 입지를 넓혀 전방위 외교의 추진을 지속할 수 있게 되었다.

이동형인하대학교

북한과 러시아는 정치·안보협력의 발전을 도모함으로써, 양국 정상간 신뢰 구축을 다졌다. 특히 '안보위기시 즉각 접촉한다'는 내용은 양국의 안보적 협의 범위를 폭넓게 설정함으로써, 양국의 군사·안보협력 발전 가능성을 포함하고 있다고 볼 수 있다. 또한 양국은 경제협력에 대한 법적·제도적 토대를 마련하고, 협력 가능 분야(특히, 북한의 관심분야인 합작기업의 재건)에 대한 협력을 다짐했다. 결국 푸틴의 방북은 양국간 쌍무적 협력관계의 발전을 위한 기틀을 다지고, 정치·경제적 협력을 강화해 나가는 계기가 되었다고 볼 수 있다.

## ▶ 김정일은 2001년 7월 26일부터 8월 18일까지 러시아를 방문했다

김정일은, 2000년 7월 푸틴 대통령의 방북에 대한 답방 형식으로, 2001년 7월 26일부터 8월 18일까지 철도편으로 러시아를 방문했다. 공식 방문을 통해 한·소수교 이후 소원했던 북한과 러시아 간의 관계를 완전 정상화시켰다. 8월 4일 정상회담을 마치고 양국 정상이 발표한 '북·러 모스크바 선언'(2001.8.4.)에 TKR과 TSR의 연결사업·미국에 대한 공동보조·한반도 정세 등에 대한 합의를 담고 있다.

### 양국간 관계가 활발해지기 시작했다

평양 정상회담 이후, 북한과 러시아는 정치·경제·군사 등 여러 분야에서 실질적인 협력을 구체화하기 위한 협상을 순차적으로 진행시켰다. 2000년 10월 17~21일에는 제3차 '경제무역 및 과학기술 협력위원회'를 개최하여 다양한 경제협력 확대방안을 논의하였고, 동년 11월 28일~12월 6일에는 리인규 북한 외무성 부상이 극동지역을 순회하면서 러시아 극동 지방정부와의 경제교류 활성화를 모색하였다. 또한 2001년 3월(16~20일)에는 악쇼넨코 러시아 철도부 장관이 방북하여 철도협력을 위한 회담을 개최하고, TSR과 TKR 연결사업을 논의했다.

북한과 러시아는 최대현안 중 하나였던 북한의 대러 외채문제를 논의했다. 2001년 5월 25일부터 사흘간 평양에서 진행된 양국 경제실무협상을 통해 외채규모를 55억 달러로 결정하고, 향후 30년간 분할 상환한다는 데 합의했다.

2001년 4월 27일에는 김일철 인민무력부장이 러시아를 방문하여 이바노프 국방장관과 '2001년 군사협력협정'을 체결하고, 북한 군인사에 대한 교육 등을 포함한 양국간 군인사 교류 활성화를 모색했다. 그리고 클레바노프 방위산업담당 부총리와는 '방위산업 및 군사장비 분야 협력협정'을 조인했다.

결국, 북한과 러시아와의 협력관계는 정치·경제·군사 등 여러 분야에서 활발하게 진행되고 있었다. 활발한 양국관계/협력관계의 발전은 김정일의 방러(2001년 7월 26일~8월 18일)를 실현시키는 중요한 하나의 동기로 작용하게 된다.

김정일의 모스크바 방문 배경을 보면 첫째, 부시 미 행정부의 출범 이후 북·미관계가 냉각되었으며, 미국이 미사일 방어(MD)체제 구축을 강력히 추진하고 있어 이해관계를 같이하는 러시아와의 의견 조율 및 연대 강화가 필요했다. 둘째, 미국의 MD체제 구축에 강력히 반발하고 있는 러시아와 중국과의 연대를 통해 한미·일과의 대화 재개와 협상력 강화를 모색코자 했다. 셋째, 평양 정상회담에서 합의한 경제협력을 구체화하고자 했다. 북한은 경제재건을 위해 개보수가 시급한 생산시설들에 대한 러시아의 지원이 필요했고, 특히 심각한 전력난의 해결을 위한 러시아의 협력이 절실했다. 넷째, 군사력 강화를 위해 러시아와의 군사협력을 증진시키고자 했다.

푸틴의 입장에서는 첫째, 미국의 MD체제 구축에 반대하는 세력을 결집하여 대미 협상력을 강화하고, 이를 통해 동북아 및 한반도에서 영향력을 강화하여 대 남한 카드로 활용코자 했다. 푸틴은 반(反) MD 연대 구축의 연장선상에서 김정일의 방문을 받아들였다. 둘째, 푸틴은 지난 평양 정상회담 이후 지속되고 있는 북한의 산업시설 재건에 대한 요구를 한국이 참가하는 3각 경제협력의 형태로 발전시키고자 했으며, 나아가 615 남북 정상회담 을 계기로 남북간에 긴장이 완화되고 교류가 활성화되고 있는 상황을 이용하여 TKR과 TSR 연결사업을 현실화시키고자하는 의도를 가지고 있었다.

이동형 | 인하대학교

## 모스크바 정상회담(2001.8.4.) 및 공동선언 내용

2001년 8월 4일 양국 정상은 단독 및 확대 정상회담을 가진 후, 그 결과를 총 8개 항으로 구성된 '북·러 모스크바 선언'(이하 모스크바 선언)을 통해 발표하였다. '모스크바 선언'은 '평양선언'에 대한 내용을 재확인하는 내용도 있었으며, 국제환경의 변화에 따라 추가 또는 변경된 내용들도 존재한다.

제2항에서 북한은 "자신의 미사일 프로그램이 평화적인 성격을 띠고 있기 때문에, 북한의 자주권을 존중하는 타국에 위협되지 않는다"고 주장하고, "러시아는 북한의 이러한 입장을 환영한다"고 명시했다. 이는 북한의 자주권을 존중하지 않는 국가에게는 위협이 될 수도 있다는 우려를 야기시킬 수 있는 내용으로, 미국의 대북압력에 대한 북한의 입장을 러시아가 옹호했다고 볼 수 있다. 이와 관련해 정상회담에서 김정일은 푸틴에게 2003년까지 미사일 발사를 유예할 것임을 재차 확인시킴으로써 푸틴의 양보를 이끌어냈다고 볼 수 있다.

제5항에서 "합작기업 특히 전력부분 기업의 재건을 우선적으로 실현하고, 이를 위해 러시아는 북한의 양해하에 외부재원을 유치"하기로 합의했다. 이는 북한이 지고 있는 55억 달러의 부채를 경협과 연계시키겠다는 러시아의 의지가 반영된 것이며, 나아가 대북 투자자본이 부족한 러시아 입장에서는 한국을 고려한 3각 협력 속에 러시아의 한국에 대한 외채와 상계하겠다는 의지의 표현으로 볼 수 있다.

제6항에서는 "TKR과 TSR의 연결사업이 실현단계에 진입했음을 선포"하였다. 러시아는 북한 철도의 현대화와 남북철도 연결사업에 참가를 희망하는 등 철도 연결사업의 실현을 위해 적극적인 노력을 기울여왔다. 이제는 정상회담을 계기로, '실질적인 연결사업을 추진하자'는 푸틴의 강력한 의지가 담겨 있다고 볼 수 있다.

제7항에서 "러시아는 6·15 남북 정상회담의 합의와 남북문제의 외세 불간

섭을 지지하며, 향후 한반도에서 건설적이며 책임 있는 역할을 수행할 용의가 있음"을 표명했다. 이는 한반도 문제에 영향력을 확대할 수 있는 발판을 확실히 다지고자 하는 러시아의 의지 표현이라고 할 수 있다.

제8항에서는 "주한미군의 철수를 주장"했다. 북한은 6·15 남북 정상회담 이후 주한미군에 대한 문제를 사실상 '묵인'해왔으나, 부시 행정부가 대북 강경정책을 지속하고 특히 북한의 재래식 무기 감축문제까지 의제화하려 했기 때문에, 주한미군 철수문제에 대한 러시아의 이해를 구하고자 한 것이었다. 북한은 이 문제를 대미 협상카드로 활용하여, 북·미 대화의 재개와 협상력 강화를 모색코자 했던 것이다. 러시아는 한국과 미국과의 관계를 감안하여 "이 입장에 대한 이해를 표명하고, 비군사적 수단을 통한 한반도의 평화와 안정의 필요성을 강조한다"는 수준에서 북한의 입장을 배려하였다. 나아가 러시아는 "북·미, 북·일 회담의 진전을 기대"한다고 언급함으로써 북한의 대미/일 관계 정상화 의지에 대한 지지와 그 과정에서 자국이 일정한 역할을 담당코자 했다.

모스크바 선언에서 나타난 북한의 이해는, 러시아와의 정치/안보적 결속 강화를 통해 미국으로부터의 압력 해소와 대미 대화 재개 및 협상력 신장, 군사협력을 통한 군사력 현대화, 경제협력을 통한 전력난 해소, 그리고 낡은 산업시설의 재건에 있었다. 한편 러시아는 북한과의 관계증진을 통해 대미 협상력 제고와 한반도에서의 영향력 강화 등의 정치/안보적 이익, TKR-TKR 연결사업의 구체화와 북한경제 재건을 위한 외부재정의 도입 등의 경제적 이익, 그리고 군사부문의 협력을 모색하는 등 다방면에서의 협력증진을 꾀하고자 했다. 이와 같이 양국간의 협력은 점차 선언적인 측면보다는 양국에 실질적인 이익이 되는 방향으로 발전하고 있음을 알 수 있다.

# ▶ 김정일은 2002년 8월 블라디보스톡에서 푸틴과 정상회담을 했다

김정일은 2002년 8월 20일부터 24일까지 러시아의 극동지역을 방문했다. 블라디보스톡에서 푸틴 러시아 대통령과 2000년 이후 세 번째 정상회담을 가졌다. 양국 정상은 한반도의 평화와 안정은 물론 TKR/TSR 연결 프로그램을 비롯한 북·러 간 경제협력 확대를 위해 노력할 것에 합의했다.

## 양국관 관계가 더욱 구체화되고 있다

2001년 모스크바 정상회담 이후, 북한과 러시아의 협력관계는 급속히 진전되었다. 양국간의 밀접한 외교관계는 김정일의 안드레이 카를로프 평양주재 러시아 대사 접견(2001년 12월 5일)과 러시아 대사관 방문(2002년 1월 6일, 3월 17일)이나, 이바노프 러시아 외무장관의 모스크바 주재 북한대사관 방문(2002년 1월 18일)으로 이어졌다. 뿐만 아니라, 백남순 북한 외무상의 방러(2002년 5월 20~23일)와 이바노프 외무장관의 남·북한 연쇄방문(2002년 7월 26~29일)이 뒤따랐다.

양국은 실질적인 경제협력을 위해 활발한 접촉을 가졌다. 정상회담 직후인 2001년 9월(4일~14일)에는 바체슬라브 발라킨 러시아 철도부 국제협력국장이 방북하여 TKR-TSR 연결사업을 구체화하기 위한 현지조사를 실시했다. 2002년 2월(10~12일)과 4월(24-27일)에는 콘스탄틴 풀리코프스키 러시아 극동지역 전권대표가 북한을 방문하여 외채 상환문제 등 현안문제와 경제협력 활성화 방안 등을 논의하고, 북한과 극동지역 간 '협력에 관한 비망록'을 체결하였다.

그리고 2002년 3월 말에는 최태복 북한 최고인민회의 의장이 러시아를 방문하여, 북한에 원자력발전소를 건설하는 문제와 북한 노동자들을 모스크바 소재 공장에 파견하여 전문교육을 받게 하는 문제를 포함한 상호 경제협력 방안을 논의했다. 동년 4월(4~12일)에는 북한의 조창덕 내각 부총리가 경제대표단을 인솔하여 러시아 극동지역을 방문하고 경제협력 방안을 모색하기도 했다.

이와 같이 북한과 러시아는 2001년 정상회담 이후 실질적인 협력관계로의 발전을 강화하였으며, 특히 지리적으로 인접한 러시아 극동지역과의 협력에 관심을 집중시켰다. 이런 가운데 양국 정상은 러시아의 블라디보스톡에서 만나 비공식 정상회담을 개최(2002년 8월 23일)했던 것이다.

## 블라디보스톡 정상회담(2002.8.23.)의 내용

왜 푸틴은 블라디보스톡으로 가서, 김정일과 정상회담을 개최했을까? 2002년의 블라디보스톡 정상회담은 비공식 실무회담으로 개최되어, 공동선언문이 발표되지 않았다. 따라서 정확한 합의사항을 알 수는 없다. 그러나 푸틴 대통령의 기자회견 내용을 중심으로, 그 이유를 찾아보고자 한다.

정치적인 측면에서 러시아는 북한 및 한반도에서의 입지를 지속, 강화하고자 했다. 김정일은 어렵게 진행되고 있는 남북관계와 북·러 정상회담 이후 개최될 북·일 정상회담, 그리고 북·미 대화 재개에 대한 자국의 입장을 설명하고 푸틴의 지지를 확보하여, 한·미·일과의 협상력을 강화하고자 했다. 여기에서 푸틴은 러시아의 남북관계 발전에 대한 적극적인 개입의사를 표명하고 김정일의 지지를 확보함으로써, 한반도에서 자국의 영향력이 지속되고 있음을 재확인했다.

경제적인 측면은 양국 모두에게 중요한 문제였으며, 구체적인 협력방안들을 논의하였다. 모스크바 정상회담 이후 북한은 여러 차례의 실무회담을 통해 전력분야를 중심으로 한 산업시설들의 개·보수를 위한 러시아의 지원과 협력 및 임업·어업·광업·농업·건설 등 다양한 분야에서 협력을 발전시키기로 합의했다. 따라서 김정일은 이번 극동방문에서 이러한 합의에 대한 보다 구체적인 실현 방안을 논의했다고 볼 수 있다. 한편 푸틴은 정상회담에서 TKR/TSR 연결사업을 최우선 의제로 내세우면서, 양국간의 경제협력에 적극적으로 임했다.

한반도에서는 6·15 남북 정상회담 이후, 경의선과 동해선 연결사업이 실현단계로 발전하고 있다. 따라서 만약 러시아가 적극적으로 나서지 않는다면, 주도권을 중국에게 빼앗길 수도 있다는 우려 때문이었다. 러시아는 2001년 모스크바 정상회담 직후부터 철도 연결사업을 위해 북한에 대한 실사작업을 추진하고 있으며, 북한 기술자를 러시아로 초청해 기술훈련을 시키고 있다. TKR/TSR 연결사업은 남·북한의 협력이 필수적이며, 북·러 경제협력과 극동지역 개발을 위해서도 한국의 참여가 중요했다. 따라서 푸틴은 정상회담 후의 기자회견에서, "남·북한의 협력은 곧 러시아를 위한 것이기 때문에, 러시아는 이 협력을 계속해서 시도할 것"이라고 강조했다.

블라디보스톡 정상회담에서 양국은 북한과 인접한 극동지역을 중심으로 하는 구체적인 경제협력 방안을 논의했다. 극동지역의 경제발전을 위해서는 동북아 지역의 안정이 필요했고, 이러한 측면에서 러시아에게는 북한과의 협력이 더욱 필요했다. 이 지역에서의 경제협력/자원개발 사업에 북한의 노동력이 절실하며, 나아가 한국이 참여하는 3각 경제협력이 중요하게 인식되었다. 특히 푸틴은 블라디보스톡 정상회담에서 TKR/TSR 연결사업을 구체화했다.

## ▶ 경제 활성화를 지원하라

### 다양한 협력사업을 강구하다

1990년이 지나면서, 북한과 러시아의 관계는 상호호혜 원칙으로 변화되었다. 소련 원조로 건설된 북한 산업시설의 현대화 및 확충에 필요한 새로운 차관이 제공되지 않았다. 1992년부터 국가간 투자협력은 실질적으로 중단되었다. 해산물 가공 합작기업 및 채굴산업 등에 대한 러시아 기업의 소규모 개별적인 투자만이 존재하고 있었다.

러시아의 입장에서 양국관계를 본다면, 양자간의 협력관계는 항상 정치적인 문제로 해석된다. 양국간의 관계는, 비록 경제사회·문화 관련 문제일지라도, 정치적으로 해석되어야 한다.

1990년 이래 지난 10년 동안의 러북관계는 탈정치화 되었다. 때맞추어 러시아의 정치적 영향력은 추락하기 시작했다. 북한의 경제상황 역시 파국으로 치닫기 시작했다. 양국이 안고 있는 부정적 현상들을 극복하기 위해서, 양자간 관계는 다시 정치적으로 연결되기 시작했다.

2000년이 지나면서, 양국은 활발하게 경제문제에 대해서 논의하기 시작했
다. 양국은 북한 내 산업시설의 재건·보수 및 현대화 문제, 극동지역에서의
경협문제 등에 대해서 논의하기 시작했다. 이전과 차이점이 있다면, 극동지역
에서의 경협문제가 보다 구체적으로 언급되고 있다는 점이다. 김책 금속공장
을 포함한 일련의 북한 산업시설 복구를 위한 협상 과정이 활발해졌다.

러시아는 연간 주철 140만 톤, 철 220만 톤, 압연 150만 톤의 생산능력을
가진 김책 제철소의 재건에 대해서 이야기하기 시작했다. 이에 더해서 북한은
승리화학공장, 나진항의 근대화, 동평양화력발전소 재건 등을 논의하고 있다.
발전소 및 제철소 현대화는 북한의 대 러시아 부채 상환문제와 맞물려 있다.
따라서 북한 내 제반시설의 개보수 및 현대화와 관련하여, 양국이 과거 부채를
어떻게 조정할지 주목된다.

2002년 2월 양국간 우호 협력협정을 체결한 이후, 통상·경제협력 관계가
안정되고 있다. 북한은 러시아 극동지역 및 시베리아 지역과의 통상·경제관
계에 높은 관심을 보이고 있다. 이러한 관심은 우연한 것이 아니다. 전통적으
로 러시아와 북한의 경제협력이 이 지역에서 70% 정도가 이루어졌기 때문이
다. 2002년 블라디보스톡에서 양국간 정상회담이 개최된 것 역시 우연한
것이 아니다. 극동지역에서 활발하게 추진되고 있는 벌목·석유채굴·광업·수
산업 분야 등에서의 협력 문제가 논의되었다.

3차례에 걸친 정상회담에서 김정일은 푸틴에게 당면한 전력난과 경제난의
극복을 위해, 원자력 발전소 등 전력산업의 개·보수 문제를 논의하였다. 산업
시설의 가동을 위한 원료공급과 통신·항만시설 등의 사회간접자본 확충 등을
요구하였다. 그리고 러시아 극동지역으로의 노동력 송출을 통한 경제협력
등의 문제를 협의하였다.

이에 대해 러시아는 자국의 자원과 북한의 노동력, 한국의 자본을 합한
3각 경제협력의 바탕 위에서, 북한지역의 산업시설에 대한 재건사업과 극동
지역 개발에 관심을 보이고 있다. 러시아는 남·북·러 간 3각 협력 프로젝트에

기초해서, 북한 내 산업시설 복원사업을 추진할 것을 바라고 있다. 즉 러시아는 소련 시절에 북한에 건설한 70여 개의 공장, 그 중에서 특히 발전소를 재가동시키는 문제를 남·북·러 간 3각 협력 차원에서 검토하는 것을 희망하고 있는 것이다.

결국 북한은 자신의 경제재건에 필요한 자원을 러시아 극동지역에서 찾고 있다. 러시아 극동지역과 북한을 잇는 경제협력을 모색하고 있는 것이다. 즉 극동지역의 임업·어업·농업·광산업 등에서 북한 노동력을 매개로 한 협력을 구상하고 있는 가운데, 북한지역의 통신·항만건설 등 인프라 구축을 위한 협력을 모색하는 한편 전력생산을 위한 발전소 개·보수에 따르는 다양한 협력 방안들을 모색하고 있는 것이다.

## 러시아는 북한에 경제지원을 할 것인가?

러시아가 북한과의 경제협력을 생각하는 궁극적인 목적은 북한 시장을 겨냥하기보다는, 한국과 일본을 비롯한 동북아 국가들의 자본과 시장에 맞추어져 있다.
러시아 극동지역의 개발사업을 위해서는 동북아 국제질서가 안정화되어야 할 것이다.
러시아는 이러한 국제질서를 위해 북한에 일정 부분 지원사업(?)을 하게 될 것이고, 북한과 협력하게 될 것이다.
북한은 러시아의 지정전략을 교묘히 이용하면서, 자신이 더 많은, 더 유리한 '대접'을 받기 위해 노력하고 있다. 그리고 러시아는 자신에게 배당된 '몫'을 일정 부분 한국에게 넘기려 하고 있다.

## 러시아, 북한에 석유를 공급할 것인가?

≪동아일보≫, 2005.3.23

북한과 러시아가 철도를 이용한 에너지 협력방안을 추진하고 있다. 1990년대 중단되었던 러시아의 대북(對北) 석유공급이 재개될 가능성이 커진 것이다. 극동지역을 방문 중인 겐나디 파데예프 러시아 철도공사(RZD) 사장은 2005년 3월 22일 "러시아 기업들이 러시아 하산~북한 나진을 잇는 철도 연결사업에 투자할 계획을 갖고 있으며, 이 철도를 석유 운송에 이용하겠다"고 밝혔다. 파데예프 사장은 "당사자들간의 합의에 의해 사업이 추진 중"이라고 했다. 이는 북한도 이 사업에 동의했음을 암시하는 내용이다.

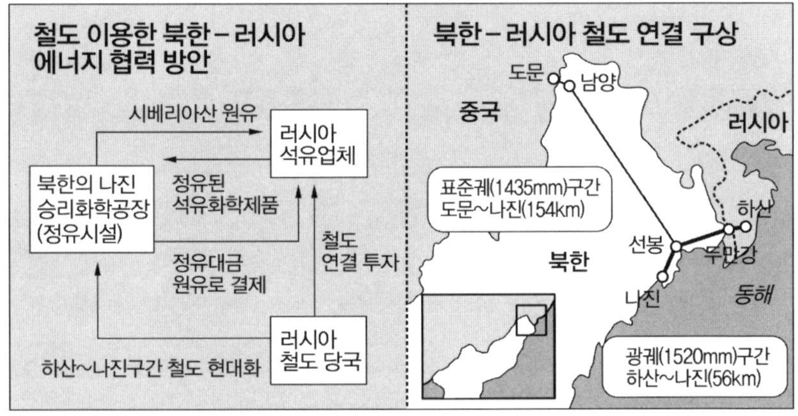


양국은 2004년 7월 하산~두만강역~선봉~나진을 잇는 56㎞ 구간의 철로를 현대화하여 연결하기로 합의했다. 그러나 재원이 뒷받침되지 않았다. 그런데 최근 러시아 석유회사들이 컨소시엄을 구성하여 이 사업에 투자하겠다고 나선 것으로 알려졌다. 나진 인근에 있는 북한 최대 정유공장인 승리화학공장을 활용하기 위해서다. 1979년 옛 소련의 지원으로 지은 승리화학공장은 연 200만 톤의 정유 능력을 갖고 있으나, 1990년대 이후 러시아로부터 원유 공급이 끊어져 제대로 시설을 활용하지 못하고 있는 상태이다. 반면 러시아 석유업체들은 극동지역에 정유시설이 부족해, 시베리아 산 원유를 처리하는데 어려움을 겪고 있다.

철도가 연결되면 원유를 승리화학공장에 보내어 정유한 뒤, 다시 러시아로 가져오는 것이 러시아 석유업계의 구상이다. 정유 대금은 원유로 결제하면 되기 때문에, 에너지난을 겪고 있는 북한에도 이익이라는 것이다.

# ▶ 낙후된 철도의 개·보수 작업을 지원하라

## 김정일은 3차례의 정상회담에서 철도문제를 언급했다

1996년과 1997년에 이어 양국은 2000년 10월 평양에서 제3차 경제-통상 및 과학-기술 공동위원회를 열어 협력의정서를 체결하고, 북한의 구소련에 대한 부채 상환 재조정 방안을 공동 모색할 것에 합의했다. 또한 러시아는 한반도 종단철도 건설을 위해 북한에 수억 달러를 투자할 수 있음을 밝히면서, 이를 한국에 대한 부채 상환과 연계시키려 하고 있었다.

김정일은 열차를 타고 시베리아를 횡단하여, 2001년 8월 4일 모스크바에서 푸틴과 제2차 정상회담을 가졌다. 정상회담을 마치고 양국 정상이 발표한 '모스크바 선언'에는 양국간의 협력관계 복원, TKR/TSR 연결사업에 대한 합의를 담고 있다. 양국은 TKR과 TSR의 연결사업이 본격적인 실현단계에 접어들었음을 선언했다.

모스크바 정상회담 이후, 2001년 8월 14일 북·러 간 (TKR/TSR 연결) 철도협력 협정이 체결됐다. 철도협력 협정 등에 기초해서, 활발한 철도협력 논의가 진행되고 있다. 백남순 북한 외무상의 방러(2002년 5월 20-23일)가 있었다. 양국 외무장관은 회담(2002년 5월 21일)에서, TKR/TSR 연결을 위한 기반시설 확충사업을 더욱 촉진키로 했다. 북한 원자력 발전소 건설 지원과, 항만 등 북한의 사회간접자본 확충방안도 논의했다.

푸틴은 2002년 블라디보스톡에서 김정일과의 정상회담을 앞두고 가진 '극동발전 대책회의'에서, "우리가 철도 연결사업을 제대로 추진하지 않으면 중국에 빼앗기게 될 것"이라 지적하면서, "러시아는 중국보다 좋은 조건을 제시하여 TKR/TSR 연결사업을 성사시켜야 하고, 이것이 바로 내가 김정일 위원장을 만나는 이유"라고 역설했다.

3차례의 정상회담에서 나타난 경제협력 관련 내용을 보면 다음과 같다. 평양 정상회담에서는 경제협력을 위한 환경조성에 합의하였고, 모스크바 정상회담에서 북한은 전력부문 합작기업을 중심으로, 러시아는 TKR-TSR 연결사업을 중심으로, 자국에게 필요한 구체적인 사업을 설정하였다. 블라디보스톡 정상회담에서는 극동지역을 중심으로 한 임업·어업·건설 등 실질적인 경협방안이 논의되었고, TKR/TSR 연결사업의 실현 가속화를 약속했다.

3차례의 북·러 정상회담에서, 러시아는 구체적인 남·북·러 간 3각 협력 프로젝트를 제시하고 있다. 가장 중요한 프로젝트는 TSR/TKR 연결사업과 구소련이 북한에 건설한 북한 내 산업시설 복원사업이다. 러시아는 TKR/TSR 연결사업의 실현을 위해 북한 기술자들을 러시아로 초청해 기술훈련을 시키고, 북한지역 철도 현대화에 참여를 희망하는 등 적극적인 자세를 보여왔다. 블라디보스톡 정상회담에서 푸틴은 많은 부분을 철도연결사업에 할애하면서, 북한의 적극적인 자세를 요구했다. 북한 역시 남북철도 연결사업이 추진됨에 따라, TSR/TKR 연결사업에 보다 적극적인 관심을 보였다.


**러시아는 북한 철도 조사를 마무리했다**


북한과 러시아 간에 가장 적극적으로 논의 중인 부문은 TKR/TSR의 연결 문제이다. TKR/TSR 연결사업에서 보다 중요한 문제는 북한구간 철도망 개·보수 문제이다. UN 아시아·태평양 경제사회이사회(UN ESCAP)와 같은 국제기구는 철도가 국제 철도망의 기능을 하기 위한 조건으로서, 1일 1,000㎞ 주행이 가능해야 한다고 지적하고 있다. 그러나 북한 철도는 대부분의 노선이 시속 20㎞ 내외이다(안병민ㅣ교통개발연구원). 따라서 국제 철도망으로서의 기준에

미달되고 있는 것이다. 북한 철도의 개·보수 및 현대화가 TKR/TSR 연결사업의 성공조건 중 하나로 제기된다. 따라서 러시아는 북한 철도를 4차례에 걸쳐 조사했다.

북한 철도에 대한 1차 조사는 2001년 3월 16일 악쇼넨코 러시아 철도부 장관과 사발린 단장으로 구성된 8명의 실무진이 방북하여 이루어졌다. 그들은 2주 동안 북한 내 철도와 열차 상황을 평가하였다. 그리고 북한 내 화물추적 가능 기술과 기술진의 부족이 지적되었다. 그리고 TSR/TKR 연결을 위한 원칙론적인 의향서가 체결되었다. 당시 함께 북한을 방문하였던 러시아 철도 전문가 8명이 북한에 잔류하여, 기술적인 검토를 완료하고 5월 말에 귀국한 바 있다.

러시아 철도부 장관은 같은 해 5월 24일 "TSR-TKR 연결을 위한 기술적 검토는 완료되었으며, 이 계획의 실현을 위해서는 최고위급의 정치적 결정만 남은 상태"라고 밝힌 바 있다. 그리고 러시아 철도부 장관과 북한 철도상은 8월 6일 모스크바에서 후속 협의를 계속하였다. 협의 후 러시아 철도부 관계자는, "TSR과 연결되는 경원선 현대화에는 최소 2억 5,000만 달러에서 최대 5억 달러가 소요되는 것으로 파악되었으며, 러시아 철도부는 북한 철도 현대화에 국제컨소시엄 구성이 아닌 단독 투자방침을 확정했다"고 발표하였다.

2001년 8월 14일, 북·러 간 '철도협력 협정'이 체결됐다. 양국간 평양에 러시아 철도대표부 설치에 합의했다. 양국간 체결된 '철도협력 협정'에 따르면, TSR/TKR 연계가 공식적으로 합의된 것이다. 그리고 러시아의 극동지방 철도청(FER)은, TSR/TKR 연결시, 핫산에서 청진에 이르는 100㎞ 구간을 극동 철도청이 담당할 것으로 발표했다.

철도협력 협정에 의거, 러시아는 2001년 9월부터 북한 철도에 대한 2차 공동조사 사업을 실시했다. 뱌체슬라브 발라킨 국제협력실장을 단장으로 대규모 조사단이 북한 철도를 조사했다. 러시아 철도부 기술전문가들이 방북하여 조사 작업을 벌였다. 여기에는 지질전문가·설계사·터널전문가·교량건설전문가로 구성된 조사단이 포함되어 있었다. 조사단은 러시아 접경역인 두만강역-나진-청진-원산-평강에 이르는 구간(781㎞)과 개성-평산-세포 구간에 대한 정밀조사를 실시하였다. 9월에 필요 장비 및 부품이 일부 북한에 수송되었다.

러시아는 북한 내 철도망 개보수를 기존의 표준궤도로 하는 방안, 광궤와 표준궤를 공동으로 사용 가능한 복합궤도로 하는 방안, 광궤도로 부설하는 방안 등 3가지 안으로 북한철도 개보수 비용을 검토하였다. 두만강에서 평강 간 781㎞ 건설비를 다음과 같이 추산하였다. 광궤 31억 6,000만 달러, 표준궤 24억 9,000만 달러, 복합궤도(광궤와 표준궤) 34억 4,000만 달러로 추산하였다.

결국, 2001년에 두만강역에서 경원선 북측구간 국경역인 평강역까지 조사한 것에 더해서, 2002년에는 원산에서 금강산까지의 철도 구조물에 대한 공동조사를 실시했다. 북측 구간의 실사는 2002년 4월에 끝난 것으로 알려지고 있다. 러시아 측은 2차례 조사 결과 보고서를 아직 공식적으로 발표하지 않았지만, 부분적으로 일부 내용이 공개되었다.

한반도 내부의 상황은 어떠한가? 2002년 8월 제7차 남북장관급회담에서 경의선 및 동해선 연결공사 동시착공에 합의했다. 그리고 같은 해 11월 북한과 러시아는 평양에서 동해선 철도 복원 및 현대화 작업에 관련된 양해각서를 체결했다. 처음 러시아가 관심을 가진 철도는 경원선이었다. 2002년 극동연방지구의 대통령 전권대표인 풀리코프스키와 상트 페테르부르그 시장인 야코블레프가 평양을 방문하여, 경원선 광궤화 및 현대화에 합의한 것이다. 그러나 북측의 요구와 실사에서 나타난 문제점 등으로, 최근 북한 내륙을 관통하지 않는 동해선이 급부상하게 되었다.

3차 북한 철도 조사는 2002년 11월 29일, 35명으로 구성된 조사단이 방북하여 이루어졌다. 주로 러시아 극동철도청 소속 전문가들로 구성된 조사단이었고, 원산-금강산 구간 120㎞의 철도를 조사했다.

4차 북한철도조사는 2003년 10월에 있었다. 100여 명의 극동철도 전문가가 10월 23일부터 37일간 북·러 접경지역인 하산역에서 북한 나진항까지 56㎞ 구간에 대한 조사를 마쳤다. 북한 측 철도는 한반도 철도의 북측구간인 평라선(평양-나진)을 통해 러시아의 핫산으로 연결되고 있다. 핫산역의 철도시설은 분류장의 6개 선로가 광궤(1,520mm)이며, 그 중 하나는 복합궤도로 운영되고 있다. 그리고 검사장의 2개 선로는 표준궤(1,435mm)이다.



이상 4차례에 걸쳐 러시아는 북한 철도를 조사하였다. 조사 결과에 대한 공식 발표는 없었지만, 조사 결과를 평가하면 다음과 같다. 1차 조사는 예비적 성격의 조사로 보이며, 2차 조사와 3차 조사는 본격적이고 대대적인 조사를 한 것으로 판단된다. 또한 3차 조사는 남북간의 동해선 연결에 따른 러시아의 대응전략 수립을 위해 조사된 것으로 보인다. 4차 조사는 과거 소련 시절 북한의 청진항까지 약 100㎞에 걸쳐 부설된 광궤 철도 중에서, 나진항 구간까지의 철도 현대화 내지 복원을 위한 실제적인 조사 및 복구가 병행된 것으로 보인다. 이는 나진항-핫산-우스리스크에 이르는 구간의 실질적인 철도연결 가능성을 의미하게 된다.

# 일곱째,
## 한반도는 러시아 극동에서 무엇을 할 것인가?

## ▶ 가능성을 모색하라

### 러시아 정부가 에너지 산업을 독점하고 있다

러시아는 2004년 9월 국영 가스회사인 '가스포롬'과 '로스네프트' 간 합병을 승인하였다. 이들 회사는 '가스포롬 네프티'라는 자회사를 출범시켰다. 가스포롬과 로스네프트의 합병과 함께, 러시아 정부는 거대 국영 에너지 기업을 만들어가고 있다.

정부의 에너지 산업 독점화 작업과정에서, 1차적으로 해결해야 될 문제는 거대 민간 석유회사인 '유코스'를 공중 분해시키는 작업일 것이다. 2004년 12월, 러시아 최대 민간 석유회사 유코스의 핵심 자회사인 유간스크네프테가스에 대한 경매가 강행되었다. 유간스크네프테가스는 유코스 전체 원유생산

로스네프트는 지난 1993년 설립된 러시아 국영 석유회사이다. 국가가 로스네프트 지분의 100%를 가지고 있다. 2003년 1,940만 톤의 원유 생산으로 러시아 전체 석유회사 가운데 7위를 차지했다. 러시아 전역을 4개 지역(극동, 시베리아, 북서, 남부)으로 나누어 40여 개 자회사를 두고 있으며, 오는 2015년에는 4,500만 톤의 원유 생산을 예상하고 있다.

의 60%를 차지하고 있었다. 러시아 정부는 유코스의 체납 세금(2000~2003년분 245억 달러)을 강제 징수하기 위해, 유간스크네프테가스를 공매 처분한 것이다.

모스크바에서 진행된 경매 결과, 인수가 유력했던 국영 가스포롬네프티를 제치고, 러시아 국내 투자회사 바이칼파이낸스 그룹이 2,600억 루블(약 93억 달러)에 낙찰 받았다. 경매에 참가한 러시아 최대 국영가스회사인 가스포롬은 구매가를 제시하지 않았으며, 바이칼파이낸스는 가스포롬과 밀접한 관계인 것으로 전해졌다. 바이칼파이낸스는 국영 가스포롬이 세운 유령회사라는 소문과, 크렘린과 가까운 석유재벌인 수르구트네프트가스가 배후에 있다는 소문이 나돌기 시작했다. 소문의 진실 여부를 떠나서, 블라디미르 푸틴 대통령이 추진해온 '유코스 해체' 작업은 이로써 마무리 된 것이다.

2005년 1월 현재, 러시아 중앙정부의 의도대로 '에너지 국유화'가 순조롭게 진행되고 있다. 국영 석유회사인 '로스네프트'가 바이칼파이낸스그룹(BFG)의 주식을 100% 인수했다. 대형 국영 에너지 기업을 만들려는 러시아 정부의 의도가 계획대로 진행되고 있는 것이다. 로스네프트가 가스포롬과의 합병을 이미 선언했다는 사실을 기억해야 할 것이다.



유코스는 핵심 계열사인 '유간스크네프테가스'를 중심으로 운영되고 있었다. 유코스의 핵심 계열사 '유간스크네프테가스'가 경매처분 되면서, 정부의 손에 넘어갔다.

러시아 인테르팍스통신은 2004년 12월 23일 "국영 석유회사 '로스네프트'가 '유간스크네프 테가스'를 인수한 '바이칼파이낸스' 그룹을 매입해 최종 주인이 되었다"고 보도했다.

결국 러시아 최대 가스사인 가스포롬과 국영 석유회사 중 가장 큰 로스네프트가 통합되는 초대형 국영 에너지 회사가 탄생하게 되는 것이다. 에너지산업을 국가가 직접 통제하겠다는 강한 의지의 표현인 것이다.

유코스가 하루 아침에 공중분해되는 것을 지켜본 나머지 민간 석유사들은 더욱 크렘린의 눈치를 볼 수밖에 없게 되었다. 크렘린은 몇몇 민간 석유회사를 추가로 국유화하는 방안을 검토 중인 것으로 알려졌다.

러시아 정부의 에너지 독점화 작업이 정점에 다다르고 있으며, 이러한 시기에 동시베리아와 극동지역이 자주 거론된다. 러시아의 에너지 문제를 언급하면서, 시베리아/극동지역이 거론되는 것은 당연하다. 러시아 정부가 동시베리아 및 극동지역의 에너지에 보다 많은 관심을 가지고 있기 때문이다.

새로운 과제가 한국에 주어지게 될 것이다. 러시아 정부의 에너지산업 독점화 경향이 한국에 어떠한 영향을 미치게 될 것인가? 한국이 시베리아 가스전과 사할린 유전개발 사업에, 보다 유리한 입장에서 참여할 수 있게 될 것인가? 한국의 에너지 확보전략이 어떻게 추진될 것인가?

## 시야를 넓혀라

러시아 정부의 에너지 산업 독점화 경향에 대한 보다 체계적인 분석과 함께, 한국은 극동에 대한 시야를 보다 넓힐 필요가 있다. 물론 에너지 산업 독점화가 한국에게 불리하게 작용한다고 볼 수는 없다. 다만, 외교력이 중요한 역할을 차지하게 된다는 사실은 부정할 수 없다. 따라서 러시아 극동/시베리아 공간을 향한 정부 차원의 시야를 넓히자는 것이다.

극동/시베리아 공간에 에너지 자원만이 존재하는 것은 아니다. 공간을 활용하는 방법은 다각도로 모색되어야 한다. 공간에 대한 1차적인 자원의 활용(지하/천연자원)에서부터 시작하여, 2차적인 공간적 관계(공간의 활용 방법)문제도 동시에 생각해야 한다는 것이다.

극동연방지구에 포함되는 10개의 개별 주체가 가지고 있는, 에너지 자원을 비롯한 다양한 자원의 분포 현황을 분석하고, 이를 적극적으로 활용할 수 있는 방법을 모색해야 할 것이다. 그리고 개별 주체의 지리적 위치를 적극 활용하여, 국제경제 관계에 적용시킬 수 있는 전략을 수립해야 할 것이다.

러시아 극동지역에서 제시되고 있는 각종 국제협력 프로젝트를 분석하는 과정은 투자를 위한 기초작업에 불과하다. 이들 프로젝트의 성격 및 프로젝트가 추진되는 공간적 특성 등을 분석하여, 각각에 맞는 차별적인 전략이 요청되는 것이다.

러시아 극동지역에서 추진 가능한 국제협력 프로젝트를 정리한다. 이들 프로젝트에 기초해서 공간적 자원을 활용하는 차별적인 전략을 모색하고, 가능한 분야가 모색되면 정부 차원에서 보다 적극적으로 대응해야 할 것이다.

첫째, 사회간접자본과 관련된 국제협력 프로젝트이다. 이는 다음의 내용들을 포함하고 있다. 사회간접자본의 재구성·에너지 연료단지의 조성·에너지 시스템의 기술적인 개량·해상 운송의 발전·선박수리 시설의 건설·산지 채굴단지들의 재구성이 그것이다.

둘째, 건설관련 직종은 다음과 같은 부분들을 포함한다. 관광단지 조성·비즈니스 센터 조성·주택산업(특히, 효율적인 건설/난방 시스템)·도로 및 항만분야가 유망하다. 극동지역의 건설 관련 시설물들은 대부분이 노후화되어 있다. 따라서 거의 모든 시설물들은 보수 및 재건설되어야 할 상태에 있다.

셋째, 수산 및 농업 관련 국제협력 프로젝트이다. 이는 다음의 부분들을 포함하게 된다. 농업생산물(생산·가공·유통)의 공동 관리·어업생산물 가공산업·해양 양식업의 발전·선박 건조 등이 대표적으로 포함된다.

넷째, 선박 수리 및 공작기계 제작 등에서, 수출 및 수입 대체구조를 창설하는 분야이다. 그리고 군수산업의 민수 전환에 관련된 국제협력 프로젝트가 가능하다. 또한 환경상태를 개선시킬 수 있는 사업 역시 국제협력 프로젝트로 중요하게 제기될 수 있는 분야이다.

# ▶ 정부 차원의 제도적 지원책을 마련하라

**경협차관, 6억 6,000만 달러를 탕감해주는 것이 하나의 방법인가?**

한·러 간 최대 경제이슈는 경협자금 상환문제이다. 한국은 지난 1990년 러시아와 수교하는 대가로 금융차관 10억 달러, 소비재 차관 4.7억 달러 등 총 14.7억 달러의 경협자금을 러시아 정부에 제공했다. 러시아 정부는 이를 상환하지 못하고 있다. 러시아 정부는 외화부족을 이유로 현재까지 수차에 걸쳐, 알루미늄 등 현물과 군수품으로 이자를 상환한 바 있다. 그러나 지불연 체금이 계속 증가되었다.

한·러 양국은 2001년 2월 말 푸틴 러시아 대통령의 방한에 맞춰, 5억 달러 상당의 방산물자와 2억 달러 규모의 민수용 제품 및 원자재 등 7억 달러 어치의 러시아제 물품을 한국이 구입키로 최종 합의했다. 특히 이 가운데 3억 5,000만 달러어치는 우리 정부가 수교 당시 구소련에 지원한 경협차관

한국이 제공한 경협자금 내역 및 상환현황

| 구 분 | 지원 액수 | 상환내역 및 잔액 |
|---|---|---|
| 금융 차관 | 10억 달러(전액 집행) | · 1991-1993년 기간 상환 도래액 4.5억 달러 중 약 2.82억 달러를 현물(알미늄 등) 및 군수품으로 상환, 이중 1.68억 달러는 미상환 |
| 소비재 차관 | 15억 달러 (4.7억 달러 집행) | · 그동안 방산물자와 헬리콥터, 원자재 등을 통해 총 4억 6,000만 달러를 상환 |
| 플랜트 차관 | 5억 달러 (미집행) | |
| 합계 | 지원 금액: 14.7억 달러 | · 잔액(미상환차관 원리금): 22억 4,000만 달러 |

출처: 재정경제원 자료를 기초로 재구성.

중 아직까지 상환 받지 못하고 있는 18억 달러의 일부를 현물 상환 받는 방식으로 처리하기로 했다. 이에 따라 정부는 7억 달러의 상품을 구입하면서, 3억 5,000만 달러만 현금으로 지급하고 나머지는 경협차관 미상환분에서 상계처리하게 되었다. 정부가 구입한 방산물자는 수송기, 공중급유기, 실습용 훈련기, 공기부양정, 수송헬기 등이고, 2억 달러 상당의 민수용 헬기와 알루미늄 등 원자재가 포함되어 있었다.

한국과 러시아 양국은 2003년 6월 20일 옛 소련에 제공된 경협차관 상환을 위한 채무재조정 협상을 완전 타결했다. 합의 내용에 따르면 러시아는 오는 7월 1일을 기준으로, 지난 5월 말 현재의 미상환차관 원리금 22억 4,000만 달러 가운데 6억 6,000만 달러를 탕감하고 나머지 15억 8,000만 달러를 향후 23년간 분할 상환하게 된다. 결국 재경부는 한국이 러시아와의 경협을 통해 얻은 실익(實益)과 앞으로 러시아와의 경제관계를 감안할 때 6억 6,000만 달러를 탕감해주는 것이 국익을 위해 바람직하다고 판단한 것이다.



재조정된 채무에는 연 리보(런던 은행간 대출금리)에 0.5% 포인트를 가산한 금리를 부과하고, 연체될 경우에는 '리보+1%'의 연체이자를 물리며, 원리금은 현금으로 상환하되 양국이 합의하는 경우에 한해 현물로도 상환이 가능하도록 했다. 재경부는 당초 러시아 측이 현금 상환 대신 현물, 특히 방산물자에 의한 상환을 고집했으나, 한국 측의 강력한 요구로 현금 상환을 원칙으로 하고 예외적으로 양측이 품목과 조건 등을 완전히 합의하는 경우에 한해서 현물을 도입하기로 했다고 밝히고 있다.

한국 내 자체 평가는 다음과 같다. 현물 상환도 품목과 상환조건을 양국의 완전한 합의에 따르도록 함으로써 한국이 필요한 품목을 합리적 조건으로 도입할 수 있게 되었다. 그리고 원유·가스·과학기술·입어료 상계 등 한국이 필요로 하는 환금성 높은 현물과 서비스를 도입할 수 있는 길을 확보하게 되었다는 주장이 그것이다.

이번 협상 타결에 힘입어, 미상환 차관문제로 인해 제한적으로 운영되어 왔던 한국의 대 러시아 무역금융 지원 등이 한결 쉬워진 것이 사실이다. 그러나 이런 조치가 러시아와의 교역 및 투자 여건에 크게 영향을 미칠 수 있을 것인가? 러시아가 그동안 자신의 대 북한 차관 및 경제지원과 한국의 대 구소련 차관을 상쇄시킬 것을 주장해온 것과는 어떤 관계가 있는가?

한국정부는 경협차관 상환을 위한 채무재조정 협상을 어떻게 활용할 것인가? 러시아의 극동 및 시베리아를 한국에 보다 유리한 방향으로 활용할 수 있을 것인가? 러시아의 대 북한 경제지원과 어떻게 연계시킬 것인가? 상호이익이 될 수 있는 3각 협력관계를 이끌어낼 수 있는 자원으로 활용할 수 있을 것인가? 이러한 문제를 해결해야 하는 과제가, 한국 정부에 새롭게 주어지게 된 것이다.

## 정부 차원에서 적극적으로 대응하라

한국과 러시아 극동/시베리아는 이상적인 상호 보완적 관계에 있다. 한국은 자원 빈약국인 반면에, 시베리아/극동은 자원의 보고이다. 한국은 생필품과 소비재 상품생산 기술 및 시설이 풍부한 반면에, 시베리아 및 극동지역은 생필품과 소비재는 타 지역으로부터의 수입에 의존하고 있다. 한국은 경제발전 경험과 노하우(know-how)가 축적되어 있는 반면에, 시베리아 및 극동지역은 시장경제와 경제발전의 경험이 부족하다. 한국의 경작지 면적은 협소한 반면에 극동의 남부지역은 개발되지 않은 넓은 경작지와 방목지를 가지고 있다.

한국과 러시아 극동/시베리아 지역 간의 이상적인 상호 보완성은 한국이 러시아의 극동/시베리아 지역에 대해서 보다 높은 관심을 갖도록 유도한다. 문제는 투자에 대한 위험성이 높다는 것이다. 따라서 한국의 기업체는 망설이고 있다. 한국 정부에서도 극동/시베리아 지역을 적극적으로 개척하는 자세를 보이지 못했다. 미국과 독일을 비롯한 유럽의 발 빠른 국가들, 그리고 이웃 국가인 일본과 중국은 이미 극동지역에 대한 사전조사를 마무리했다.

미국·핀란드·독일 등 3국은 정부 차원에서 대 러시아 비즈니스를 지원했다. 이들은 수출보험 등 대책을 마련해놓고 있다. 일본 역시 극동 진출에 정부 차원의 지원책이 꾸준히 마련되어왔다. 중국은 동북3성에 거주하는 지역 주민들이 지리적으로 가까운 러시아의 극동지역으로 진출할 수 있도록 문호를 개방해주었다. 특히, 중국과 일본이 극동/시베리아 에너지 자원을 놓고 정부 차원에서 적극적으로 대응한 사실을 기억해야 할 것이다. 반면에, 한국은 정부 차원에서 소극적으로 임해왔다. 중국과 일본이 선점한 뒤에서야 뒤늦게 뛰어들지 않았는가. 정부 차원에서 한국 기업체의 극동 진출에 얼마나 관심을 보여주었는가?

극동 및 시베리아를 중심으로 전개되고 있는 자원개발 사업에 한국 정부도 이미 타당성 조사를 실시한 바 있다. 그러나 지금까지 자원개발 분야에서 가시적인 성과는 없다. 자원개발 프로젝트는 장기적인 관점에서 접근해야 되는 대규모 사업이다. 장기적인 대규모 프로젝트에 한국 기업이 참여할 수 있도록, 정부가 일정한 역할을 할 수도 있지 않겠는가? 러시아 정부 및 협상 파트너와 한국의 기업체가 연결될 수 있는 징검다리 역할을 수행할 필요가 있을 것이고, 필요할 경우에는 자료 및 자금을 제공해줄 수 있지 않겠는가?

한국의 기업체들은, 정부 차원에서의 제도적 지원책 마련과 함께, 창조적인 기업가 정신을 실천에 옮겨야 할 것이다. 미국과 독일 등을 비롯한 주요 교역 파트너들의 경험·노하우 등은 한국 기업가들에게 시사하는 바가 크다. 진취적으로 활동할 수 있는 기업가 정신이 필요하다. 정부 차원의 제도적 지원책과 함께, 러시아 시장의 특수성을 이해하고 능동적으로 대처할 수 있는 지역 전문가들이 필요하다.

# ▶ 한반도 통일과 결부시켜 생각하라

## 단기간에 승부를 걸지 말라

러시아는 광활한 영토를 가지고 있다. 모스크바와 극동지역은 많은 부분이 상이하다. 모스크바를 생각하면서 극동지역에 접근하는 것은 피해줄 것을 당부한다. 물론 극동지역이 중앙정부로부터 자유롭지 못하고, 중앙정부의 지시와 통제 아래 놓여 있는 것은 사실이다. 극동지역 주정부는 중앙정부로부터 자유롭기를 원하고 있지만, 많은 부분에서 통제되고 있다. 지방정부에서 제정된 법령들이 중앙정부의 그것에 배치되는 경우가 종종 있다. 중앙정부의 지방정부에 대한 통치 효율성이 항상 문제화되어왔다.

시베리아 및 극동지역과의 경제관계를 생각한다면, 상기 내용을 미리 생각해야 할 것이다. 즉, 경제관계를 수행하는 데서 극동지역 주정부만을 그 대상으로 하지 말라는 것이다. 러시아 극동지역의 개발 및 국제협력 프로젝트 실행, 그리고 투자환경의 조성 등에서, 중앙정부 및 국회의 활동이 적지 않은 역할을 한다.

극동지역과 경제관계를 수행하는 데서, 중앙정부의 법령과 충돌하는 경우가 있음을 기억해야 할 것이다. 이럴 경우에, 충돌되는 문제를 해결하는 과정은 장기간을 요구할 때가 많다. 모스크바의 중앙과 극동을 '왔다 갔다' 하면서

시베리아 및 극동지역과의 경제관계를 생각할 때, 반드시 기억해야 할 사항이 있다. 이 공간이 모스크바를 수도로 하고 있는 러시아 영토라는 점과, 지난 70여 년 동안 사회주의 체제를 유지하고 있었다는 점이 그것이다.

문제를 해결해야 될 경우가 종종 있다. 조급하게 모든 것을 해결하려는 생각은 버려야 한다. 러시아의 기업가들조차도 법 적용 부서나 관료들의 전횡에 장기간 시달리는 경우가 종종 있음을 기억해야 한다.

러시아가 시장경제로 전환된 지 10년을 넘어서고 있지만, 아직까지 사회주의 체제에서 생활했던 관행을 완전히 버리지 못하고 있다. 특히, 지방 공무원들에게서 흔히 보이는 현상이다. 따라서 각종 서류를 준비하고 그 결과를 기다리면서, 조급한 마음을 가지는 것은 금물이다.

한국 기업들은 단기적인 이익에 집착하는 성향을 보이고 있다. 자본주의적 시장경제에 젖어 있는 한국 사람들은 흔히 '빨리빨리'라는 독촉성 발언을 자주 하게 된다. 지난 70여 년 동안 사회주의적 생활양식에 물들어 있던 러시아 노동자로부터, 한국의 노동자들이 생산하는 노동생산성을 기대할 수는 없다. 보다 느슨하게 기다릴 줄 아는 마음의 자세가 필요하다. 한국 정부 및 기업체들이 러시아와의 경제협력에 대한 초기의 열정이 그토록 빨리 냉각되어버린 것은 '기다림'에 대한 배려가 없었기 때문이다. 이를 상기할 필요가 있다. 아니, 반드시 상기해야 할 것이다.

러시아에 대한 경험이 부족한 상태에서, 단기간에 결과를 기대하고 투자할 경우에, '실망감'이라는 결과물만 가득 안고 돌아오는 경우가 있다. 단기적 성과보다는 중·장기적 '경제협력의 기반조성'이라는 측면에서 접근해야 할 것이다. 이러한 인식에 기초해서 사안별 유연성을 달리하면서, 한·러 경협/협력관계를 공고화시키는 작업이 필요할 것이다.


## 한반도 통일을 생각하라

러시아는 시베리아 및 극동지역의 개발 발전을 위해 다양한 프로젝트를 준비하고 있다. 개발 프로젝트에 한국이 적극적으로 참여해야 하는 하나의 이유가 있다. 한민족 및 북한 동포를 참여시켜 민족 동질성을 유지해 나가는 작업이 그것이다. 사할린 주와 연해주를 비롯하여, 극동지역에 6만 명이 넘는 고려인이 거주하고 있다. 북한 농업노동자와 벌목공, 그리고 탈북자들이 극동 및 시베리아 지역에 거주하고 있다. 한반도의 통일 과정에서 나타날 수 있는 여러 가지 문제점을 극동지역에서 찾을 수 있지 않겠는가?

남북한 스스로가 한반도 통일의 가장 효과적인 방법을 생각하고 있다. 경제관계 확대를 통한 점진적인 통합 방안이 그것이다. 이러한 방법은 오랜 동안의 논의를 거쳐, 실제적으로 검증된 결론이다. 그리고 러시아가 남북한간 의 협력관계에 관심을 갖는 대표적인 논리는 경제적 접근이다. 이는 3각 경제협력의 필연성과 당위성을 내포하게 되는 것이다.

한반도 통일을 생각한다면, 한국은 북한경제를 끌어올리기 위해서 상당한 물질적 비용을 감수하여야 한다. 공업생산 복구와 사회 인프라 구축 과정에서 상당한 비용이 요구된다. 문제는 이러한 모든 비용을 한국 정부에서 부담할 능력이 없다는 점에 있다. 어느 정도, 북한이 스스로 준비할 수 있는 시간과 공간이 필요하게 된다. 그것을 극동에서 준비할 수 있도록 배려해주는 것이 중요할 것이다.

동독과 서독의 통일 과정에서, 경제 관련 변수는 그다지 큰 장애요인으로 작용하지는 않았다. 동독과 서독은 남한과 북한 같이 심한 국내총생산 차이를 보이지 않았다. 서독의 GDP는 동독보다 단지 4배 많은 데 지나지 않았다. 한반도에서는 독일 상황과는 완전히 다르다. 남한의 GDP는 가장 어려웠던 시기(1998년)에도 북한의 25배(3,160억 달러 대 126억 달러)였다.

무조건 북한경제를 지원한다는 것이 아니라, 3각협력을 통해 북한경제가 회생될 수 있는 토대를 러시아 극동지역에서 만들어주자는 것이다. 이는 통일에 따르는 비용 부담에서 어느 정도 자유로워질 수 있다는 것을 의미하게 된다.

　3각협력은 정치경제학 차원에서 해석되어야 할 것이다. 각자가 보유한 자원을 단순히 배합하는 것만으로는 많은 것을 기대할 수 없다. 보다 많은 것을 얻기 위해서는, 어떠한 효과적인 메커니즘을 개발하는 것이 필수적이다. 요소통합형에 의한 합작기업을 설립하는 것이 하나의 방법이 될 수도 있을 것이다. 이는 경제적 기대효과뿐만 아니라, 남북한간의 문화적 동질성을 모색 및 치유하는 차원에서도 긍정적일 것이다.

남한의 자본과 개발경험, 북한의 노동력, 러시아의 자원이 결합되는 여러 형태의 3각 경제협력은 관련국들에게 상호이익을 가져다줄 것으로 기대된다. 3각 경제협력은, 러시아 극동지역을 매개변수로 하여 한국과 북한 관계·러시아와 북한 관계·한국과 러시아 관계가 만들어내는 건설적 결과물이 될 것이다. 한국은 3각 경제협력을 추진하는 데서 러시아와 북한이 의도하는 바가 무엇인지 보다 구체적으로 분석하고, 이에 효과적으로 대응해야 할 것이다.

## ▶ 3각 경제협력을 위한 토대가 구축되었다

### 3국간 관계가 가까워지고 있다

러시아 극동·한국·북한 3자간 협력관계를 가능하게 만드는 요소들 중에서 가장 중요한 것은, 3국의 협력관계를 가능하게 하는 국가간 관계일 것이다. 러시아 극동·한국·북한은 상대가 갖지 못한 자원을 가지고 있을 뿐만 아니라, 3자간의 협력관계를 실질적으로 실행할 수 있는 낙관적인 정치적 분위기를 만들어가고 있는 것이다.

첫째, 남북한의 관계가 정상화되고 있다. 2000년 6·15 남북한 정상회담을 계기로, 남북한 간에 화해와 협력의 분위기가 고조되고 있다. 남북한은 공동선언문에서 '경제협력을 통해 국가경제의 균형적 발전을 지향한다'라고 정리하고 있다. 남북 정상회담 이후, 협력관계가 보다 구체화되고 있다. 더 많은 한국 기업들이 북한으로 진출하고 있다. 이미 150개가 넘는 한국 기업이 북한에 투자하고 있는 것으로 알려지고 있다.

둘째, 한국과 러시아는 실질적 협력관계로 발전하고 있다. 수교 이후 양국 관계는 기대와 실망이 반복되면서, 주춤거리고 있었다. 고무줄처럼 얽혀 있던 한·러 관계가, 1999년 5월 김대중 대통령의 방러 이후 실질적 협력관계로 접어들었다. 그동안 한·러 관계 발전에 문제시되어왔던 경협차관 상환문제 역시 해결되었다. 한국과 러시아 양국은 2003년 6월 20일, 구소련에 제공된 경협차관 상환을 위한 채무 재조정 협상을 완전 타결 짓게 되었다. 미상환차관 원리금 22억 4,000만 달러 가운데, 6억 6,000만 달러를 탕감한 나머지 15억 8,000만 달러를 향후 23년간 분할 상환하도록 한 것이다.

노무현 정부가 추진하고 있는 '동북아 균형자론' 역시 한·러 관계를 발전시키는 하나의 계기가 되었다. 한국이 동북아 균형자가 되기 위해서는 일정부분, 미국의 영향에서 벗어나면서 중립적인 자세를 견지해야 한다. 한국의 '동북아 균형자'론은, 한국이 미국에 지나치게 결속되어 있다는 러시아의 인식을 불식시키기에 충분했다. 그리고 러시아는 동북아에서, 특히 한반도에서 자신의 역할이 보다 증대될 것으로 생각하게 되는 것이다.

셋째, 러시아와 북한의 관계가 가까워지고 있다. 한·소 국교정상화 이후 1990년대 중반까지, 러시아와 북한은 소원한 관계가 계속되었다. 1990년대 중반이 지나면서 러시아가 한반도를 비롯한 동북아지역에서 자신의 영향력이 추락하고 있음을 인식하게 됨에 따라, 북한에 대한 자신의 영향력을 회복 강화하기 위해 노력해왔다. 특히, 푸틴 정부가 들어서는 2000년부터 2002년까지 매년 1회씩 정상회담을 갖는 등 양국관계가 급속도로 가까워졌다. 3차례에 걸친 정상회담을 거치면서, 양국간의 관계는 다양한 분야에서 협력관계를 모색하는 '가까운 사이'가 되었다.

러시아가 북한과의 관계를 정상화시키는 목적은 다음에 있을 것이다. 즉 자신의 극동 국경지역에 안정적인 정치환경을 조성하여 극동지역의 개발에 필요한 자본을 적극적으로 유치하면서, 이 지역을 보다 유용하게 개발하는 데 있다. 그리고 한반도 및 동북아지역에서 자신의 영향력을 증대시키는 차원에서, 북한과의 관계 재정립을 모색하게 된다. 러시아는 북한과의 관계 재정립에 기초해서 한국의 보다 적극적인 참여를 유도하고 있다.

결국 남북한의 관계 정상화 노력이 구체화되고 있으며, 러시아와 북한의 협력관계가 다양한 측면에서 추진되고 있고, 한국과 러시아 역시 실질적 협력관계로 발전하고 있다. 상호 협력적인 국가간 관계의 재정립에 더해서, 상호 보완적인 경제협력 필요성이 증대되면서 3국간의 관계는 보다 구체적이고 현실적인 문제로 접근할 수 있게 되었다. 3각 경제협력을 위한 토대가 구축된 것이다.

## ▶ 왜 서로가 서로를 필요로 하는가?

**경제적 상호 보완성 때문인가?**

러시아·한국·북한, 3국간의 경제협력은 보다 신중한 접근을 필요로 한다. 서로가 서로를 원하면서, 서로를 경계하지 않아도 될 주변 환경적 여건이 바탕에 깔려 있어야 한다. 3각 협력을 가능하게 만드는 기본적인 전제는, 서로를 경계하지 않아도 되는 상황에서 3국의 산업구조가 상호 보완적인 위치에 있어야 한다는 것이다. 러시아 극동과 남북한이 그러한 조건을 가지고 있다. 러시아의 자원, 한국의 자본·기술·경영능력, 북한의 노동력이 건설적으로 결합되는 형태를 생각하게 만든다.

러시아는 주변 국가, 민족에 비해서 근면한 한국 국민의 극동/시베리아 진출을 선호하고 있다. 한국은 러시아에 위협을 초래할 수 있는 주변 강국(일본, 중국, 미국)이 아니기 때문에, 양국간 전쟁 및 분쟁을 경험하지 않았기 때문에, 서로가 서로를 경계하지 않아도 된다는 것이다. 러시아 극동지역과의 갈등관계가 없다는 점이다. 중국과의 국경문제, 일본과의 쿠릴 열도 문제, 미국과는 베링해 국경선 문제가 남아 있는 상황이지만, 한반도와는 이러한 문제가 없다.

3각 경제협력은 서로가 서로를 필요로 하는 곳에서 시작된다. 지리적으로 연결되고 있는 남북한과 러시아는 서로가 필요로 하는 자본과 기술, 그리고 노동력을 가지고 있다. 그리고 어느 국가도 3박자를 모두 가지고 있지 못하며, 자신이 부족한 자원을 상대가 가지고 있다는 점이 더욱 매력적으로 와 닿는다.

러시아는 자신의 낙후된 극동지역을 개발하려 한다. 러시아는 자신의 극동지역 개발에 필요한 자본과 기술을 필요로 한다. 주변 국가로부터 자본과 노동력을 도입해야 되는 상황이다. 만약 일본과 중국으로부터 자본과 기술을 도입하여 개발한다면, 그들의 힘은 중앙정부의 대 극동지역 통제에 부정적인 현상으로 인식될 수 있는, 극동지역에서 막대한 영향력을 지닌 반통합적인 세력으로 성장할 수도 있을 것이다. 그러나 상대적으로 한반도 2개의 정부와 협력관계를 구축하여 극동지역을 개발한다면, 상기와 같은 최악의 시나리오를 걱정할 필요가 없는 것이다. 특수한 관계에 있는 한반도 2개의 정부와 협력관계를 강화시킨다면 보다 유용하게 자신의 극동지역 개발이 가능할 것이며, 또한 한반도뿐만 아니라 동북아 지역에서 자신의 영향력을 증대시킬 수 있게 될 것이다. 러시아의 입장에서, 한반도를 통한 3각협력의 필요성이 여기에 있다.

북한은 3각협력에서 다음과 같은 기대 효과를 얻을 수 있을 것이다. 3각협력에서 생산되는 자금을 유용하게 활용할 수 있게 될 것이며, 구소련의 기술원조로 설립된 많은 산업시설을 보다 적은 비용으로 개보수할 수 있게 될 것이다. 뿐만 아니라 극동지역을 통해, 국제경제구조에 자연스럽게 합류할 수 있게 될 것이다.

3각 경제협력에 대한 북한의 입장은, 현대화 대상 기업체(특히 김책 제철소, 열발전소 등)를 러시아의 참여하에 복구하려 한다는 데 있다. 그 복구비용은? 러시아는 북한에 지급되는 자신의 설비와 원료 공급액의 일부를 러시아의 대 한국 부채 상환과 연계시키는 방향으로 해결하려 할 것이다. 이러한 논리가 현실화된다면 러시아는 일거양득의 효과를 얻게 되는 셈이다. 나머지 일방인 한국은 이러한 문제를 어떻게 해결할 것인가?

한국은 3각 경제협력을 준비하는 과정에서, 러시아와 북한관계에서 파생될 수 있는 제반의 문제들에 대해서 효과적으로 대응해야 할 것이다. 한국이 3각 경제협력을 원하는 긍정적인 이유는 다음에 있다. 연료-에너지 문제를 합리적으로 해결할 수 있을 뿐만 아니라, 러시아 극동을 시발점으로 해서 중앙아시아 및 유럽지역으로 보다 용이하게 해외 시장을 개척할 수 있다는 점이다. 이에 못지않게 중요한 것은, 3각협력에 기초한 북한경제 활성화 문제이다. 한국은 북한경제가 회생될 수 있도록 지원함으로써, 통일비용의 절감 효과를 얻을 수 있을 것이다.


## 남한과 북한이 함께 발전할 수 있는 방법을 모색하라


러시아 극동은 한국과 북한이 함께 발전할 수 있는 공간적 토대가 될 것이다. 러시아는 한국의 자본과 북한의 노동력을 기초로 한 3각 경제협력에 커다란 관심을 가지고 있다. 3각 경제협력의 공간적 토대로 극동을 생각하고 있는 것이다.

3각 경제협력은 한국의 입장에서는 다음과 같은 면에서 남북 양자간 협력보다 유익할 것이다. 즉 남북 교류 협력은 북한체제의 특수성으로 인한 정보 부족, 그리고 남북 정치환경의 변화 등으로 인해 많은 어려움이 따르고 있다. 따라서 남북관계를 더욱 더 발전시켜 나가기 위해서, 성공적인 남북 경제협력 활성화를 위해서는, 양자협력보다는 다자협력이 필요하다. 이러한 측면에서 러시아와의 3각협력이 중요한 것이다.

러시아·한국·북한의 3각 경제협력이 가능한 사업으로 TKR/TSR 연결사업이 있다. 그리고 석유·가스 등 에너지 자원 개발사업과 북한 산업시설 재건사업이 3자간 경제협력 측면에서 중요한 의미를 지닌다.

TKR/TSR 연결사업은 북한의 안정화와 신뢰구축 확대, 통일비용 절감, 북한의 하부구조 건설과 개혁/개방 구체화, 미국과 일본을 비롯한 유럽 국가들로부터의 자본투자 유도, 한국의 동북아 물류 중심지로서의 발전 등과 같은 효과를 기대할 수 있을 것이다.

극동/시베리아 지역 공동개발 사업은 석유·가스 등 에너지 개발사업과 가스 파이프라인 건설사업을 고려할 수 있으며, 한국에게는 에너지 수입시장의 다원화를 꾀할 수 있을 것이다. 석유·가스 등 에너지 관련 사업은 3자가 공히 필요로 하는 당면과제인 것이다.

북한 산업시설 재건사업은 러시아가 중심이 되어야 할 것이며, 남북 경협 사업은 서울이 중심이 될 것이다. 러시아를 북한의 산업시설 재건사업으로 유도하기 위해서는, 남북 경협 사업이 이에 연결되어야 가능할 것이다. 3국간의 자본과 기술이 순환구조를 지니고 있어야, 러시아가 북한의 산업시설 재건사업에 뛰어들 것이기 때문이다. 이러한 3각협력에 기초해서, 노동집약적인 산업협력을 모색해야 할 것이다.

한국은 북·러 관계 발전을 지원해야 할 것이다. 양국관계 발전은 북한의 국제적 고립을 탈피하고, 경제위기 극복을 통한 체제 안정화에 긍정적인 영향을 미치게 될 것이다. 이는 한반도의 안정화에 직결된다. 한국 정부는 북·러 관계의 발전에 기초해서, 3각협력을 위한 다양한 방법들을 모색해야 할 것이다. 경협사업과 사회·문화·재러시아 동포(고려인)문제 등 3자 협력이 가능한 분야를 적극적으로 모색해야 할 것이다.

## ▶ TKR/TSR 연결사업은 모두에게 이익이 되는 윈윈 게임(Win-Win Game)이다

### 러시아가 적극적이다

TKR/TSR 연결사업은 유럽에서 아시아의 극동지역에 이르는 유라시아 횡단철도망을 완성하려는 계획을 일컫는다. 이 계획은 1992년 4월 베이징에서 개최된 UN 아시아·태평양 경제사회이사회(UN ESCAP) 48차 총회에서 아시아 횡단철도계획 5대노선의 하나로 발표된 바 있으며, 비슷한 시기에 러시아 정부에 의해 한·러·북한 간 3자 경제협력 사업의 하나로 제안된 바 있다.

1996년 제52차 ESCAP 각료회의에서 아시아 횡단철도 구축을 위해 남북한 종단철도를 복원하는 데 노력한다는 결의안이 채택되었다. 1997년 가을 모스크바 회의에서는 ESCAP이 북한 측에 TKR 복원계획안을 전달하였고, 여기에서 TSR 활성화 계획에 관련된 국가들이 이 문제를 논의하였다(우평균|고려대학교 평화연구소). 그리고 이 계획이 각광을 받기 시작한 것은, 남·북한 관계 및 러시아·북한 관계가 개선되고 북한이 개혁 및 개방의지를 천명하면서,

2000년 6월 남북한이 단절된 경의선 구간 연결을 재개하면서부터이다.

1999년 모스크바에서 개최된 한·러 정상회담 이후, 러시아는 한국에 적극적으로 철도협력 사업을 제안해오고 있다. 2000년 초에 러시아는 한국에 대규모 철도 대표단을 파견하여, TSR 홍보를 위한 다양한 행사를 개최했다. 이후에도 한·러 정상회담(서울, 2001.2.)을 비롯한, 다양한 수준의 정부간 접촉을 통해 지속적으로 TKR/TSR 연결을 주장하여왔다. TKR/TSR 연결의 필요성, 경제성, 기대효과 등을 강조하고 있다.

러시아는 북한에 대해서도 TKR/TSR 연결사업을 적극적으로 권유하고 있다. 러시아의 노력은 평양과 모스크바에서 개최된 두 차례의 북·러 정상회담 (2000년 7월 및 2001년 8월)을 계기로 구체적인 결실을 맺고 있다. 특히 2001년 7~8월, 김정일이 모스크바를 방문하여 푸틴과 정상회담을 가진 뒤 '공동선언문'을 발표했다. 공동선언문에서 TKR/TSR 연결사업이 '본격적인 실현단계'로 접어들었음을 명시하고 있다.

모스크바 회담을 계기로 북한과 러시아의 철도부 사이에 '철도협력 협정'이 체결되었고, 러시아의 철도전문가들이 북한에 장기간 체류하면서 북한철도 현황을 조사하기도 했다. 러시아 측의 북한 내 철도노선 조사 결과, 북한 철도 현대화에 따르는 막대한 비용 부담이 문제가 되었다. 러시아 측은 북한 철도시설 현대화에 따르는 재원조달을 위해 남북한 및 주변국가가 참여하는 국제 컨소시엄을 구성하여 추진하는 방안을 제안하기도 한다.

결국 TKR/TSR 연결사업에는 러시아가 보다 적극적이다. 러시아는 북한과의 관계발전을 통해 TKR/TSR 연결사업을 성사시키고, 극동/시베리아 지역의 자원개발을 통해 국가경제 발전을 꾀하고자 한다. 러시아가 북한과 '경제협력'관계를 거론하는 유일한 내용이 TKR/TSR 연결사업인 것이다. TKR/TSR 연결사업을 위한 러시아의 적극적인 노력은, 북한과 한국의 철도가 연결되어야 완성될 것이다.

## 철도 연결사업은 어느 정도 진척되고 있는가?

철도 연결사업은 2000년 6월 남북한 정상이 경의선 철도복원에 전격 합의하면서 가시화되기 시작했다. 러시아는 한국 정부에 TSR과 TKR 연결사업 문제를 꾸준히 제기하고 있었다. 2001년 2월의 한·러 정상회담에서, 양국은 TSR과 TKR 연결사업을 비롯하여 남북한과 러시아가 공동으로 참여하는 3각 경제협력 방안을 모색하기에 이르렀다.

북한과 러시아 역시 2001년 TKR와 TSR 연결사업의 일환으로 북한 동해선 구간(802㎞) 현대화에 합의한 바 있다. 그러나 러시아 측 조사 결과, 북한 내 철도 구간이 매우 낡아 평균 시속이 30㎞에 불과한 상태였다. 따라서 철도 현대화에 따르는 비용이 ㎞당 41억 원이라는 엄청난 경비가 산출되었다. 이에 따라 철도 현대화 작업은 주춤한 상태에 있었다.

TSR과 TKR 연결사업은 남북한의 철도를 연결시키는 작업과 함께 시작된다. 한반도 내의 철도를 연결하는 작업은 북한의 행위변수에 많은 영향을 받게 된다. 2002년 8월 14일 개최된 제7차 남북장관급회담 이후, 남북 철도·도로 연결사업이 가속화되고 있다. 북한을 통과하는 철도 연결사업에서 남한은 경의선과 TSR을 연결하자고 주장하고 있지만, 북한은 동해선과 TSR의 연결을 고집하고 있는 것으로 알려지고 있다.

노무현 대통령과 푸틴 대통령이 2003년 10월 방콕 정상회담에서 합의한 대로, 남·북·러 3자 철도전문가회의가 2004년 4월 모스크바에서 1차 회담을 가지고 컨테이너 시범운송·북한 철도 실태조사·북한철도 현대화를 위한 국제컨소시엄 구성·사업 타당성 등에 관해 협의했다. 그러나 구체적인 실행 방법에 대해서는 합의점을 도출하지 못했다. 지금까지 2차 회의는 개최되지 않고 있다. 2005년 중반기에 2차 회의가 개최될 것으로 예상되고 있다.

철도연결 사업에서 한국이 소외당하고 있는가? 3자간의 철도회의가, 한국을 배제한 상태에서 2자간에 진행되고 있다. 2004년 7월 북한과 러시아는

| 일시(년월) | | 내용 |
| --- | --- | --- |
| 2001.8. | | · 푸틴·김정일, 철도수송로 창설 계획 담은 공동선언문 발표. |
| 2002.9. | | · 김대중 대통령, '철의 실크로드 사업' 제안. |
| 2002.12. | | · 러시아 TSR 전철화 완료. |
| 2003.10. | | · 노무현·푸틴 대통령, TKR~TSR 실무회의 열기로 합의. |
| 2004 | 4. | · 남·북·러 제1차 철도전문가회의(모스크바), 성과 없이 끝남. |
| | 6. | · 박정성 북한 철도청 대외철도협조국장, 남북 철도연결은 물론, TSR 연결사업도 중단 없이 진행할 것이라고 강조함. |
| | 7. | · 북·러 철도회의, 나진~TSR 연결 전격 합의; 북한 나진~러시아 하산 간 56㎞ 철도구간을 현대화하기로 합의. |
| | 8. | · 2차 철도회의 러시아 측의 거부로 무산. |
| | 9. | · 노무현·푸틴 대통령, "TKR~TSR 연결을 위해 노력한다"는 합의문에 서명. |

TKR-TSR 연결사업 추진 일지

철도회의를 개최하여, TSR을 나진항과 연결하는 사업에 공식 합의하고 의정서를 교환했다. TKR/TSR 연결사업을 남·북·러시아가 공동으로 추진하기로 했지만, 북·러 간에 TSR과 나진항을 연결시키기로 합의한 것이다.

북한과 러시아 간에 TSR을 나진항과 연결하는 사업에 공식 합의한 직후, 노무현 대통령은 2004년 9월 21일 푸틴 러시아 대통령과 정상회담을 갖고 TKR/TSR 연결사업에 협력하기로 합의했다. 이에 따라 한·러 교통협력위원회와 남·북·러 3자 철도전문가회의를 개최하여, 철도 연결을 위한 구체적인 사업추진 방향을 논의할 것으로 알려지고 있다. 특히, 철도 연결사업의 핵심 현안인 북한철도 현대화 방안에 대한 3자 공동연구와 컨테이너 시범 운송사업 방안 등 구체적 사업추진 방향을 논의할 계획인 것으로 알려졌다.

북한은 철도협력 사업에 적극적인가? 북한은 남·북·러 3자 철도전문가회의에 대해서 확실한 반응을 보이고 있지 않다. 이러한 문제가 본 사업을 지연시키고 있다. 남·북·러는 그동안 TKR/TSR 연결을 위해 여러 차례 실무협

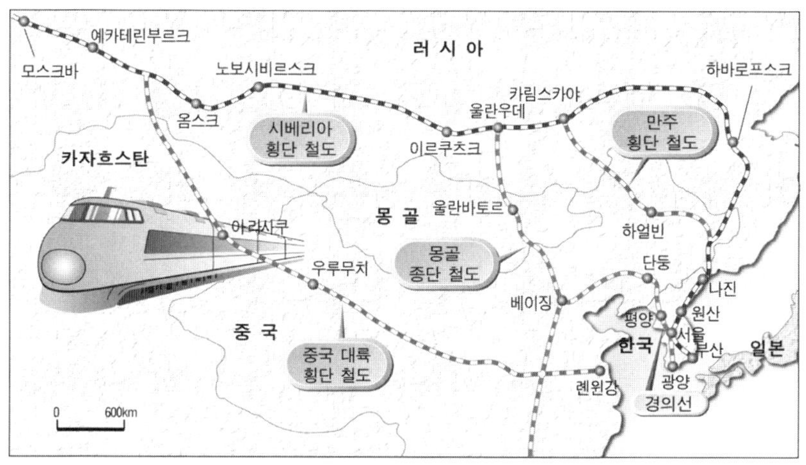


출처: http://blog.empas.com/ngngjong/6879320

## 왜! 러시아는 TSR을 나진항과 연결시키려 하는가?

러시아는 이미 TSR 전철화 사업을 완료했고, 2003년 10월~11월 북러 접경지역인 하산역에서 북한 나진항까지 56㎞ 구간에 대한 조사를 마친 상태에 있다. 또한, 현재 러시아 극동지역의 물동량을 소화하고 있는 보스토치니 항은 이미 포화상태에 있다. 따라서 시설이 비교적 양호한 나진항은 물동량 분산을 위해 좋은 장소였다. 나진항에는 선박 접안지역까지 철로가 깔려 있을 뿐만 아니라, 나진에서 TSR로 이어지는 철도는 러시아와 같은 광궤(폭넓은 레일)로 되어 있다. 따라서 새로이 철로를 부설할 필요가 없는 이점이 있었다. 다만 TSR과 나진구간은 1930년대에 연결된 노선이기 때문에, 선로의 노후화가 심하여 열차가 제 속도를 내지 못하기 때문에, 동 구간 개·보수 작업이 필요한 상태에 있다.

## 왜! 북한은 TSR을 나진항과 연결시키려 하는가?

나진항을 선택하게 된 북한의 입장은 다음에 있을 것이다. 북한은 경제특구로 외국에 개방된 나진을 최대한 활용할 수 있다. TSR을 연결해 외국의 물동량을 소화하더라도 주민들이 외부 세계에 노출될 위험이 작다. 또 나진·선봉지역 개발사업에 국제자본을 끌어들일 수 있다. 특히, 북한 경제 활성화에 중국의 도움을 유도할 수도 있다. 중국은 나진과 중국 횡단철도(TCR) 연결사업의 타당성 조사를 마치고, 자금을 투자하여 이 철도를 연결하더라도 향후 이익이 된다는 보고서까지 내놓고 있는 상태였다.

상을 벌였으나, 북한 철도현황 조사에 대한 남한의 참여 문제, 그리고 북한철도 현대화비용 부담문제 등에 대한 이견 때문에 별다른 진전을 보지 못하고 있는 상태이다.

결국, TKR/TSR 연결사업은 느리게 진행되고 있다. 남북 관통노선을 어디로 할지, 낙후된 북측 구간의 현대화사업 과정에서 예상되는 군사시설의 공개문제 등이 걸림돌로 작용했다. 이런 상황에서, 북·러 간 TSR과 나진항 연결 합의는 큰 진전이라 아니할 수 없다. 그러나 나진항 현대화에는 많은 투자비와 기간이 소요될 것이다. 따라서 사업추진에 상당한 어려움이 예상된다. 3자 공히 자국의 이익을 우선시하는 입장을 보이고 있기 때문에, 3자 협력사업의 결과를 예단하기는 어렵다.


## TKR/TSR 연결사업은 3국 모두에게 이익이 될 것이다


TKR과 TSR 연결사업에는 러시아가 가장 적극적이다. 러시아는 TSR이 한국과 아태지역의 물동량을 유럽까지 운송하는 대륙간 가교(land bridge) 역할에 의미를 부여하고 있다. TKR/TSR 연결 사업은 대 태평양 수송 루트를 개척한다는 의미를 가지고 있으며, 궁극적으로는 극동/시베리아 지역의 자원개발과 경제발전을 촉진할 것으로 기대된다. 철도연결 사업이 완성되면, 가장 큰 수혜자는 러시아 극동이 될 것이다. 동 사업이 완성되면 막대한 천연자원이 부존된 극동/시베리아 지역의 개발을 가속화시킬 수 있게 될 것이기 때문이다.

TKR/TSR 연결사업은 한국에게도 중요한 경제적 의미를 부여한다. 이 노선이 완성된다면, 한국은 유럽까지 기존의 해상운송보다 경제적인 철도 운송망을 확보할 수 있게 된다. 한·러 간의 철도연결은 동북아시아와 유럽을 철도망으로 연결한다는 의미 외에, 한국이 동북아 중심국가로 성장하는 데 중요한 역할을 할 것으로 전망된다.

동북아와 유럽의 운송시간을 크게 단축시킬 것이다. 전문가들의 예측에
의하면, 해상수송의 경우 현재 3주일이 걸리는 반면 육상수송은 1주일 밖에
안 걸릴 것으로 보고 있다. 한반도 철도의 이용은 한국 측이 유럽으로 화물을
운송하는 데 있어서, 부산-보스토치니 항-브레스뜨 노선에 비해서는 2일, 부산
-유럽(해운) 노선에 비해서는 약 15일을 단축시켜줄 것이고, 운송료 역시 현저
히 줄여줄 것이다.

TKR/TSR 연결사업은 북한에게도 정치 및 경제적 이익을 가져다줄 것이다.
이 사업이 성사될 경우, 북한은 무엇보다 상당한 규모의 철도사용료 수입을
기대할 수 있을 것이며, 북한 경제의 회생에 절대적으로 필요한 철도시설의
현대화에도 긍정적인 영향을 미치게 될 것이다. TKR/TSR 연결사업이 성사될
경우에, 북한에는 대규모 물류집하시설, 환적시설 등이 들어서게 될 것이다.
이는 북한 경제의 활성화에 큰 도움을 줄 것이다.



철도연결사업은 3각협력의 범위를 확대시킬 수 있는 파급효과가 예상된다.
철도연결사업의 발전은 여타 산업분야로의 확대 가능성을 열어주게 될 것이
다. TKR/TSR 연결사업은 가스전 개발 및 가스 파이프라인 사업, 그리고 나호트

카 공단사업 등과 같은 대형 프로젝트 사업이 함께 발전할 수 있는 토대를 만들어주게 될 것이다. 따라서 철도연결사업은 한국과 러시아 및 관련국가 모두에게 이익이 되는 윈윈 게임(Win-Win Game)이 될 것이다.

결국 철도연결이 실현되면 3국에 상호 이익을 제공하게 될 것이다. 러시아는 극동 개발에 필요한 자본과 기술, 노동력 등을 얻게 될 뿐만 아니라, 한반도에서의 지위가 향상되는 한편 국제사회에서 경제적 위상도 강화될 것이다. 북한에게는 외부로부터의 고립에서 탈출할 수 있는 기회를 제공해줄 수 있을 뿐만 아니라, 자국 영토를 통과하는 운송화물에 대한 운임 수입을 가능하게 한다. 한국은 물류비용을 줄일 수 있을 뿐만 아니라 유럽으로 가는 화물을 신속하게 운송할 수 있으며, 아·태지역과 동북아 통합과정에서 남북한의 역할 증대를 꾀할 수도 있다. 그리고 남북한 통합 과정도 가속화될 것으로 기대된다.

# 통신 사업은?

## 통신시장은 이미 개척되었다

한종만|배재대학교

1999년 김대중 대통령이 러시아를 방문하였을 때, 양국은 CDMA(코드분할 다중접속) 방식의 상용화 분야에서 협력을 증진시키기로 합의했다. CDMA 방식이 러시아 국가표준으로 채택될 경우, 한국 기업의 러시아 통신시장 진출 가능성은 높아질 수 있다.

한국은 러시아 극동지역의 통신시장에 진출하고 있다. 최근 한국과 러시아 극동지역 간 무선통신사업은 급신장하고 있다. 특히 KT는 블라디보스톡 지역에서 활동하는 현지 계열사인 뉴 텔레폰 컴패니(New Telephone Company) 사의 대지주로서 경영권을 확보하면서, 통신사업을 확장시키고 있다. 이 회사는 연해주 시장을 장악하고 있으며, 경쟁사인 미국-러시아 합작회사 아코스(AKOS)와 프리텔보다 2-3배 높은 시장 점유율을 가지고 있다.

KT는 연해주 지역의 낙후된 통신 기반시설 확충을 위해 현지법인(NTC)을 설립하여 이동통신 및 고속인터넷 사업에 참여하고 있다. KT가 가지고 있는 러시아 NTC 사의 지분 비율은 다음과 같다.

| 주식 지분사 | 주식 수 | 백분율(%) |
|---|---|---|
| KT(한국) | 2,309,189 | 53.39 |
| Samsung Electronics(한국) | 865,029 | 20.00 |
| ACPAC Intelcom(키프러스) | 614,025 | 14.20 |
| Margaree Investment Inc.(버지니아 제도) | 253,440 | 5.86 |
| FESCO JSC(러시아) | 281,300 | 6.50 |
| Vladivostok Trade Port JSC(러시아) | 1,764 | 0.04 |
| TTT JSC Ltd.(러시아) | 511 | 0.01 |
| 총 | 4,325,258 | 100.00 |

러시아 극동지역의 통신시장은 무한하다. 연해주를 교두보로 하면 여타 지역으로 사업을 확장시킬 수 있다. 무한한 시장이 펼쳐지고 있는 것이다. 뿐만 아니라 한국과 러시아 정부가 관심을 갖고 있는 TSR/TKR 연결사업과 연계된다면, 북한 내에 광케이블을 부설하여 그 사업망을 확장시킬 수도 있을 것이다.

결국 러시아 극동지역을 교두보로 해서, TSR/TKR 노선을 타고 남북한-러시아-유럽 통신망을 연결하는 '통신 비단길'을 개척해낼 수도 있을 것이다. 러시아 극동지역의 통신시장을 장악하기 위해서 반드시 고려해야 될 사항이 있다. 중앙과 지방의 관련 법규를 숙지해야 하며, 통신 관련 러시아 현지 법인을 분석해야 한다. 그리고 합작회사를 설립하여, 한국 측에 불리하게 작용하는 관련 문제들을 해결해야 할 것이다.


## KT, 통신 사업을 확장시킬 수 있는가?

- 블라디보스톡, 전자신문(2004.11.19.) 참조

극동지역 전역으로 통신사업을 확장시키려는 노력은 KT(대표 이용경)에 의해서 활발하게 전개되고 있다. KT는 블라디보스톡 현지 계열사인 NTC(New Telephone Company)가 연해주 지역을 넘어 극동지역 전체의 GSM 사업권 획득을 추진하고 있음을 2004년 11월에 밝힌 바 있다.

NTC는 KT가 1997년 말 IMF 속에서도 아시아 지역으로 사업영역을 확대하기 위해 경영권을 인수한 회사로, 연해주 지역에서 시내전화 및 초고속인터넷과 GSM 방식의 이동전화 사업을 하고 있다. 지난 2001년에 유상증자를 통해 KT 지분을 72.5%로 높였다. NTC는 2004년 3분기까지 매출 4,870만 달러, 당기순이익 2,230만 달러를 달성하는 등 높은 경영 성과를 올렸으며, 이를 기반으로 사할린 지역을 포함한 극동지역의 GSM 사업권을 획득하고, 향후 초고속인터넷 시장에 공격적으로 진입할 계획이다.

이를 위해 NTC는 2003년 러시아 정통부에 신청서를 제출한 바 있으며, 2004년 10월 KT 이사회를 블라디보스톡에서 개최하여 현지상황을 직접 점검하기도 했다. 이용경 사장이 직접 사업권 허가를 재요청하는 등 러시아 중앙정부와 협의 중이다. NTC가 극동지역 면허를 획득하게 되면, 이 지역 6개 주·1개 공화국·3개 자치구를 포함하는, 한국 면적에 60배에 해당하는, 지역에서 770만 명을 대상으로 통신사업을 할 수 있게 된다.

NTC 송우찬 사장은 현지 기자간담회에서 "현재 NTC는 연해주 이동통신시장의 50%를 점유하고 있다. 진출 7년 만에 20배에 달하는 매출과 2,760만 달러의 당기순이익을 달성하는 연해주 제1의 종합통신사업자로 자리매김하고 있다. 그러나 MTS, 메가폰 등 러시아 이동통신 시장 1, 3위 사업자들이 연해주 및 극동지역으로 진입했다. 따라서 위기감이 고조되고 있다"라고 했다. 그리고 그는 "연해주를 넘어 극동지역 시장을 적극적으로 확대할 계획"이라고 했다.

## ▶ 수산업은?

**북한과 러시아의 어업협력은?**

어업분야는 북한과 러시아 간 경제협력에서 중요한 위치를 차지한다. 특히 양국간에 1987년 5월 체결된 '수산업 부문 협조에 관한 장기협정'에 따라 어업위원회 회의가 평양과 블라디보스톡에서 매년 교차 개최되고 있다. 어업 위원회 회의는 북·러 경제수역에서의 어획 쿼터량 조정, 조업 어선수 협의, 공동어로 사업, 기타 어업분야 협력을 위한 협의를 하고 있다.

소련 해체 이후에도 지속적으로 개최되고 있는 어업위원회는 2000년 12월 에 14차 회의를 가진 바 있다. 물론 양국간 냉각기였던 1990년대 들어 러시아 수역에서 북한의 무상 어획 쿼터량이 대폭 감소된 것은 사실이다. 그러나 양국간의 관계가 급속히 가까워지는 2000년을 지나면서, 양국간 공동어로 사업 및 수산업 가공 등 협력 사업이 확대되고 있다.

북한의 러시아 수역 무상 어획 쿼터

(단위: 만 톤)

| 1991년 이전 | 1992년 | 1993년 | 1994년 | 1995-1998년 | 1999년 | 2000년 |
|---|---|---|---|---|---|---|
| 20 | 12 | 6 | 4 | 3 | 2.5 | 2.25 |

출처: 조명철 | 대외경제정책연구원

러시아 극동지역 최대 수산회사인 달모어프로둑트(Dalmoreproduct) 사와 북한은 공동 어획수산물(꽁치, 명태, 대구)을 북한 신포의 합작공장에서 통조림으로 제조하고 있으며, 북한지역에서 생산된 다시마를 가공하여 러시아로 수출하는 사업도 하고 있다.

특히, 1999년 개최된 양국 어업위원회 회의에서는 양국 경제수역 공동어획구역 확대, 새우·성게·해삼 등의 양식사업, 원산 수산물 가공공장 현대화 등을 협의하기도 했다. 그리고 동 회의에서 2000년 중 양국간의 어업협력 사업 규모를 확대하기로 합의했다. 비록 협력사업의 규모가 크지는 않지만, 양국간 수산업 관련 협력은 지속되고 있다.


## 한국과 러시아의 어업협력은?

한국과 러시아의 어업협력은 한국의 어선이 러시아 수역 내에서 매년 배당받은 쿼터 한도 내에서, 일정한 입어료를 지불하고 조업하는 형태로 진행되었다. 한국의 어선들이 잡은 어종은 주로 명태와 대구였다. 한·러 양국은 여러 차례 양국간 어업회담을 개최하여, 러시아 수역 내 한국 어선의 조업수역 및 어업 쿼터에 대해서 협의하고, 이에 따른 입어료를 합의해왔다.

1991년 한국과 소련 간의 어업협정이 체결된 이후, 이 부문의 성과가 제일 먼저 가시화되었다. 입어료의 지불과 함께 쿼터량을 할당받아, 한국 어선들이 러시아 해역(특히 오호츠크 해와 베링 해)에서 조업하여왔다. 1993~1996년 사이에, 러시아 극동지역 해역에서 연간 20-30만 톤의 어획실적을 올렸다. 주요 품목으로는 대구류·명태·꽁치가 주종을 이루었다. 특히 한국 명태 어획고의 약 85-90%가 러시아 해역으로부터 들어오고 있다.

양국간의 어업협력은 빠른 속도로 발전하였다. 그러나 1997년부터 러시아가 어족자원의 보호 차원에서, 보다 강경한 자세를 보이기 시작했다. 쿼터량과 입어선박 척수 제한, 그리고 높은 입어료를 요구하여왔다.

러시아는 한국에 대한 쿼터량을 지속적으로 감축해왔다. 한국에 할당된 어획 쿼터를 1997년 7만 4,000톤에서 1998년 6만 7,000톤으로, 1999년 5만 6,000톤으로, 그리고 2000년 4만 4,000톤으로 줄여왔다. 물론, 자신의 수산자원 보호를 위해 조업규제를 강화한다는 이유였다(문명식 | 서경대학교).

러시아는 1995년부터 어업료 선불을 요구하고 있다. 따라서 한국은 선불로 어업료를 지불하고 있다. 1998년에는 톤당 어업료가 135달러, 1999년에 161달러였다. 해마다 어업 쿼터가 결정되고 있으며, 민간 쿼터와 정부 쿼터를 따로 결정하고 있다. 어업료 역시 다르다. 2000년이 지나면서, 어업 쿼터는 톤당 110-170달러 선에서 결정되고 있다.

2001년 11월 22~27일, 그리고 동년 12월 13~15일, 서울과 모스크바에서 한·러 어업위원회 회의가 개최되었다. 이번 회의에서, 한국에게 총 5만 4,800 톤의 어획 쿼터가 확보되었다. 어종별로 보면, 명태 2만 5,000톤, 대구 2,500 톤, 오징어 7,300톤, 꽁치 2만 톤이다. 그리고 2만 톤의 공동어로 사업이 확정되었다.



한국 정부에 제공되는 수산물 조업 허가물량이 대폭 감소되고 있다. 2003년 에는 2만 2,000톤밖에 확보하지 못했다. 한국의 조업선들은 쿼터 확보가 어려워지자, 러시아 측과 합작사업을 추진하여 조업을 유지하는 상황이다. 합작사가 없는 국내 수산업계에 배정되는 북양 쿼터는 더욱 축소되고 있다. 그 대책이 없는가?

## 수산업 관련 합작사업을 어떻게 할 것인가?

북한의 러시아 수역 무상 어획 쿼터량은 1991년을 기점으로 점차 감소되고 있다. 북·러 간 협력사업 규모도 크지는 않지만, 최근 양국간 어업 협력사업 규모를 확대하기로 합의했다. 한국 정부에 제공되는 수산물 조업허가 물량 역시 대폭 감소되고 있다. 합작사가 없는 국내 수산업계에 배정되는 북양 쿼터량이 더욱 축소되고 있기 때문에, 신사고에 기초된 투자전략이 필요하다.

러시아 극동이 필요로 하는 것이 무엇인가? 러시아 정부에서는 한국의 수산업계가, 어로행위에 집중되는 사업보다는 현지 가공이나 유통사업에 관심을 보여줄 것을 희망하고 있다. 러시아는 극동지역에 수산물 가공공장을 합작으로 설립하는 문제에 많은 관심을 보이고 있다. 한국의 수산업체가 극동지역에 수산물 가공공장을 설립해야 하는가? 연해주, 캄차트카, 추코트카 등의 어업 및 수산업 가공산업에 진출하는 방안을 모색해볼 필요가 있다. 3자간 수산업 협력 차원에서 수산업 관련 원료·제품의 생산 및 가공을 동시에 추진하는 사업이 바람직할 것이다.

배재대학교 한종만 교수는 다음과 같이 주장한다. 즉 러시아 경제수역과 공해상에서 공동으로 조업한다. 생산물을 분배하거나, 러시아 또는 한국이 선박과 가공기술을 제공하고 북한이 노동력을 제공하는 방식으로 3국간 어업 협력을 강화해 나간다는 방법을 제시하고 있다. 다른 방법도 있다. 한국이 북·러 간의 어업협력 사업에 참여하여, 선박 등 조업경비를 일부 부담하는 대신에 어획량을 확보하는 방안이 그것이다.

정치적인 이유가 깊이 깔려 있기는 하지만, 러시아는 북한을 필요로 하고 있다. 한국과 북한은 보다 많은 수산물을 필요로 한다. 러시아는 극동 현지에 수산업 관련 합작회사의 설립을 원하고 있다. 서로가 서로를 필요로 하는 부분이 여기에 있다. 남·북·러 3자간 협력으로 수산 활동을 하면서, 수산물 가공공장을 건립한다. 3자가 가진 보다 유리한 자원을 활용하면서, 보다 많은 어획 쿼터량을 확보한다. 경제수역 내 공동어획구역을 확대한다. 3자간 수산업 협력사업은 이러한 것들을 가능하게 할 것이다.

결국 3자간 자원과 자본, 그리고 노동력을 배합하여, 극동지역에 3자 합작회사를 운영하는 사업을 고려해볼 수 있을 것이다. 수산업 활동과 가공사업, 그리고 판매가 협력으로 이루어지는 사업을 구상해볼 필요가 있는 것이다. 공동어획 수산물을 러시아 극동 및 북한 신포, 그리고 한국으로 분산시켜 (통조림 등) 상품으로 만드는 방법을 모색해볼 수도 있을 것이다.

## ▶ 농업 및 임업분야는?

### 북한 노동자들이 진출하고 있다

조명철 | 대외경제정책연구원

러시아와 북한 양국간 임업분야 협력은, 북한 인력을 활용하는 러시아 극동지역의 벌목사업에서 대표적으로 볼 수 있다. 이미 북한 노동자들은 1967년부터 하바로프스크 주에서, 그리고 1975년부터는 아무르 주에서 벌목작업을 해오고 있다.

1997년 9월에 시작된 양국간 임업분과회의가 정례화되고 있다. 2001년 4월에 개최된 제4차 회의에서는 하바로프스크 및 아무르 지역으로의 북한 벌목 노동력 송출문제가 협의되기도 했다. 그리고 2000년 10월에는 북한 임업 사절단이 러시아를 방문하여, 상기 2개 지역에서의 목재생산을 2003년부터 2배로 확대하기로 합의하기도 했다.

북한 노동력을 이용한 양국간 경제관계는 농업부문에서도 활발하게 전개되고 있다. 1995년 4월 러시아 연해주 정부와 북한 농업위원회 간에 농업부문 협력협정이 체결되었다. 이에 기초하여 북한의 농업인력이 연해주로 진출, 종묘사업·콩 및 야채 재배·가축사육·농촌주택 건설 및 보수·농기계 수리 등의 활동을 하고 있다.

임업·농업·건설 분야의 협력은 주로 노동력이 부족한 러시아 극동지역에 북한 노동력을 제공하는 방식으로 추진되었다. 한때 약 3만 명의 북한 노동자가 러시아에 공식 등록되어 있었으며, 이 중 1만 5,000명은 벌목공으로, 1만 명은 농업 노동자, 2,000명은 건설노동자, 800명은 광부로 활동하였다. 이들의 주 활동무대는 하바로프스크, 연해주 등 러시아 극동지역이었다. 이러한 노동력 수출로, 러시아 이타르타스 통신의 보도에 의하면, 북한이 벌어들이는 수입은 2000년에 약 4,500만 달러였다.


## 한국의 자본과 기술이 3각협력을 가능하게 한다

- 농업개발 사업은?

러시아 극동지방에서 농업개발에 관련된 협력사업을 준비하는 작업은 바람직한 사업이 될 것이다. 러시아의 농지와 노동력, 북한의 노동력, 한국의 자본과 영농기술이 적절하게 접목된다면 바람직한 사업이 될 것이다. 지금까지 이 분야에서의 협력사업은 고합상사, 남양알로에, 새마을운동 중앙연합회, 대경, 대아산업, 가우리 등에 의해서 추진되고 있다. 이들은 장기 임대계약을 체결하여 농지를 확보하고 있으며, 일련의 시험재배를 완료한 상태이다(한종만|배재대학교).

예를 들면 남양알로에는 러시아 연해주에 2,500만 평의 농장을 임대했으며, 향후 1억 평의 밭을 추가로 확보할 계획이다. 그리고 이곳에서 경작된 농산물은 지역 소비분 외에 일부를 북한에 제공하고, 나머지는 육로를 이용해 한국으로 반입할 계획을 세우고 있다. 최근에는 종교단체와 민간단체들이 극동지역에 농업개발을 추진하고 있는 것으로 알려지고 있다. 그러나 농업협력의 규모나 사업실적은 미미한 수준에 그치고 있는 상황이다(한종만|배재대학교).

러시아 극동지역은 289만 2,000ha에 달하는 광대한 농경지를 가지고 있으나, 노동생산성의 하락과 노동력 부족, 농업생산에 필요한 사회간접자본의 미비, 농업생산 지원을 위한 재원의 부족 등으로 농업생산이 감소하고 있다. 따라서 연해주 정부도 한국 기업 및 영농단체들의 농업투자를 반기고 있다.

남북 협력사업을 모색한다면, 통일을 대비하여 식량기지를 건설하려면, 남·북·러 3자협력에 의한 농업개발 사업을 체계적으로 준비하라. 향후 남북

간의 운송협력(TSR/TKR의 연결 등)과 인적교류 협력이 활발히 이루어진다면, 남·북·러 간 이상적인 형태의 3각협력으로 발전될 가능성이 높다. 동북아 3자간의 다자간 경제협력사업의 모델이 될 수도 있을 것이다.

농업분야 협력사업은 어디에서 하는 것이 좋을까? 연해주·아무르 주·유대인 자치주·하바로프스크 주의 남부지방은 아직 개발되지 않은 넓은 경작지와 방목지를 갖고 있다. 장기적, 안정적인 식량공급처를 확보하려면, 연해주 지역에 투자하라. 연해주 지역은 기상 및 토지환경 조건상 벼농사에 적합하고,

러시아가 1992년 가격 및 무역의 자유화, 국영기업 민영화 등 개혁정책을 통한 시장경제로 이행하는 과정에서 서방국가들로부터의 대대적인 지원이 있었다. 미국은 밀가루, 옥수수 가루, 닭고기, 돼지고기, 탈지분유 등(경우에 따라서는 탈지분유 대신 콩우유를 만드는 원료로 콩가루가 공급되기도 하였음) 5종을 유무상 공급하기로 하였으며, 기한은 미·러 양국의 군축협상이 존속하는 한 영구적인 결정이었다. 미국의 농축산물 무상공급으로 기존의 공급체계인 국영 및 협동농장들은 붕괴되기 시작하였다.
옥수수 및 춘파 밀 농장과 여기에 사용되는 농기계가 녹슬어 전부 고철로 팔려 나갔고, 정미소와 사료공장이 워낙 대규모라 가동 필요가 없어지면서 녹슬어 못쓰게 되었으며, 목장(낙농) 등의 우유공장이 망가지고 양계장과 양돈장이 못쓰게 되었다. 이렇듯 모든 농축산업이 붕괴되고 농민들은 떠나고 있었다. 이러한 상황에 직면하자, 미국은 지금까지 무상으로 공급하던 5종의 농축산물을 서서히 유상으로 공급하는 쪽으로 정책을 수정하고 있다.
이에 당황한 러시아의 농축산 전문학자들은 극동 러시아 농업아카데미를 중심으로, 극동 지역의 농업경제를 되살리기 위한 다양한 방법들을 모색하고 있다. 대표적으로 제기되는 문제들 중 하나가 러시아와 남북한의 3각 경제협력 방안이다. 즉 러시아의 자원과 한국의 자본 및 기술, 북한의 노동력을 결합하여 양돈장을 비롯한 축산업을 재건하려는 움직임이 그것이다.
농축산업과 사료공장은 밀접한 관계에 있다. 극동 러시아의 사료공장은 북부에 하바로프 스크와 유대인 자치주, 아무르 주 등에 있었고, 남부에는 연해주의 우수리에 있었다. 그러나 모두 폐업된 상태에 있다. 따라서 양돈장 내에 있는 사료공장에서 자가생산해야 한다. 사료곡물은 직접 재배하기보다는 러시아 농민들로부터 수매하는 것이 경제적이다. 러시아 농민들은 정부로부터 생산 장려금을 받고 있다.

수자원이 풍부하다. 그리고 북한과 인접해 있다. 따라서 러시아의 토지, 북한의 노동력, 한국의 농업기술과 자본이 결합되기가 용이한 지역이다. 그리고 생산된 농산물의 일부를 북한에 공급하는 3국간 농업협력이 실현될 수 있는 가장 적합한 지역이다.

- 산림산업은?

1999년 한국의 전체 임산물 수입에서 원목이 34%를 차지했다. 러시아는 뉴질랜드 다음으로 원목을 한국에 공급(7,298만 8,000달러)하여 수입국 6위의 자리를 차지했다. 그 반면에 러시아는 한국으로부터 주로 건축 목공품을 수입하여, 한국의 임산물 수출국 10위를 차지했다. 러시아 극동지역에서 현지의 원자재와 노동력을 이용하는 산림산업을 생각할 수 있다. 그러나 한국은 극동지역의 산림산업 개발에 적극적으로 뛰어들지 못했다.

현대자원개발이 1990년 9월부터 연해주에 1,600만 달러를 투자하여 스베틀라야 지역 삼림개발 사업을 추진한 바 있다. 그러나 환경단체의 반발 및 지역주민의 보상문제 등으로 인해 사업이 계속 이어지지는 못했다. 그후 1994년과 1995년에 한·러 산림산업과 관련하여, 각각 80만 달러와 70만 달러가 투자되었다. 그리고 1997년에 삼성자원에 의한 25만 달러의 소규모 투자가 이루어졌을 뿐이다.

현재, 1994년부터 (주)한러산업이 추진한 2건의 산림개발사업이 자금부족으로 벌채작업을 하지 못하고 있으며, 스베틀라야 삼림개발 사업을 위해 만들어진 현지법인인 '스베틀라야 조인트 벤처'가 2001년 4월에 최종 청산되면서 현대 측도 철수하였다. 따라서 산림개발 사업은 중지된 상태이다.

일본이 연해주에 목재가공 합작회사를 설립하여 고품질의 제품을 수출하고 있음을 기억하라. 한국은 러시아로부터 많은 양의 원목을 수입하고 있다. 그리고 건축목공품을 러시아에 수출하고 있다. 러시아 극동지역은 한국이 필요로 하는 충분한 양의 목재를 제공해줄 수 있을 것이다. 산림산업과 관련된 제품은 한국과 북한, 그리고 러시아가 필요로 한다. 한국의 자본과 기술＋북한의 노동력＋러시아 현지의 산림자원 및 노동력을 활용하는 3각 경제협력은 어떠한가?

산림산업에 관련된 환경 역시 조성되어 있다. 북한의 노동력과 한국의 목재가공 기술을 결합하여 사하공화국·마가단 주·아무르 주·하바로프스크 지역의 산림자원을 벌목하고, 가공된 제품을 한국과 일본을 비롯한 기타 아태지역으로 수출하는 방안을 추진할 필요가 있다.

산림산업을 추진하기 전에 관련 법규를 먼저 숙지해야 할 것이다. 러시아 극동의 산림개발 사업은 러시아 극동지역의 국내정치적 상황과, 산림산업 개발에 관련된 러시아 중앙의 정책·입법 상황을 분석하면서 시작되어야 할 것이다. 나아가 단순한 벌목 사업이 아닌, 3각 경제협력을 통해 완제품을 생산 수출할 수 있는 산림사업을 보다 구체적으로 구상해야 할 것이다. 기술과 장비가 우수한 한국이 진출해야 될 분야는 목재 관련 2차산업 분야일 것이다.

ㅡ 한국이 자금을 제공하고, 북한이 에너지난을 해결한다

북핵 문제는 심각한 에너지 부족에서 비롯된 면이 적지 않다. 따라서 북한에 러시아의 가스와 전력이 공급된다면, 북한이 더 이상 핵을 주장하기 힘들 것이다. 따라서 한국이 자금을 제공하면서, 러시아 극동을 활용하여 북한의 에너지난을 해결할 수 있다면…….

## ▶ 북한에 가스를 제공하자?
### ㅡ 코러스(KoRus) 파이프라인 계획

한겨레 | 2004.9.29. 참조

2003년 초, '코러스(KoRus) 파이프라인 계획'으로 불리는 에너지 협력 구상이 관심을 모았다. 북한 핵문제가 위기상황으로 치닫고 경수로 지원사업도 흔들리면서, 그 대안으로 제기되었다. 그 내용의 핵심은 다음과 같다. 사할린의 천연가스를 러시아 극동과 북한을 통과하여 한국으로 끌어오면서, 가스관 통과 대가로 북한에 가스를 제공한다. 북한은 이를 발전용으로 사용한다.

이 계획은 워싱턴에 근거를 둔 'FSI 에너지'의 부사장인 로이 김 드렉셀 대학 교수가 주도하고, 미 공화당의 커트 웰던 하원의원도 깊숙이 관여하고 있다.

코러스 파이프라인 계획은 북한 에너지와 핵문제를 동시에 해결하고, 동북아 에너지 협력도 진전시킬 수 있는 하나의 방안이 될 수도 있을 것이다. 이 방안이 현실화되려면 사할린-1을 생각해야 한다. 현재 생산단계인 사할린 프로젝트-1, 2 가운데, 사할린-2는 배로 운송하는 액화천연가스(LNG) 방식을 선택하고 있다. 따라서 가스관을 통한 공급자가 될 수 있는 것은 '엑손네프테가스'가 주도하는 사할린-1뿐이기 때문이다.

하바로프스크 주정부의 블라디미르 슬리브코 에너지국장은 "2007년부터 가스 마케팅 결과와 국가간 협의에 따라, 하바로프스크의 가스관을 연장하여 중국 또는 연해주를 통과해 한국 쪽으로 건설할 수도 있다"고 했다. 그리고 그는 정부간 협상에 따라 사할린 가스를 한반도로 가져갈 가능성이 남아있다고 밝혔다. 한국의 투자문제가 이 사업에 영향을 미치게 될 것이다.

파벨 미나키르 러시아 과학아카데미 극동지부 경제연구소장은 다음과 같

이 지적하고 있다. "북한으로 러시아 극동의 에너지를 가져가려면, 남한이 투자해야 한다. 북한 내에 건설될 가스망과 전력망 인프라에 남한의 투자가 필요하다. 한반도에너지개발기구(KEDO) 참여국들이 컨소시엄을 구성해 공동으로 투자할 수도 있을 것이다."

극동 경제연구소의 빅토르 칼라슈니코프 에너지수송연구부장의 지적대로, 사할린-하바로프스크-블라디보스톡으로 가스관을 연결한다면 투자비에 비해 수요가 부족해 가스 가격이 너무 높아지게 될 것이다. 일본 수요만으로는 투자비를 회수할 수 없을 것이므로, 러시아-북한-한국 노선과 러시아-중국 노선으로 수요를 확장하는 방안을 고려해야 할 것이다. 중국의 동북3성이나 한반도로 확장해서 운송량과 판매량을 늘려야 경제성이 발생하게 된다. 사할린 가스를 끌어다 극동지방을 거쳐 한반도와 중국으로 연결하는 것이 경제적이다. 그러나 엑손은 한반도로 가스관을 연결하는 것은 위험부담이 너무 크다고 생각하고 있다.

물론 사할린-1의 가스전을 개발하여 러시아의 연해주와 북한을 거쳐 한국까지 가스배관을 건설할 경우, 이에 따르는 경제적 타당성을 조사해야 할 것이다. 투자비 파악과 투자비 회수가 가능한 가스시장 확보, 장기 공급 가능 물량 확보가 우선적으로 타당해야 한다. 그리고 현재 사할린-1이 가지고 있는 가스의 확인 매장량은 약 3.4억 톤에 불과하다. 따라서 중장기를 생각한다면, 사할린의 가스사업과 연계 개발 가능한 사업을 동시에 찾아야 할 것이다. 그리고 다른 광구를 연결시킬 수 있는 방안도 모색해야 할 것이다.

# ➡ 북한에 전력을 공급하자?

한겨레 | 2004.9.29. 참조

북한 에너지 문제 해결을 위한 또 다른 카드로 제기되는 것이 러시아 극동지역의 잉여전력을 북한으로 보내는 계획이다. 러시아 국영전력회사 통합에너지시스템(UES)의 극동지역 자회사인 보스토크에네르고 사는 북한 에너지난을 단기간에 해결할 수 있는 해법으로 블라디보스톡과 북한 청진 사이 380㎞(러시아쪽 250㎞+북한쪽 130㎞) 구간에 500kV 고압 송전선을 건설하여, 300~500kW의 전력을 교류연계방식으로 송전하는 계획을 추진하고 있다.

이 회사의 빅토르 미나코프 사장은 북한의 전기석탄공업성과 협의를 계속하면서 한국전기연구원과도 타당성 조사 등을 벌여왔으며, 정부간 협상만 끝나면 2005~2006년 사이에 관련 공사를 모두 마치고 2007년 12월부터 바로 전력을 공급할 수 있다고 밝혔다. 러시아 극동지역은 지난해 2,000MW 규모의 부레이스카야 수력발전소의 가동을 시작하는 등, 현재 20~30억kWh의 잉여전력이 발생하고 있다. 보스토크에네르고 사는 이를 한반도쪽으로 공급하여 경제적 이익도 찾고 북한 지원의 명분도 얻으려는 차원에서, 먼저 북한에 이 사업을 제안하면서 적극적으로 나서고 있다. 물론 여기에 들어갈 약 5억 달러의 대부분은 한국이 내야 한다는 것이 전제다.

러시아 아무르 주의 아무르 강 수력발전소에서 생산한 전기가 현재 중국 동북부 헤이룽장성으로 공급되고 있다. 현재 2억 5,000kWh를 수출하고 있고, 2005년부터 6억kWh로 늘릴 예정이다. 서부에서도 핀란드로 전력을 공급하고 있다. 북한으로 전기를 보내는 데 기술적으로는 아무런 문제가 없다. 가장 큰 장애물이 정치적 리스크인 것이다.

결국 북한과 관련된 에너지 협력은 북핵 보상 또는 해법 차원에서 중요하다. 그러나 정치적 합의가 전제되어야 한다. 그리고 누가 자금을 제공할 것인가의 문제가 해결되어야 한다. 사할린 가스·동시베리아 가스·극동지역 수력발전소의 전력 등 북한에 지원할 러시아의 에너지 여력은 존재한다. 그리고 기술적 타당성도 있다. 그러나 정치 외교적 해결 없이는 환상을 넘어 현실로 이어질 수 없는 것이다.

러시아 극동지역은 전력수출 여지가 많고, 수력발전 잠재력도 크다. 투자가 문제이다. 한국이 투자자 역할을 해야 할 것이다. 한국의 보증하에 국제자본을 끌어들이는 것도 가능하다. 전체 예산은 5억 달러 정도다. 한국·북한·러시아가 합의만 한다면, 바로 실현할 수 있는 프로젝트이다. UN 아시아·태평양 경제사회이사회가 현재 이에 관한 연구를 지원하고 있으며, 앞으로 이 프로젝트의 조정자 역할을 할 수 있다.

한국·북한·러시아 전력 협력사업은 서로 이익을 내는 방향으로 접근해야 한다. 블라디보스톡에서 청진까지 350㎞ 구간에 송전시설을 건설하면, 새로 발전소를 짓는 것보다 훨씬 빠르고 저렴하게 북핵문제에 보다 쉽게 접근할 수 있게 될 것이다. 북한은 화력발전을 이용할 만한 재원이 없고, 수력발전 설비도 노후화되어 있다. 따라서 전력 위기를 내부에서 해결할 수 없다. 전력이 지원되면, 가장 먼저 산업 분야에 공급하려 한다. 한국도 값싼 추가 전력을 얻을 수 있고, 러시아는 전력 판매로 수익을 낼 수 있다. 이런 측면에서 보면, 모두에게 이익이 되는 사업이다.

# 부록

## ▶ 러시아 여행시 알아두어야 할 사항은?

### ▌러시아 입국까지

러시아를 여행하기 위해서는, 먼저 러시아 현지로부터 초청장을 받아야 한다. 러시아 비자는 초청장의 성격에 따라 관광·비즈니스·방문·트랜짓(통과) 비자 등 4개로 구분된다. 러시아 대사관에 비자를 신청한 날로부터 3일(초급행)·7일(급행)·15일(보통) 후에 비자가 발급된다. 물론, 시간이 단축될수록 요금은 비싸진다.

관광비자(Tourist visa)는 일반적으로 여행사를 통해 발급받으며, 러시아에서 30일간 체류할 수 있다. 상용비자(Business visa)는 러시아 측 초청기관인 회사(반드시 러시아 외무부에 등록된 기관이어야 함)가 초청장을 작성하여, 러시아 외무부에서 인증을 받은 후 주한 러시아 공관을 통해 비자를 발급받는다. 방문비자(Vistor visa)는 러시아에 있는 개인이 초청하는 경우로, 러시아 외무부를 통해 초청장 인증을 받아야 하며, 이때 피초청자에 대한 숙박 보증을 입증하여야 한다. 다만 러시아 주재 외교관이 초청하는 경우는 외무부 인증 절차가 생략된다. 경유비자(Transit visa)는 러시아를 경유하여 다른 외국으로 가기 위한 비자로서, 러시아에서 다른 외국으로 간다는 항공 티켓 등을 제시하여야 한다. 물론 공항에서 단순 트랜짓의 경우에는 비자가 필요 없다. 그러나 열차 여행이나 러시아에서 최소 하루 이상 묵으려면 반드시 경유비자를 받아야 한다. 경유비자는 최대 3일간 러시아에서 체류할 수 있다.

러시아 공항에 도착하면 먼저 패스포트 콘트롤(Passport Control)이라고 불리는 출입국 관리소로 가서 비자 확인을 받는다. 이곳에서 공항직원이 여행목적에 대해서 질문한다면, 반드시 비자상에 적혀 있는 목적대로 대답하는 것이 좋다. 관광비자로 입국한 사람은 관광을 목적으로, 상용비자로 입국한 사람은 비지니스로 입국 목적을 대답해야 한다.

러시아 입국시 세관직원이 '세관신고서'에 확인 도장을 찍어준다. 출국시에 이 신고서를 다시 제출해야 한다. 따라서 러시아 체제 중 여권과 함께 이를 잘 간수하여야 한다. 세관 신고서는 가능한 한 정확히 기입하는 것이 좋다. 현금은 세관 신고서에 기입된 이상의 금액을 가지고 나갈 수 없다. 출국시에 입국 시 신고한 금액보다 많을 경우, 차액을 압수당하는 사례가 발생한다.

입국수속이 끝나면, 상대 측 안내자를 찾아 안내를 받으면 된다. 만약 안내자가 없을 경우에는 환전부터 해서 택시를 타고 호텔로 이동하면 된다. 러시아 생활이 시작된다.

## ▌러시아 생활은?

러시아에 도착하게 되면, 보통 초청자의 집이나 호텔에서 숙박하게 된다. 거주 장소 여하를 불문하고, 러시아에 체류할 경우에 반드시 '거주지 등록'을 마쳐야 한다.

러시아의 중앙 및 주정부가 치안상태에 많은 신경을 쓰고 있지만, 자신의 안전여행은 스스로 책임지는 것이 좋다. 다수의 러시아 사람들이 '외국인은 돈을 많이 가지고 다니는 사람'으로 인식하고 있기 때문이다. 따라서 혼자 외출하는 경우에는 항상 조심하는 것이 좋다. 지나친 친절을 보일 때, 길거리에서 달러 뭉치를 발견했을 때, 물건을 싸게 판다고 유혹할 때 등등, 한번쯤 생각하라. 왜 나에게 이런 일이 벌어지는가를.

길거리 등에서 쇼핑할 때는 달러가 사용되는 경우가 종종 있지만, 공식 가게에서 쇼핑할 때에는 러시아 현지 루블이 사용된다. 환전은 은행 등 허가된 곳에서만 하고, 개인에게는 가능한 한 환전하지 않는 것이 좋다. 공식 환전소보다 더 유리한 조건으로 환전해준다는 개인의 유혹이 있을 수 있다. 개인에게

---

### 거주지 등록이란?

원칙적으로 러시아에 입국한 모든 외국인은 입국일로부터 3일 이내에 외국인 등록처(오비르, OVIR)에서 거주지 등록(레기스트라치야)을 하여야 한다. 관광목적 입국 시 모든 관광객은 호텔에 투숙하는 것이 원칙이며, 이때 거주지 등록은 호텔 측에서 대신해준다. 따라서 직접 오비르에 가지 않아도 된다. 거주지 등록을 하지 않을 경우, 경찰의 불심검문에 걸리면 벌금을 내거나 경찰서에서 불편을 겪을 수도 있다. 출국장에서 적발되는 경우에도, 공항에서 벌금을 지불하거나 비행편을 놓칠 수도 있다. 따라서 반드시 등록을 하여야 한다.

러시아 내의 여러 도시를 관광할 경우, 해당 도시별로 3일 이상 체류시 도시마다 거주지 등록을 해야 한다. 시베리아 횡단열차 여행 시 한 지역에서 3일 이상 체류할 경우에는 호텔에서 하루 이상 숙박하여 거주지 등록을 해야 하나, 3일 이내 체류시에는 횡단열차 티켓이 거주지 등록증의 역할을 한다. 따라서 티켓을 잘 보관하여야 한다.

환전하는 경우, 사기 당하는 경우가 종종 발생한다. 안전한 환전소에서 환전이 끝나면, 쇼핑을 하게 된다. 출국시 공항에서 요구하는 경우가 가끔씩 있기 때문에 쇼핑 후 영수증을 잘 보관하는 것이 좋다.

무역 관계를 위해서 출국한 경우에, 현지 공장이나 필요한 대상물을 직접 보게 된다. 필요한 샘플이나 시료(특히 암석, 광물)의 반출이 필요한 경우가 있다. 이러할 경우에, 반드시 상대 기관장의 증명서를 받아두어야 한다. 공항 세관에서 증명서를 요구하게 될 것이며, 증명서가 없을 경우에는 반출이 금지된다.

분명히 기억해야 될 것은, 현지의 몇몇 파트너들과 절친한 관계를 유지하는 것이 여러 가지 측면에서 긍정적이라는 사실이다. 관계를 유지하는 데 사용되는 비용보다, 몇 배 또는 몇십 배의 반대효과를 얻을 수 있게 될 것이 다. 러시아 사람과 돈독한 친분관계를 원한다면, 보드카를 마셔라. 러시아를 상대로 사업을 하려면, 러시아 파트너에게 술을 권하라. 그리고 마셔라. 빠른 시일 내에 좋은 결과를 얻기 위한 최선의 방법이 될 수도 있을 것이다.


## ▮ 러시아에서 출국하기

출발 2시간 전에 공항에 도착하는 것이 여유롭다. 잔여 루블은 공항 환전소에서 달러($)로 바꾼다. 그리고 세관신고서(출국용)를 작성한다. 이때 소유하고 있는 달러를 정확히 기재하여야 하며, 입국 시 작성한 금액보다 많지 않아야 한다. 입국 시 작성한 세관신고서와 함께 제출한다.

일반적으로 입국 시보다 출국 시 짐 검사가 까다로운 편이다. 짐을 비교적 상세히 검사한다. 광석시료의 반출시는 증명서를 요구하며, 그림을 반출할 경우 영수증과 세금을 요구한다.

# ▶ 한국에서 러시아 극동지역으로 가는 항공편은?

http://www.baikaltour.co.kr/를 참조하여 재구성하였음.

(항공 스케줄 및 요금표는 시기에 따라, 환율 변화에 따라, 조금씩 수정되고 있음)

## ▌블라디보스톡으로 가려면

한국에서 블라디보스톡으로 가는 방법으로 항공편 및 배편을 이용하면 된다. 인천과 블라디보스톡을 잇는 항공은 '블라디보스톡 항공'과 '대한항공'이다. 비행시간은 약 2시간 정도 소요된다. 블라디보스톡 항공은 주 3편(수·금·일) 운항되고, 대한항공 역시 주 3편(월·화·토) 운항된다. 목요일을 제외하고, 매일 규칙적으로 운행되고 있다. 그러나 하절기(6월~10월)에는 증편된다.

(a) 블라디보스톡 항공(XF)

운항 요금표 및 항공 스케줄표는 다음과 같다.

블라디보스톡 항공 요금안내

(단위: 원)

| CLASS | 편도 | 왕복 |
|---|---|---|
| 비지니스(6개월) | 450,000 | 750,000 |
| 일반석(6개월) | 360,000 | 630,000 |
| 일반석(15일) | - | 600,000 |
| 학생(6개월) | 330,000 | 590,000 |

※ 학생요금은 만12세 이상~만25세 미만 적용
※ 항공 요금은 항공사/여행사/성수기 여하에 따라, 조금씩 차이를 보임

블라디보스톡 항공 스케줄 안내

| ROUTE | 운항일 | 편명 | 출발시간<br>(현지시간) | 도착시간<br>(현지시간) |
|---|---|---|---|---|
| 인천-블라디보스톡 | 수·금·일 | XF 744 | 15:45 | 18:40 |
| 블라디보스톡-인천 | 수·금·일 | XF 743 | 13:15 | 14:25 |

블라디보스톡 항공(XF)은 인천-블라디보스톡 노선 외에도 부산과 블라디보스톡 간 항공노선을 열어놓고 있다.

| ROUTE | 운항일 | 편명 | 출발시간<br>(현지시간) | 도착시간<br>(현지시간) |
|---|---|---|---|---|
| 부산-블라디보스톡 | 월·토 | XF 742 | 16:00 | 19:00 |
| 블라디보스톡-부산 | 월·토 | XF 741 | 13:00 | 14:20 |

(b) 대한항공(KE)

운항요금표 및 항공 스케줄표는 다음과 같다.

요금 안내

| CLASS | 편 도 | 왕 복 |
|---|---|---|
| 비지니스(1년) | 631,900 | 1,263,800 |
| 일반석(1년) | 481,000 | 962,000 |
| 일반석(1개월) | - | 762,000 |

※ 항공 요금은 항공사/여행사/성수기 여하에 따라, 조금씩 차이를 보임

대한항공 스케줄 안내

| ROUTE | 운항일 | 편명 | 출발시간<br>(현지시간) | 도착시간<br>(현지시간) |
|---|---|---|---|---|
| 인천-블라디보스톡 | 월·화·토 | KE981 | 10:00 | 13:20 |
| 블라디보스톡-인천 | 월·화·토 | KE982 | 15:10 | 16:45 |

ⓒ 속초 여객노선

배편을 이용하여 블라디보스톡으로 갈 수 있다. ㈜동춘항운에서 매주 2회, 속초에서 블라디보스톡으로 운항하고 있다. 예전에는 속초에서 자루비노까지만 연결되었다. 그러나 최근 자루비노 항을 경유해서 블라디보스톡까지 가는 노선이 열렸다. 블라디보스톡까지의 소요시간은 16~17시간이다.

페리호 스케줄 안내

| 운행구간 | 여객선명 | 출발시간 | 자루비노 도착시간 | 도착시간 |
|---|---|---|---|---|
| 속초-자루비노-블라디보스톡 | 동춘 페리호 | 월/2:00 | 화/8:30 | - |
| | | 목/3:30 | 금/10:00 | 금/19:00 |
| 블라디보스톡-자루비노-속초 | 동춘 페리호 | - | 수/18:00 | 목/10:00 |
| | | 토/10:30 | 토/14:30 | 일/11:00 |

배편을 이용해서 블라디보스톡까지 가고, 그곳에 있는 러시아 국내 교통편을 이용해서 다른 곳으로 이동할 수 있다. 너무나 많은 시간이 소요되기 때문에 권장하고 싶지는 않다. 그러나 요금은 저렴한 편이다.

여객선 요금표

(기준 환율: 1,200/$, 2004년 4월 현재)

| 운행구간 | 선실 등급 | | | | | | |
|---|---|---|---|---|---|---|---|
| | 귀빈실 (VIP) | 호화실 (1ST) | 가정실A (2NDA) | 가정실B (2NDB) | 우정실 (2NDC) | 단체실 (3RDA) | 일반실 (3RDB) |
| 속초-자루비노 | 288,000(편도) | 264,000 | 204,000 | 192,000 | 180,000 | 156,000 | 144,000 |
| | 489,600(왕복) | 448,800 | 346,800 | 326,400 | 306,000 | 265,200 | 244,800 |
| 속초-블라디보스톡 | 312,000(편도) | 288,000 | 228,000 | 216,000 | 204,000 | 180,000 | 168,000 |
| | 530,400(왕복) | 489,600 | 387,600 | 367,200 | 346,800 | 306,000 | 285,600 |

원한다면 저렴하게 여행할 수 있을 것이다. 뜻이 맞는 몇몇 친구들과 함께 여행한다면 좋은 추억이 될 수도 있을 것이다.

## ▌하바로프스크로 가려면

인천에서 하바로프스크까지는 아시아나 항공과 러시아 하바로프스크에 중심을 둔 달라비아(Dalavia) 항공의 직항편이 있다. 비행시간은 약 2시간 40분 정도가 소요된다. 출발 요일은 다음과 같다. 달라비아 항공은 일·목이며, 아시아나 항공은 수요일이다.

(a) 달라비아 항공(H8)

달라비아 항공 요금 안내

| CLASS | 편 도 | 왕 복 |
|---|---|---|
| 비지니스석(1년) | 432,000 | 864,000 |
| 일반석(1년) | 312,000 | 624,000 |
| 일반석(3개월) | - | 507,000 |

※ 항공 요금은 항공사/여행사/성수기 여하에 따라, 조금씩 차이를 보임

달라비아 항공 스케줄 안내

| ROUTE | 운항일 | 편명 | 출발시간<br>(현지시간) | 도착시각<br>(현지시간) |
|---|---|---|---|---|
| 인천-하바로프스크 | 목·일 | H8 302 | 15:45 | 19:20 |
| 하바로프스크-인천 | 목·일 | H8 301 | 11:40 | 13:20 |

(b) 아시아나 항공(OZ)

아시아나 항공 요금 안내

| CLASS | 편 도 | 왕 복 |
|---|---|---|
| 비지니스석(1년) | 669,000 | 1,338,000 |
| 일반석(1년) | 350,000 | 700,000 |
| 일반석(3개월) | - | 560,000 |
| 학생할인(1년) | 310,000 | 620,000 |

※ 항공 요금은 항공사/여행사/성수기 여하에 따라, 조금씩 차이를 보임

아시아나 항공 스케줄 안내

| ROUTE | 운항일 | 편명 | 출발시간<br>(현지시간) | 도착시각<br>(현지시간) |
|---|---|---|---|---|
| 인천-하바로프스크 | 수 | OZ 572 | 11:00 | 15:00 |
| 하바로프스크-인천 | 수 | OZ 571 | 16:10 | 18:20 |

## ▍유즈노사할린스크(사할린 주의 주도)로 가려면

인천에서 사할린까지는 아시아나 항공과 사할린 항공의 직항편이 있다. 비행시간은 약 3시간 10분 정도가 소요된다. 특히 러시아 사람이 많이 있는 부산에도 사할린 항공의 항공편이 개설되어 있다. 각 항공사별 요금표와 스케줄은 다음과 같다.

(a) 사할린 항공(HZ)

사할린 항공 요금 안내

| CLASS | 수요일 출발 | | 토요일 출발 | |
|---|---|---|---|---|
| | 편도 | 왕복 | 편도 | 왕복 |
| 비지니스석(1년) | 690,000 | 1,265,000 | 690,000 | 1,265,000 |
| 일반석(1년) | 510,000 | 980,000 | 540,000 | 1,030,000 |
| 일반석(3개월) | - | 790,000 | - | 830,000 |

※ 항공 요금은 항공사/여행사/성수기 여하에 따라, 조금씩 차이를 보임

사할린 항공 스케줄 안내

| ROUTE | 운항일 | 편 명 | 출발시각 | 도착시각 |
|---|---|---|---|---|
| 인천 - 사할린 | 수 | HZ 112 | 13:35 | 17:15 |
| | 토 | | 13:35 | 17:15 |
| 사할린 - 인천 | 수 | HZ 111 | 10:05 | 12:05 |
| | 토 | | 10:05 | 12:05 |

| ROUTE | 운항일 | 편 명 | 출발시각 | 도착시각 |
|---|---|---|---|---|
| 부산 - 사할린 | 화 | HZ122 | 13: 30 | 17:15 |
| 사할린 - 부산 | 화 | HZ121 | 09:50 | 12:00 |

(b) 아시아나항공(OZ)

### 아시아나 항공 요금 안내

| CLASS | 편 도 | 왕 복 |
|---|---|---|
| 비지니스석(1년) | 767,000 | 1,534,000 |
| 일반석(1년) | 587,000 | 1,174,000 |
| 일반석(6개월) | - | 930,000 |
| 학생할인(1년) | 440,000 | 880,000 |

※ 항공요금은 항공사/여행사/성수기 여하에 따라, 조금씩 차이를 보임

### 아시아나항공 스케줄 안내

| ROUTE | 운항일 | 편명 | 출발시간 (현지시간) | 도착시간 (현지시간) |
|---|---|---|---|---|
| 인천 - 사할린 | 월·목 | OZ 576 | 09:50 | 13:40 |
| 사할린 - 인천 | 월·목 | OZ 575 | 15:20 | 17:40 |

# ➡ 극동지역의 주요 도시에 있는 호텔은?

http://www.kigam.re.kr/mrc/korean/file/travel.htm 참조.

## ▌하바로프스크(Khabarovsk)

하바로프스크에는 알리 호텔(ALI Hotel)과 인투리스트 호텔(Intourist Hotel)을 비롯, 10개 이상의 호텔이 있다. 대표적인 몇몇 호텔들의 특징을 살펴본다.

### • 알리 호텔

공항에서 9㎞ 지점인, 하바로프스크 시내 중심부에 위치하고 있다. 알리 호텔은 특급 호텔로 1999년도에 지어진 현대식 호텔이다. 3층 건물에 총 객실의 수는 24개뿐이다. 따라서 객실은 항상 미리 예약을 해야 한다. 호텔 주변에 하바로프스크의 크고 작은 극장(뮤지컬 코미디극장, 드라마극장 등)들이 인접해 있기 때문에, 여가시간을 잘 활용할 수 있다.

### • 인투리스트 호텔

세르메즈바-2(Sheremetyevo-2) 공항에서 28㎞ 지점에 위치하고 있다. 그리고 시내에서 10분 거리에 있다. 인투리스트 호텔은 10층 건물에 200개가 넘는 객실을 보유하고 있는 러시아 국영 호텔이다. 실제로 호텔은 별 셋(3stars)이지 만 호텔 비용은 일급 호텔처럼 비싸다. 여름에는 관광객들로 붐비고 겨울에는 비지니스 고객들이 많이 찾는 호텔이다. 러시아, 일본 합작의 상점이나 일본식 레스토랑인 '유니하브' 등 부대시설도 잘 갖추어져 있다.

인투리스트 호텔은 아무르 강변에 위치하고 있기 때문에, 하바로프스크의

하바로프스크의 주요 호텔

| 호텔명 | 성급 | 주소 | 연락처 |
|---|---|---|---|
| 파루스 호텔 | 4 | Schevchenko Str. 5, Khabarovsk 680065 | 30-63-85, 32-57-07, 팩스: 32-76-09 |
| 알리 호텔 | 5 | St. Mukhin 17. Khabarovsk 680030 | 21-7888 |
| 삿포로 호텔 | 4 | St. Komsomolskaya 79 Kabarovsk Russia | 30-52-79, 30-67-45 팩스: 30-60-75 |
| 인투리스트 호텔 | 4 | Amur Blvd., 2, Khabarovsk, Russia, 680065 | 32-65-07, 38-70-13, 39-93-13 팩스: 33-87-73 |
| Small호텔 | 5 | 83A, Kalinin St. , Khabarovsk | |
| 아메티스트 호텔 | 3 | 5-a. Lev Tolstoy St. Khabarovsk, 680000 | 32-46-99, 32-51-84 팩스: 32-46-99 http://www.amethyst.ru |
| Malyi Hotel | | 83a Kalinin street | |
| 아무르 호텔 | 3 | Lenin St., 29, Khabarovsk, 680000 | 22-05-56, 22-12-23 |
| 투리스트 호텔 | 3 | Sinelnikov St., 9, Khabarovsk, 680021 | 37-04-17, 32-92-27 |

핵심인 아무르 강을 객실에서 내려다볼 수 있다. 그리고 주변에 드라마극장과 예술박물관이 있기 때문에, 여가시간을 유용하게 활용할 수 있다.


• 삿포로 호텔(Sapporo Hotel)

시내 중심가에 위치하고 있으며, 장기 숙박객을 우대한다. 1층은 프론트, 2, 3층은 사무실로 사용되고 있다. 그리고 객실은 2개 층(4, 5층)에 불과하다. 일본과 러시아의 합작으로, 내부 장식은 모두 일본제로 되어 있는 아담한 호텔이다.

• 아메티스트 호텔(Amethyst Hotel)

도시 중심의 조용한 주거지에 위치해 있으며, 편안한 분위기에서 친절한 서비스를 받을 수 있는 아담한 호텔이다. 호텔에서 중앙광장, 극장, 시장까지 도보로 갈 수 있으며, 쇼핑을 하거나 관광을 하기에 좋은 위치에 있다. 현대적 감각으로 꾸며놓았다.


## ▌블라디보스톡

블라디보스톡에는 현대 호텔(HYUNDAI Hotel)과 가반 호텔(Gavan Hotel)을 비롯하여, 4성급 이하인 다수 호텔들이 있다. 이들 몇몇 호텔들의 특징은 다음과 같다.

• 가반 호텔

공항에서 56㎞ 떨어진 가반 호텔은 블라디보스톡 시내에서 5㎞ 거리(시내에서 10분 정도 떨어진 곳)에 위치하고 있다. 가반 호텔은 7층 건물로 총 객실 수는 약 70개 정도이다. 1993년도에 완공되었고, 2002년도에 보수공사를 하여 다소 깨끗한 호텔이다.

• 현대 호텔

공항에서 50㎞ 떨어진 시내에 위치하고 있다. 블라디보스톡 시내에서 5분 거리에 위치하고 있다. 한국 현대 호텔의 체인이다. 1997년에 완공되어 2002년 리모델링을 하였다. 12층 건물에 총 객실 수는 155개이다.

• 베르살(BERSAL) 호텔

걸어서 시청까지 갈 수 있는 시내 중심에 위치하고 있다. 3층으로 된 아름다운 호텔이며, 총 42개의 객실이 있다.

블라디보스톡의 주요 호텔

| 호텔명 | 성급 | 주소 | 연락처<br>(전화.팩스..) |
|---|---|---|---|
| 현대호텔<br>(HYUNDAI Hotel) | 5 | 29 Semyonovskaya St. Vladivostok 690010. Russia | 40-22-33, 40-72-04,<br>팩스:40-70-07~8 |
| 베르살(BERSAL)호텔 | 4 | 10 Svetlanskaya St. Vladivostok 690000. Russia | 26-42-01<br>팩스:26-51-24 |
| ACFES-SEYO | 4 | Prospekt 100-Letiya Vladivostoka 103, Vladivostok. 690048 Russia. | 31-90-04 |
| 가반(GABAN)호텔 | 4 | 3, Krygina St. Vladivostok 690065, Russia | 49-53-60<br>49-53-63, 51-24-15<br>팩스: 51-24-25<br>http://www.gavan.ru<br>gavan@vladcomport.ru |
| 블라디보스톡호텔 | 2 | 10 Nabeerezhnaya Street, Vladivostok 690086 | 41-28-08, 41-33-73<br>팩스: 41-20-21 |
| 아무르스키 잘리브<br>(AMURSKIY ZALIV) | 2 | St. Naberezhnaya 9 Vladivostok | 22-55-20, 22-00-60 |
| 쁘리모리예호텔 | 2 | st. Posietskaya 20 Vladivostok 690003 Russia | 41-14-22<br>팩스: 41-34-05 |

## ▌기타 공화국의 주도와 호텔

• 캄차트카 주의 주도는 페트로파블로프스크-캄차트카 시이다. 주도인 캄차트카(Kamchatka) 시에는 다음과 같은 호텔들이 있다.

| Name | Address | Telephone |
| --- | --- | --- |
| Avacha | Str. Leningradskaya 61, | 11-08-08, 574-19<br>http://www.avacha-hotel.ru |
| Geyser | Str. Toporkova 10, | 579-96, 563-71 |
| Oktyabrskaya | Str. Sovetskaya 51, | 246-84, 246-80 |
| Petropavlovsk | Str. Karl Marxa 31, | 503-74, 509-11, 팩스 11-03-14,<br>http://www.petropavlovsk-hotel.ru |
| Ruess | Str. Zvyozdnaya 11-2, | 755-15, 341-82, 팩스 706-82 |

• 마가단 주의 주도인 마가단(Magadan) 시에 있는 호텔은 다음과 같다.

| Name | Address | Telephone |
| --- | --- | --- |
| Airport Hotel | Pas. Sokol, Airport | 933-84, 938-73 |
| Avtovoltzal Hotel | Pr.Lenina 1, | 219-93, 218-87 |
| Business Center Hotel | Str.Pklletarskaya 84-V, | 589-44, 585-46 |
| Magadan | Str.Proletarskaya 8, | 210-14, 212-46 |
| Ocean | Str.Portovaya 36-10, | 357-09, 310-63 |
| Severovostolmoloto | Str.Gorkovo 14, | 235-92, 900-64 |
| Snezhnaya Dolina Health Resort | Str Pionerskaya 1, | 441-89, 442-35 |

• 유대인 자치주의 주도인 비로비잔(Birobidzhan) 시에는 '보스톡'이라는 호텔이 보인다. 이는 국가가 경영하는 기업형 호텔이다.

| Name | Address | Telephone |
| --- | --- | --- |
| Hotel Vostok | Str.Sholom-Aleikhema 1 | 653-30,656-43 |

• 사할린 주의 주도인 유즈노-사할린스크(Yuzhno-Sakhalinsk) 시에 있는 호텔
들은 다음과 같다. 시내 중심부에 있는 '산타 리조트 호텔'(T.46-28-24)이 사할린
에서 손꼽히는 최고급 호텔이다. 그리고 '사할린 삿포로 호텔'(T. 72-15-60;
Fax. 72-38-89)이 사할린 최대급의 호텔이다. 1990년 일본 관광객 위주로 리모델
링했다. 그 외 다수의 호텔들이 있다.

• 사하공화국은 극동지역에서 제일 넓은 영토를 가지고 있다. 공화국의
주도인 야쿠츠크(Yakutsk) 시에 있는 호텔들은 다음과 같다. 가장 고급스러운
호텔은 '레나' 호텔(T.42-48-92, 42-42-14)이며, 외국인들이 주로 묵는 야쿠츠크
최고의 호텔은 '티긴 다르한' 호텔(T.43-51-09, 43-55-09)이다. 그리고 다수의
호텔들이 있다.

## ▶ 누가 무엇을 하고 있는가? 그리고 무엇을 할 것인가?

연해주의 블라디보스톡을 거점으로, 이미 10년 전부터 한국 대기업들의 활동이 시작되었다. 뿐만 아니라 블라디보스톡에는 한국 총영사관이 주재하고 있다. 블라디보스톡 시청을 우측으로 둔 현대 호텔은 한국의 대기업이 극동에 처음으로 지은 특급 호텔이며, 아직도 극동 최고의 호텔로 자리잡고 있다. 이는 우리 한국의 건설능력 이미지를 평가받는 데도 한몫해준 호텔이며, 다른 한국 기업들의 극동진출 발판이 되기도 했다.

블라디보스톡은 연해주의 주도이다. 연해주는 핫산 지역을 제외하고는, 한국과 가장 가깝다. 따라서 한국의 기업이 러시아 극동으로 진출할 수 있는 '비즈니스 센터'로 생각된다. 물론 하바로프스크를 비롯한 여타 지역에 한국의 기업인들이 많은 관심과 활동을 보여주고 있지만, 블라디보스톡이 모스크바와 극동 간의 정치 중점 도시라 할 수 있다.

러시아 극동에는 이미 한국의 크고 작은 중소기업과 개인 사업가들이 진출하여 활동중이다. 우선 대기업으로는 삼성전자와 LG전자가 전자제품을 수출하고 있으며, 이들의 선호도는 다른 나라의 제품들을 월등히 압도하고 있다. 롯데는 제과류 및 식품, 그리고 SK는 석유가스와 상선을 추진 중이며, KTF가 이미 이동통신 사업에서 연해주 지역을 장악하고 있다. 대표적인 식품사업의 성공 사례로는 한국 야쿠르트의 '도시락 라면'이 러시아 극동뿐 아니라, 전지역에서 판매되고 있다. 아이디어 식품이 러시아 진출의 선봉장이 되고 있는 것이다.

그 밖의 크고 작은 중소기업들은 자원 수입에 박차를 가하고 있다. '목재, 고철, 비철, 농·수산자원' 등이 주종을 이룬다. 목재는 러시아 극동과 중앙 시베리아 전 지역에 널리 퍼져 있다. 따라서 목재를 다량 필요로 하는 한국에게는 좋은 수입 자원이 된다.

러시아 극동은 소련 시대 군사·군수산업의 요충지였기 때문에, 고철의 비축량이 높은 지역이다. 물론 최근에 많은 고철이 수출되면서 그 양이 줄어들었고, 정부의 제재가 강화되고 있기 때문에 전보다는 다소 사업 여건이 힘들어진 것은 사실이다. 하지만 다른 비철, '알루미늄을 포함한 다양한 철재'가 있다. 따라서 앞으로도 비철 수입은 러시아 극동을 통해 가능할 것이다.

극동은 한국(특히 북한)과 비슷한 환경과 토양조건을 갖추고 있다. 따라서 한국과 비슷한 농산물이 많이 재배되고 있다. 버섯류나 산나물류가 그 좋은 예가 된다. 도라지나 더덕은 맛과 품종에서 별반 차이가 없다. 또한 송이버섯이나 다른 종류의 버섯들도 찾아볼 수 있다. 건강에 좋은 상황버섯은 이미 러시아에서 많이 수입되고 있다.

러시아 극동 자원 중 뺄 수 없는 것은 수산자원이다. 이미 많은 한국의 수산업체가 다양한 종류의 러시아 극동산 수산물을 수입 중이다. 대표적으로 대구, 명태, 명란, 털게, 왕게, 대게, 가리비, 새우 등이 있다. 앞으로 더 많은 양이 수입될 전망이다. 이는 러시아 극동해협이 청정해역이며, 한류가 흐르고 있어 전혀 오염되어 있지 않기 때문이기도 하다. 한국에는 이미 멸종되다시피 한 많은 어종의 수산물이 러시아 극동해협에 살고 있다.

러시아 극동에는 개인사업가들의 현지 사업도 전개 중이다. 요식업과 유흥업이 주가 되고, 관광업 또한 많이 발전하고 있다. 러시아 극동의 주민들은 시장경제 논리에 익숙하지 못하다. 타임머신을 탄 기분으로 러시아 극동을 돌아보면, 우리에게 큰 기회의 땅이 될 수 있을 것이다.

# ▶ 여수시가 수산물 종합가공단지 건설을 지원하고 있다?

전남 여수시에서 수산물 관련회사들이 컨소시엄을 구성했다. 이들은 하바로프스크 주 동해안에 위치하는 바니노(Vanino) 항에 수산물 종합가공단지를 건설하는 문제를 비롯하여, 여러 분야의 합작투자 사업을 모색하고 있었다. 이미 하바로프스크 주정부의 자원개발부 장관인 알렉 코스티코프(Alek Kostikov)와 일정 부분 합의가 이루어진 것으로 알려지고 있다.

2004년 7월 7일, 여수시 및 수산물 컨소시엄 관계자 32명이 하바로프스크 주를 방문했다. 이들은 원자재 수출 및 반제품 수입 등으로 활발한 바니노 항에서 비즈니스센터 준공식을 가졌다. 뿐만 아니라 이들은 한·러 친선 전시관을 개관하여 두 도시 간 특산품 등을 전시하는 한편, 개발 협력을 다짐했다. 이날 관계자들은 중심사업인 종합가공단지 기공식을 가졌다.

또한 바니노 관할구역인 다타(Datta) 지역 소재지에 위치하고 있는 (가동이 중단된) 집단농장을 재건하여, 연안 서식동물(새우, 플랑크톤, 성게 등) 양식장으로 개발하기로 했다. 그리고 이를 공동으로 운영하는 데 합의했다.

# ▶ 계룡건설이 주택사업을 준비하고 있다

대전·충남지역에서 활동하고 있는 전문 건설업체인 계룡건설(대표이사 이시구)이 하바로프스크의 주택·건설시장에 진출하고 있다. 계룡건설의 주요 임원들이 2003년 7월 7일 하바로프스크를 방문하여, 하바로프스크 시와 주택건설 관련 합작사업 MOU를 체결했다. 주택건설과 관련된 기본계약서를 체결한 것이다. 계룡건설은 이번 계약과 동시에, 기본 투자금액으로 미화 100만 달러를 약속한 것으로 알려졌다.

계룡건설 측은 하바로프스크 시정부가 제시했던 네 곳의 대상지역 중에서 시내 중심부에 위치한 두 곳에 주택건설을 시작할 것이라고 한다. 계룡건설 측은 기존 러시아 임대주택형 아파트와 전혀 다른 신개념의 아파트를 건설할 계획인 것으로 알려지고 있다.

계룡건설의 명예회장인 이인구 회장은 하바로프스크 종합교통대학에서 명예 경영학 박사학위를 받았다.

윤석진, ≪월간중앙≫, 1998.6.; ≪조선일보≫, 2004.8.14.

## ▶ 고려인은?

고려인의 형성은 1864년 연해주에 한민족 13가구가 이주하면서 시작되었다. 1869년 한반도 북부의 대기근으로 연해주 이주민이 급증했고, 1905년 을사조약 이후에는 의병기지로 변했다. 1914년 블라디보스톡에 한인 집단 거주지인 '신한촌(新韓村)'이 건설되었으며, '고려인 50년' 기념행사가 준비되고 있었다. 그러나 제1차세계대전 발발로 무산되었다.

1937년 9월 스탈린이 고려인들을 중앙아시아로 강제 이주시키기로 결정하면서, '고려인' 문제가 등장하기 시작했다. 17만 명 이상이 열차에 강제로 태워져, 타슈켄트까지 6,000㎞가 넘는 길을 달려 불모의 땅에 버려졌다. 소련 당국은 고려인 지식인 2,500명을 총살했고, 이주 후에는 이동의 자유를 제한했다. 강제 이주된 이후, 고려인은 집단농장 건설에 온힘을 쏟아 경제·사회적 안정을 되찾았다.

현재 고려인은 약 55만 명이며, 중앙아시아·러시아·우크라이나 등 구소련 전역에 살고 있다. 이는 해외 한인 중 미국(215만 명), 중국(214만 명), 일본(63만 명)에 이어 네 번째를 차지하는 숫자이다. 고려인이 가장 많은 곳은 중앙아시아의 우즈베키스탄·카자흐스탄·키르키즈스탄 등 3국에 집중돼 있다.

고려인은 1950년대 교육과 직업의 기회가 주어지면서 다른 지역으로 확산됐다. 모스크바와 상트페테르부르크, 하바로프스크 등 시베리아 남부 도시들의 고려인은 이때 자리잡은 사람들이다. 이들은 전문직에 종사하면서 경제·사회적으로 안정된 생활을 하고 있다.

연해주와 러시아 남부 볼고그라드의 고려인은 1990년대 이후 중앙아시아에서 이주한 사람들이다. 중앙아시아에 들어선 이슬람 국가들이 종교와 언어를 강요하자, 상당수 고려인이 이 지역으로 옮아갔다. 연해주는 조상들이 떠나온 곳이고, 볼고그라드는 이전부터 계절적 농업노동을 위해 찾던 곳이다. 사할린에 거주하는 한인들은 특이한 경우이다. 이들은 일제 말기에 강제 징용된 사람들의 후손으로 엄밀한 의미의 고려인은 아니지만, 1960년대 이후 연해주로의 이주가 허용되면서 고려인과 섞였다.



현재 고려인은 상당한 어려움을 겪고 있다. 1990년대 초 소련의 붕괴와 중앙아시아 국가들의 독립 이후 중앙아시아의 고려인은 공직에서 밀려나는 등 시련에 부딪혔고, 또 연해주와 볼고그라드로 이주한 농민은 법적 신분의 불안정으로 고생하고 있다. 농촌 깊숙이 살던 고려인은 러시아 정부로부터 거주등록증 취득의 기회를 놓치고 말았다. 고려인이 가장 고통을 호소하는 것은 교육문제이다. 특히 최근 다른 지역으로 이주한 고려인은 생존에 매달리다보니, 자녀 교육에 신경을 쓰지 못하고 있다. 고려인은 자녀에게 한글과 한국문화를 가르치는 것을 바라고 있다.

1990년 이후 소련의 분열과 함께 러시아가 독립국가로 부활함과 동시에 고려인들도 분열되어, 강제 이주된 지역에서 출범한 국가의 시민이 되었다. 고려인들의 움직임이 시작되었고, 새로운 세기를 맞이하였다.

러시아 극동지역 거주 한인현황

| | | |
|---|---|---|
| 연해주 | 우스리스크 | 15,400명 |
| | 빨치산스크, 나호트카 | 각각 3,000명 |
| | 블라디보스톡, 알쫌 | 각각 2,000명 |
| | 스파스크 | 1,000명 |
| | 기타 지역 | 3,663명 |
| | 소계 | 약 30,000명 |
| 하바로프스크 주 | | 약 8,000명 |
| 사할린 주 | | 약 43,000명 |
| 총계 | | 약 81,000명 |

2003년9월에 러시아 연해주 블라디보스톡에서 '고려인의 날' 행사가 열렸다. 2004년, '고려인' 이주 140년을 맞았다. 2004년 8월 15일, 러시아 연해주의 고려인 밀집지역인 블라디보스톡 북쪽 우수리스크와 하바로프스크, 사할린 등에서 '한인 러시아 이주 140주년 기념사업회' 주최로 광복절 기념행사가 열렸다. 블라디보스톡에서 한민족문화제·학술세미나·태권도 경연대회 등이 개최되었다. 한편, 한국의 동북아평화연대는 우수리스크에서 '러시아 한인 이주 140주년 기념관'의 건립을 추진하고 있었다.

## ◘ 중앙아시아 고려인들이 연해주로 모여들고 있다?

중앙아시아에서 갑자기 몰아닥친 회교 민족주의 열풍은 중앙아시아에 살고 있는 고려인들의 삶터를 뿌리째 뒤흔들었다. 민족주의의 연장선상에서 러시아어가 아닌 우즈벡어·카자크어·타지크어 등 각국의 고유어를 공용어로 채택했다. 러시아어밖에 모르는 공직자나 전문직 종사자들은 실업자 신세로 전락했다.

중앙아시아 고려인들은 살기 위해 러시아의 인근 도시로 떠나갔다. 그 중에는 강제 이주 이전 조상들이 살았던 연해주로 되돌아온 고려인들도 적지 않다. 현재까지 연해주로 돌아온 고려인은 약 2만여 명을 넘는 것으로 추산되고 있다.

중앙아시아에서 연해주로 돌아올 때, 고려인 대부분은 유일한 재산인 집을 처분했다. 그러나 고려인들이 버린 집들이 우리나라 시골처럼 즐비한 까닭에 집값이 폭락했다. 그 돈으로 연해주에서는 집을 장만할 수가 없는 형편이다. 연해주에 아는 친척이라도 있어 얹혀 지내는 일부 가족은 그래도 나은 편이다. 나머지는 독신자 아파트나 한 칸 방에서 온 가족이 살아야 할 만큼 집 문제가 심각한 실정이다. 중앙아시아에서 건너온 동포들이 하는 일은 크게 두 가지다. 농사와 장사가 그것이다. 그곳에서 공무원을 했건 교수를 했건, 별 차이가 없었다.

그들의 자활을 돕기 위해 1992년 만들어진 '고려인 재생기금'이 있다. 말만 기금이지 우리 식으로 따지면 '계'에 가깝다. 시작할 때 기껏해야 기금이 1,000달러 남짓에 불과했다. 한러극동협회는 1995년 2만 달러를 재생기금 측에 지원했지만, 결정적인 도움이 되지는 못했다. 그래서 기금 역할을 거의

하지 못하고 있는 형편이다.

다른 한편으로 1992년부터 연해주 고려인들은 1937년 중앙아시아로 강제 이주된 사실에 대한 억울함을 지적하고 복권과 명예회복을 지속적으로 연해주와 연방정부에 건의했다. 마침내 1993년 4월 1일 러시아연방 상원은 강제 이주가 위법이었음을 인정하고, 권리회복을 위한 모든 노력을 기울인다는 결의문을 채택했다. 그 결의문이 나왔을 뿐, 고려인들의 이주와 생활 정착을 돕기 위한 러시아 측의 가시적 조치는 지지부진했다. 그래서 연해주 고려인들은 러시아의 도움 없이 독자적으로 '한인촌' 건설을 추진하기도 했다. 그러나 1996년 결국 실패로 돌아가고 말았다

## ▶ 한인촌이 재건되고 있다

고합그룹의 장치혁 회장이 '한인촌' 재건을 위해 노력하여 왔다. 재생기금 회장인 김텔미르 씨를 나즈드라텐코 전 연해주 주지사에게 소개하고 적극 지원을 요청했다. 장치혁 회장과 현지의 고려인들이 함께 움직인 것이다. '한인촌'을 건설할 수 있는 땅을 재생기금에 양도하게 되는 것이다. 어려운 과정을 거쳐 한인촌 건설을 위한 합법적 공간은 확보되었다. 러시아 정부가 과거 잘못에 대한 보상의 의미로 넓은 땅을 내주었다. 또 친한파인 당시 연해주 주지사가 한인촌 재건에 호의적이었다.

한인촌이 탄생하기까지의 어려움은 앞으로도 산적해 있다. 집을 수리하고 농사를 짓기 위해서는 적잖은 돈이 들어가야 한다. 러시아 연방정부에서는 고려인들의 명예회복 차원에서 고려인 이주민의 정착을 위한 여러 가지 프로그램을 내놓고 있다. 그러나 러시아 연방정부나 연해주 정부는 시설 개보수와 운영관리에 대해서는 재정이 어려워 속수무책인 형편이다.

2004년 현재, 3만여 명의 고려인들이 거주하고 있는 러시아 연해주에 한인촌 재건의 꿈이 구체화되고 있다. 1937년 중앙아시아로 강제 이주당했다가 옛 고향인 연해주로 다시 돌아온 고려인들이 그 주인공들이다. 연해주 정부가 과거 잘못에 대한 보상으로 이들이 모여 살 수 있는 땅과 집을 영구 무상으로 임대해주겠다는 것이다. '강제 이주당했던 고려인들의 연해주 이주 및 생활 정착을 돕기 위해 연해주의 극동 군사지역 내 군용으로 건설된 사회문화 및 공공생활용의 건물을 무상 활용할 수 있도록 한다.' 이와 같은 내용의 '연해주지사 명령'이 발표된 것은 2004년 1월 19일이었다. 러시아 고려인들이 모여 살 수 있는 집과 땅을 연해주 정부가 무상으로 내주겠다는 것이었다.

연해주에 거주하는 고려인들 다수는 한인촌 재건을 평생의 꿈으로 간직하고 있다. '연해주 한인재생기금'이라는 단체가 활동하고 있다. 지금까지 재생기금 측이 연해주 정부로부터 단계적으로 인수받은 자산은 5곳에 걸쳐 땅 넓이만 3,855ha, 서울 여의도(850ha)의 4.5배에 이르는 넓이다. 한인촌이 재건된다면 동포들의 필요에 따라 앞으로도 얼마든지 땅은 넓혀갈 수도 있을 것이다.

한인촌 재건 예정지역은 농사짓기에 적당한 곳이다. 한인촌 재건 예정지 인근에는 고합그룹이 3년 전부터 농사를 짓고 있는 농장이 있다. 이 농장 규모는 4만 3,000ha(약 1억 3,000만 평)에 달한다. 고합그룹은 이곳에 농장을 개척하면서 농촌진흥청의 도움을 받아 토양을 조사한 적이 있었다. 한국의 북쪽지방 토양과 같다는 것이 전문가들의 견해였다.

이와 함께 2년 동안 콩 등 40여 가지의 한국 작물을 시험 재배한 결과도 대체로 성공적이었다. 2003년 순야센 농장 1만 1,300ha(약 3,400만 평)에 콩·밀·보리·귀리 등의 농사를 지어 2만 2,000톤을 수확하는 성과를 거뒀다. 따라서 입주할 집만 마련되면 손에 익은 농사로 당장의 생계는 해결할 수 있을 것으로 보인다.

■ 지은이


**박정민**
러시아 극동국립대학 국제정치학 전공
동대학원 석사과정을 마치고, 박사과정을 수료
러시아 극동국립대락 한국학대학 전임강사 역임
현재 경남대학교 극동문제연구소 러시아 지역담당 실장


**알렉세이 스타리치코프** (Alexcey STARICHKOB)
극동국립대학교 한국경제학과 졸업(전문가 학위)
Financial Academy(Moscow) 국제경제론 박사
현재 러시아 극동국립대학교 한국학대학 학장

# 러시아 극동을 주목하라

ⓒ 박정민·알렉세이 스타리치코프, 2005

지은이 ┃ 박정민·알렉세이 스타리치코프
펴낸이 ┃ 김종수
펴낸곳 ┃ 도서출판 한울

편집 책임┃ 안광은

초판 1쇄 인쇄 ┃ 2005년 6월 25일
초판 1쇄 발행 ┃ 2005년 6월 30일

주소 ┃ 413-832 파주시 교하읍 문발리 507-2(본사)
       121-801 서울시 마포구 공덕동 105-90 서울빌딩 3층(서울 사무소)
전화 ┃ 영업 02-326-0095, 편집 02-336-6183
팩스 ┃ 02-333-7543
홈페이지 ┃ www.hanulbooks.co.kr
등록 ┃ 1980년 3월 13일, 제406-2003-051호

Printed in Korea.
ISBN 89-460-3404-1   03340

* 가격은 겉표지에 표시되어 있습니다.